BIBLIOTHÈQUE FRANCE-AMÉRIQUE

É. BOUTROUX, de l'Académie française,
P.-W. BARTLETT, J.-M. BALDWIN, correspondants de l'Institut,
L. BÉNÉDITE, W. V.-R. BERRY,
D'ESTOURNELLES DE CONSTANT, LOUIS GILLET,
Ambassadeur D.-J. HILL,
J.-H. HYDE, MORTON FULLERTON.

Les États-Unis et la France

Avec 18 gravures hors texte.

LIBRAIRIE FÉLIX ALCAN

LES ÉTATS-UNIS

ET LA FRANCE

A LA MÊME LIBRAIRIE

BIBLIOTHÈQUE FRANCE-AMÉRIQUE

Histoire du Canada, par F.-X. Garneau. Cinquième édition, revue, annotée et publiée avec un avant-propos par son petit-fils, Hector Garneau. Préface de M. Gabriel Hanotaux, de l'Académie française, président du Comité France-Amérique. Tome I (1534-1744). Un fort volume in-8 (24×19) de LV-610 p. avec portrait hors texte . . . . **10 fr.** »

Le Tome II, complétant l'ouvrage, paraîtra au début de l'année 1914.

Les Promesses de la vie américaine, par H. Croly. Traduit de l'anglais par MM. Firmin Roz et Fenard. 1 vol. in-8. . . . . **3 fr. 50**

LES ÉTATS-UNIS

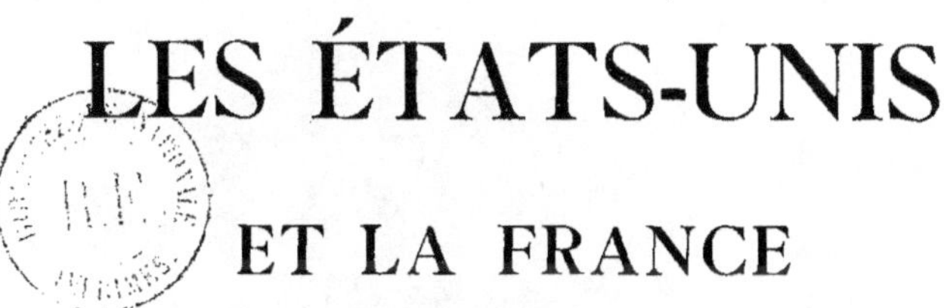

ET LA FRANCE

LEURS RAPPORTS HISTORIQUES ARTISTIQUES ET SOCIAUX

PAR

E. BOUTROUX, de l'Académie française,
P.-W. BARTLETT, J.-M. BALDWIN, Correspondants de l'Institut,
L. BÉNÉDITE, W. V.-R. BERRY,
D'ESTOURNELLES DE CONSTANT, LOUIS GILLET,
Ambassadeur D.-J. HILL,
J.-H. HYDE, MORTON FULLERTON.

AVEC 18 GRAVURES HORS TEXTE

PARIS
LIBRAIRIE FÉLIX ALCAN
108, BOULEVARD SAINT-GERMAIN, 108

1914

MÉDAILLE DE WASHINGTON

AU REVERS LA PRISE DE BOSTON

Frontispice.

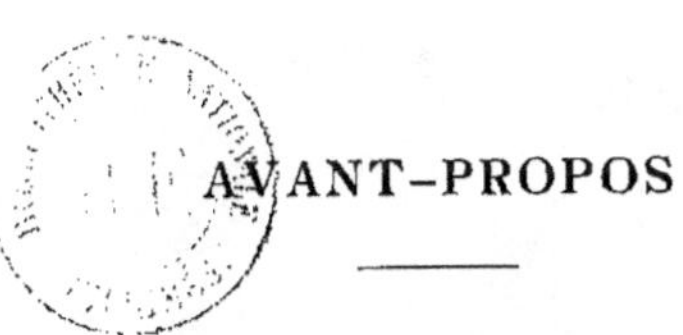

AVANT-PROPOS

Dans ce troisième volume de sa bibliothèque, le Comité France-Amérique réunit les dix conférences qui ont été faites pendant l'année 1912-1913 sur les relations historiques, artistiques et sociales des États-Unis et de la France.

Cinq de ces conférences ont été faites en français; elles ont été ensuite écrites et complétées soigneusement par leurs auteurs : ce sont celles de MM. Boutroux, J.-H. Hyde, Bartlett, Gillet et Bénédite. Cinq autres ont été faites en anglais; de ces conférences, une, celle de M. d'Estournelles de Constant, a été adaptée en français par l'auteur; celle de M. Walter W. Berry a été écrite en anglais par l'auteur et traduite par lui et par M. du Bellet; celles de MM. Baldwin et Hill ont été écrites en anglais par leurs auteurs et traduites en français par M. Henry P. du Bellet; celle de M. Morton-Fullerton a été écrite par son auteur en anglais et traduite ensuite en français par M. du Bellet et par M. Henri Froidevaux.

Les documents qui ont permis l'établissement des planches hors texte ont été choisis par MM. J.-H. Hyde et Louis Gillet.

Le Comité France-Amérique pense que la publication de ce livre à Paris complète l'action entreprise par les conférences publiques et continuée par la publicité que la presse des deux pays leur a largement accordée. Il espère qu'une publication en anglais pourra se faire prochainement à New-York pour consacrer les efforts qu'il poursuit des deux côtés de l'Atlantique.

I

LA PENSÉE AMÉRICAINE

ET

LA PENSÉE FRANÇAISE

PAR

ÉMILE BOUTROUX,

DE L'ACADÉMIE FRANÇAISE

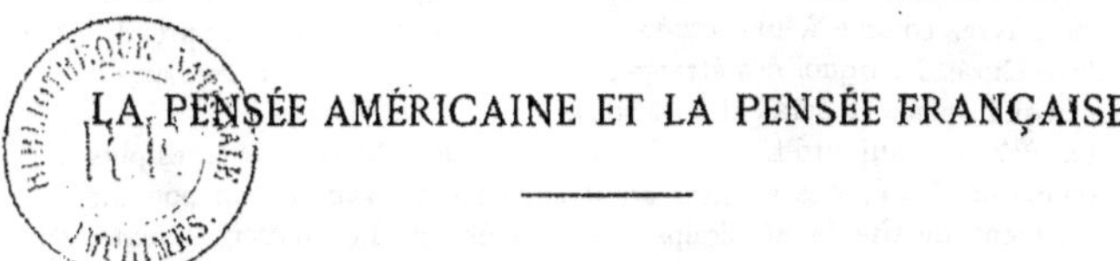

LA PENSÉE AMÉRICAINE ET LA PENSÉE FRANÇAISE

MESDAMES, MESSIEURS,

Pourquoi ces conférences ? Le livre n'est-il pas bien plus précis, solide, instructif que la parole ? Certes ; et, s'il ne s'agissait, entre Américains et Français, que de se connaître scientifiquement les uns les autres, la publication d'études bien documentées suffirait pour procurer le résultat cherché.

Mais on peut concevoir, entre Français et Américains, d'autres rapports que celui du savant à l'objet de son étude. Dans la demeure, toute pénétrée d'intimité et de cordialité, de George Washington, à Mount-Vernon, se trouve une chambre qui porte cette inscription : *Lafayette's room.* Nos grands ancêtres n'ont pas seulement entendu parler les uns des autres : ensemble ils ont vécu, agi, combattu. C'est cette action commune que nous voulons continuer, pour le bien de nos pays et de l'humanité. Et, pour agir ensemble, il faut sentir ensemble, s'unir de cœur et de volonté, non moins que d'intelligence.

Voilà pourquoi au livre nous désirons ajouter la parole. Si inférieure qu'elle soit en correction et en valeur scientifique, elle part directement du cœur, elle est vivante et communique la vie. Elle a donc sa place à côté des travaux écrits, pour réaliser, dans toute leur étendue, les généreux desseins du Comité France-Amérique.

MESDAMES, MESSIEURS,

Lorsque me fut proposé ce beau sujet : « La pensée américaine et la pensée française », j'en fus naturellement séduit. Ce fut aussi, je le vois, votre cas. Mais quand je me représentai qu'il ne s'agissait pas seulement pour moi de méditer, de lire, d'écouter, mais bien de me former et d'exprimer une opinion sur ce problème, une inquiétude me saisit et faillit me paralyser. Parler d'un pays étranger, quelle aventure ! Je songeai tout à coup que, lorsqu'un écrivain étranger expose ses impressions sur notre pays, nous sommes souvent plus disposés à le juger qu'à nous intéresser à son œuvre, comme à une étude où nous-mêmes pourrions apprendre quelque chose. Pourquoi des étrangers, entendant un Français leur expliquer ce qu'ils pensent, seraient-ils, à son égard, plus indulgents ?

La tâche est, aujourd'hui, particulièrement rude. Nous ne sommes plus au temps où, les études précises étant encore peu avancées, on pouvait impunément décrire le Mississipi sans l'avoir vu. Les renseignements, désormais, abondent et surabondent. Et il s'agirait, pour nous, de franchir ces lignes de faits, qui ne sont, en définitive, que les circonvallations de l'histoire, pour pénétrer jusqu'à l'âme des peuples. Tâche étrange autant que glorieuse.

A ce point de vue, les Etats-Unis opposent, semble-t-il, à un Français des difficultés spéciales.

Ce pays est immense et exempt de centralisation : la France est le pays le plus unifié du monde. Il n'est pas trop contraire à la réalité de parler de l'esprit français, des coutumes françaises, de l'art français, comme d'une chose relativement simple et définie : de quel droit appliquer aux Etats-Unis, en les traitant comme une unité, les habitudes d'esprit que nous avons contractées en contemplant notre pays ?

Puis, l'Amérique est un pays jeune, et nous sommes vieux. Les vieux, d'ordinaire, sont mal propres à juger les jeunes. Ceux-ci, du moins, récusent leur témoignage. Mais, répondent les vieux, n'avons-nous pas, nous-mêmes, été jeunes ? — Il se peut. Mais les jeunes ont peine à s'en convaincre. Je me rappelle qu'Edouard Laboulaye aimait à dire qu'au sentiment des enfants les parents étaient nés vieux.

Comment, avec mon esprit, mes préjugés, ma nature de Français, comprendre les Américains ? Est-il possible de sortir de soi, comme il serait nécessaire pour comprendre véritablement une pensée très différente de la sienne ?

Cette remarque, toutefois, n'est-elle pas un trait de lumière ? Je songeais à pénétrer la pensée américaine en considérant l'Amérique du dehors ? Qu'arriverait-il si, pour la connaître, j'employais, non mes yeux, mais les yeux de ceux qui la voient du dedans, les yeux des Américains eux-mêmes ? C'est un conseil que nous donne le grand philosophe américain, Emerson :

Tell men what they knew before,
Paint the prospect from their door :

« Dites aux gens ce que déjà ils savaient ; peignez-leur le paysage tel qu'on le voit de leur porte. » C'est-à-dire : Ayez, des autres, l'opinion qu'eux-mêmes ont de soi ; tracez d'eux un portrait aussi conforme que possible à celui qu'eux-mêmes ont composé en se considérant dans leur miroir : et votre perspicacité, l'exactitude de votre information, la délicatesse de votre jugement, seront infailliblement reconnues. Cette voie est, semble-t-il, aussi agréable et sûre que l'autre est difficile et périlleuse.

Est-il bien certain, toutefois, qu'elle soit plus scientifique ? La psychologie moderne n'a-t-elle pas, précisément, contesté la supériorité de l'introspection sur l'observation objective, en ce qui concerne la connaissance du moi ? Est-il sûr que, seul, je me connaisse bien moi-même, et que tout ce que les autres pensent de moi soit purement et simplement négligeable ?

Mais si, pour connaître la pensée américaine, il est également vain, et de considérer les choses de mon point de vue propre, et de me placer au point de vue des Américains, comment puis-je aborder le sujet qui m'est assigné ?

La question de méthode me paraît insoluble : or je trouve une difficulté non moins grande à définir avec précision l'objet que je dois traiter. L'Amérique est extrêmement vaste et diverse. Qu'est-ce, au juste, que la pensée américaine ? Ce n'est pas la somme, très hétérogène, des pensées qui se manifestent dans les différentes parties de ce pays immense. Ce ne peut être, non plus, ce qu'une habile analyse extrairait de toutes ces pensées, en éliminant ce qui est propre à chacune d'elles, pour ne retenir que ce qu'elles ont de commun. L'élément effectivement commun à tant de peuples divers, à tant de races, de nationalités, de classes d'hommes, se réduirait à quelques notions vagues et insignifiantes. Faut-il donc s'en tenir à ce qui, comme on dit en anglais, est représentatif, aux données observables qui expriment en raccourci l'ensemble, ou la plus grande partie, ou la partie la plus importante de cet ensemble ? Mais comment déterminer sans arbitraire ces éléments dits représentatifs, en comparaison desquels les autres seraient dénués de signification ? La pensée américaine : ne serait-ce pas une de ces entités artificielles, qui n'existent que dans notre imagination ?

En ce qui concerne, non plus l'espace, mais le temps, notre sujet ne paraît pas plus aisé à définir. Cette nation très jeune a déjà évolué. Nous ne sommes plus au temps de l'individualisme d'un Jefferson. Dans l'ordre des idées philosophiques, on ne saurait plus juger de l'Amérique par le transcendantalisme d'Emerson. Cette nation vit avec une intensité extrême ; et vivre, c'est changer. Que faire, si nous ne voulons pas nous borner à suivre, en historiens, les phases diverses que l'Amérique a traversées ? Déterminer, à la manière des sociologues, la courbe de l'évolution est une œuvre très scientifique, mais très hypothétique, dont la signification pour l'avenir, quand il s'agit d'un monde aussi complexe que l'Amérique, est fort incertaine.

Ainsi, ni je ne sais comment traiter mon sujet, ni je ne vois clairement en quoi ce sujet consiste.

Mais, tandis que je m'embarrasse dans ces difficultés, la devise américaine me revient à la mémoire : *Go ahead !* Toutes les objections que je me fais sont théoriques. Au lieu de me demander si la tâche est réalisable et comment elle peut l'être, pourquoi ne me mettrais-je pas, d'abord, à la remplir ?

En somme, tous les scrupules dont il s'agit ici se rapportent à la manière proprement scientifique de traiter notre question. Mais on peut considérer cette question autrement, je veux dire au point de vue pratique. Je puis chercher, non ce qu'a été, aux différentes époques et dans les différentes parties de l'Amérique, la pensée qui mérite le nom d'américaine, mais quelles sont, aujourd'hui même, les idées qui, en Amérique, dirigent les esprits, quels sont les sentiments qui font battre les cœurs. Les génies qui ont fait cette histoire dont le sociologue voudrait trouver la loi, n'ont pas eu dans l'esprit les théories savantes que nous construisons pour expliquer leur action. Jeanne d'Arc ne consulta pas les sociologues pour savoir si elle pourrait sauver la France : elle dit à ses gens : « Entrez hardiment parmi les Anglais ! » ; et elle-même y entra. Henri IV ne détermina pas la courbe de l'évolution religieuse avant de rendre l'édit de Nantes.

La pensée qui constitue l'Amérique d'aujourd'hui et qui fera l'Amérique de demain n'est pas, dans les cerveaux des Américains, une théorie sociologique, appuyée sur une savante analyse, objective ou subjective. La déterminer, par l'emploi concerté de toutes les méthodes les plus subtiles de la science, est impossible. On peut, en revanche, en combinant, avec les données que fournissent les livres, ces impressions qu'apporte la vie elle-même, le commerce direct et sympathique des esprits et des âmes, prendre, en quelque mesure, conscience des forces qui, en ce moment, sont en œuvre, et d'où dépend l'orientation de la vie nationale.

Ne craignons pas, d'ailleurs, de considérer, surtout, de la pensée américaine et de la pensée française, les parties les plus nobles, les plus dignes d'estime ou d'admiration. La vraie sincérité, pour un individu, c'est la conformité de sa vie avec ce qu'il y a de meilleur en lui, avec son moi le plus profond et le plus pur. De même, la vraie pensée d'un peuple, c'est l'expression la plus haute qu'il conçoive de son génie et de sa mission dans le monde. Car ce qu'il veut, finalement, à travers tant d'efforts en tous sens, c'est réaliser toute la perfection dont il est capable.

I

Quels sont, en ce sens, les principaux traits de la pensée américaine ?

Celui qui frappe tout d'abord, si je ne me trompe, et qui suffirait à expliquer l'embarras de l'homme à qui l'on demande : *What do you think of America?* c'est la mobilité essentielle d'un peuple dont la vie est extrêmement intense, et qui, comme tel, a les yeux constamment fixés, non sur le passé, non pas même sur le seul présent, mais sur l'avenir. *The old is for slaves*, disait Emerson : « Ce qui est vieux est pour les esclaves. » Et le Dr Henry van Dyke, qui nous a ravis, en Sorbonne, par sa chaude, lumineuse et pittoresque éloquence, dans une poésie intitulée *America for me*, devenue chanson nationale, écrit :

I know that Europe's wonderful, but something seems to lack :
The past is too much with her, and the people looking back.
But the glory of the present is to make the future free ;
We love our land for what she is, and what she is to be.

« Je sais que l'Europe est magnifique ; mais il semble qu'elle ait un défaut : le passé a trop de valeur à ses yeux, les gens y regardent trop en arrière. C'est l'honneur du présent de faire l'avenir libre. Nous aimons notre pays pour ce qu'il est, et pour ce qu'il sera. »

L'Américain envisage la vie au point de vue de l'action. C'est pourquoi il veut voir constamment ouvert devant lui un champ infini, où nulle direction ne lui soit imposée, où il soit libre de se donner tel but qui lui conviendra.

Cette tournure d'esprit se traduit par une préoccupation que remarque promptement quiconque visite l'Amérique : celle de se ménager sans cesse un nombre maximum de possibilités. Le mot *possibilities* est de ceux qui reviennent le plus souvent sur les lèvres américaines. L'Amérique fut, à l'origine, le pays par excellence de l'espace, de la liberté, des ressources sans nombre offertes à l'énergie et à l'intelligence. Cette condition a contribué à modeler l'esprit américain, qui, d'instinct, écarte tout ce qui entrave l'activité, et recherche tout ce qui permet à celle-ci de s'exercer, constamment, dans un sens quelconque.

Cependant l'Américain ne fait pas, de l'action pure et simple, la fin de cette activité. Ce qu'il admire, ce n'est pas la vie pour la vie. L'expression : *strenuous life*, titre d'un ouvrage du Président Théodore Roosevelt, a été mal traduite par ces mots : la vie intense. Elle signifie, selon l'explication qu'en donne M. Roosevelt lui-même : *The life of toil and effort, of labor and strife :* « Une vie de peine et d'effort, de labeur et de lutte ». L'Américain assigne comme fin à l'activité de créer, de réaliser quelque chose de nouveau.

Je me rappelle qu'un distingué économiste, dont la perte a été très sensible, Edmond Kelly, m'exposa un jour qu'il y avait, à son point de vue d'Américain, trois sortes de philosophies : le matérialisme, d'après lequel tout, dans la nature, est, au fond, inerte, passif et éternellement identique, en sorte que ce que nous appelons activité, vie, progrès, est totalement illusoire. Philosophie d'esclaves, disait-il. Une philosophie plus élevée est actuellement en honneur dans le vieux monde, et paraît, en général, le contenter : l'évolutionnisme. Selon cette philosophie, la vie est une réalité irréductible au mécanisme qui caractérise la matière brute. Mais, d'autre part, la fonction de la vie n'est autre que l'adaptation du vivant à son milieu, à ses conditions d'existence. Cette philosophie, supérieure, sans doute, au matérialisme, est encore déprimante. L'homme, tel qu'elle le conçoit, est enfermé dans une prison, où ce qu'il peut rêver de plus sublime est de se bien convaincre qu'il n'en peut sortir. Il est une troisième philosophie, dont les Américains ont le pressentiment : c'est la philosophie de l'indépendance, de la liberté, de la production originale. L'homme, selon cette manière de voir, n'est pas une chose, mais une force ; il ne s'adapte pas seulement à son milieu, il adapte son milieu à ses volontés, il change la face de la terre, il crée, il se crée.

Dans les quelques semaines que j'eus le bonheur de passer à Cambridge, en Massachussetts, auprès de mon bien regretté ami le grand philosophe William James, je l'entendis maintes fois exprimer son désir de constituer une métaphysique du nouveau, de la création. L'avenir n'est pas une chose faite, qu'il faille attendre : l'avenir sera ce que nous le ferons. Cette pensée de Michelet se retrouvait dans la bouche de William James. Il aimait à me citer ces mots de B. P. Blood : *The inevitable stales, while doubt and hope are sisters... Nature is miracle all : the same returns not save to bring the different... Ever not quite :* « L'inévitable est insipide, tandis que le doute et l'espoir sont frères... La nature est tout miracle : le même ne reparaît que pour amener l'autre... Rien jamais n'est achevé. » Et, en effet, l'ouvrage posthume de William James, pieusement édité par son fils, Henry James Jr. : *Some Problems of Philosophy*, roule principalement sur le problème du nouveau : *The Problem of Novelty*.

L'Américain veut créer, susciter quelque chose de nouveau. Est-ce à dire qu'il admette à titre égal tout ce qui est inédit, tout ce qui échappe à cette force d'inertie que nous nommons le passé ?

Il arrive que le singulier et l'excentrique séduisent quelques Américains. Mais dans ce pays d'origine anglo-saxonne et puritaine, où l'homme a été longtemps aux prises avec les problèmes les plus positifs de l'existence, le sens pratique et moral domine la fantaisie. Ce n'est donc pas le nouveau comme tel que cherche l'Américain. Si illimité qu'il conçoive le champ de son action, il vise une étoile, très lointaine peut-être, mais distincte, et il y accroche son char. *Hitch your waggon to a star*, dit Emerson. Ce que vise l'Américain, c'est la création d'un tout de plus en plus large et cohérent, formé des éléments divers qui déjà sont réalisés. Chacun de ces éléments, en tant qu'il existe, qu'il subsiste, qu'il se défend et se développe, a une valeur propre, et doit être conservé, avec ses caractères distinctifs. Mais, comme les Etats ont su limiter leur souveraineté et s'unir, de manière à constituer une nation où chacun, à la fois vit pour le tout et conserve son autonomie, de même, en tout ordre de choses, les Américains poursuivent la formation de synthèses où l'un se concilie avec le multiple, où les parties demeurent elles-mêmes, en même temps qu'elles se solidarisent. Tel un métal qui serait fait de métaux amalgamés, dont chacun retiendrait intactes et conférerait au tout ses propriétés particulières. Telle encore, pourrait-on dire, une symphonie de Mozart, dont la musique, tout d'abord, paraît simple et homogène, mais où l'oreille, en s'appliquant, discerne peu à peu toutes les notes, jusqu'à la plus faible; demeurées distinctes et individuelles à travers les combinaisons qui semblaient les faire évanouir dans le tout.

***

Regard tendu vers l'avenir, ambition de créer du nouveau, conception d'un idéal où une multiplicité s'organise en un tout dont les parties conservent leur individualité : constaterons-nous effectivement ces caractères, si nous considérons quelques-unes des manifestations de l'activité américaine ?

La vie individuelle de l'Américain offre, en général, le spectacle d'un entrain, d'une ardeur au travail, d'une confiance en soi, d'un optimisme, qui jamais ne se démentent. La sécurité que d'autres demandent à la possession matérielle, l'Américain l'éprouve en comptant sur sa propre énergie pour s'emparer de l'avenir. Voyez ces jeunes filles qui peuplent les collèges, et dont un grand nombre auront à gagner leur vie. Leurs visages respirent la gaieté, la force, la tranquillité d'esprit, la joie de vivre. Elles se passionnent pour leurs études, pour leurs sports, pour leurs conférences, pour leurs représentations de Shakespeare. Quel sort leur est réservé ? elles n'en ont cure. N'ont-elles pas, dans leur force, leur intelligence et leur volonté, le sûr moyen de faire leur vie, au lieu d'attendre, passives et mornes, que leur vie vienne à elles ?

Vigoureusement individualistes, les Américains possèdent une sociabilité très remarquable. Rien de charmant comme ces réunions si ouvertes, si simples et cordiales, où règne un bon ton, une convenance, une bienveillance, une distinction spontanée, qui vous mettent à l'aise sans souffrir le laisser-aller. Les relations n'y sont nullement banales. Au lieu d'une conversation générale, où les opinions personnelles ont peine à se produire, et où le succès va plutôt aux idées qui flottent dans l'air, présentées de façon spirituelle, ce sont, le plus souvent, des entretiens à deux, où, facilement, de part et d'autre, on est soi-même. Ces réunions, extrêmement fréquentes, sont un excellent moyen de multiplier les amitiés, les relations, les « possibilités » et « opportunités ».

L'une des caractéristiques de la vie américaine, selon une opinion courante, c'est la chasse au dollar. Or, j'entendis un jour un Allemand formuler ainsi le point de vue américain : *Macht durch Geld :* « la puissance par l'argent. » Rien de plus juste. L'argent, dans ce pays, c'est une possibilité de création. S'il est intéressant d'en gagner beaucoup, c'est à cause de la différence immense d'efficace qu'il y a entre une grosse somme, formant une unité, et une multiplicité de petites sommes éparses, dont le total serait égal à la grosse.

La jouissance personnelle n'est d'ailleurs pas la fin qu'apprécient les Américains. Ils sont animés d'un vif désir de contribuer au bien public. C'est ce qu'on appelle : *public spirit.* Chez nous, disent fièrement les meilleurs citoyens des Etats-Unis, c'est une honte de mourir riche. Tels parents, avant de laisser à leur fille une grande fortune, s'assurent que celle-ci en fera un usage utile à la communauté. Les œuvres propres à multiplier pour les laborieux les facilités de s'élever, à développer la culture, à accroître la puissance, la grandeur et le renom du pays, sont l'objet de générosités sans nombre : en première ligne les universités, sur qui les Américains fondent leurs plus chères espérances.

La vie publique des Etats-Unis repose sur ce double principe, formulé par Daniel Webster : « Liberté et Union, maintenant et à jamais. »

L'amour de la liberté se traduit par le désir d'assurer à chaque individu dans l'Etat, à chaque Etat dans l'Union, sa vie propre et autonome. L'esprit de ce libéralisme se manifeste excellemment dans le caractère que présente, en Amérique, la tolérance religieuse. Cette tolérance est, semble-t-il, d'une manière générale, aussi complète que possible. Or elle ne consiste pas à dire : « Chacun pour soi, *Ich lasse gern die andern ihres Pfades gehen, wenn sie mich nur auch könnten gehen lassen*[1] *:* Allez votre chemin, et laissez-moi suivre le mien. » Le président de l'Union en 1907, M. Théodore Roosevelt, voulant exprimer à Mgr Ireland la part que prenait le gouvernement à la pose de la première pierre de la cathédrale de Saint-Paul, lui adressa ce télégramme : *In this fortunate country of ours, liberty and religion are natural allies and go forward hand in hand :* « Dans notre bienheureux pays, liberté et religion sont des alliées naturelles, et marchent ensemble vers le mieux, la main dans la main. » Liberté et religion sont deux forces

1. Gœthe, *Werther.*

naturelles et puissantes : qu'elles se gardent donc de se diminuer en se combattant, mais qu'elles s'unissent, pour le bien de tous.

Le principe d'unité qui, à l'origine, a pu paraître moins fort que le principe de liberté et d'individualisme, est, depuis la guerre de Sécession, tout à fait hors d'atteinte. L'Amérique sent en soi une conscience nationale précise et vigoureuse. Son patriotisme est aussi réel et aussi fort que celui des vieilles nations européennes. Elle peut donc, sans danger pour son unité, donner au principe démocratique des satisfactions de plus en plus larges. Et ce n'est pas seulement le mot d'ordre d'un parti, c'est le vœu général des Américains, que cette maxime, tant répétée ces mois derniers : « Mettre la force de l'Etat au service de la démocratie ! » La puissance, la richesse, la concentration des possibilités, là où elles sont réalisées d'une manière considérable, doivent servir, non à quelques-uns, mais à tous.

Heureuse et fière de son organisation nationale, l'Amérique songe à propager, par le monde, l'idée d'organisations analogues. Que perdraient, estime-t-elle, les Etats existants, à entrer dans un tel concert de nations ? L'Amérique, avant tout, affirme le droit des individus et le droit des Etats existants. Si les Etats de l'Amérique du Nord ont pu s'unir sans renoncer à leur vie propre, pourquoi les autres Etats du monde n'adhéreraient-ils pas à des unions semblables, et, peu à peu, ne se joindraient-ils pas à l'Amérique, pour former, non plus l'union américaine, mais l'union universelle ? Ce rêve grandiose devient une idée précise et juridique dans l'ouvrage qu'un homme de science et d'expérience, à l'esprit aussi calme que généreux, M. l'ambassadeur David Jayne Hill, a récemment publié sous ce titre : *World Organisation, as affected by the nature of the Modern State :* « L'organisation internationale universelle, en tant que favorisée par la nature de l'Etat moderne. »

Je toucherais volontiers un troisième point de la vie américaine : l'effort général vers la culture. L'Amérique réalise, très exactement, la maxime : *Primum vivere, deinde philosophari.* A mesure qu'elle résout plus largement, plus puissamment le premier problème, à mesure elle embrasse plus ardemment le second, et emploie la prospérité matérielle au développement des grandeurs intellectuelles et morales. La richesse, c'est le sol : plus il est riche, plus splendides doivent être les fleurs que la culture en fera jaillir. Le président Butler, de Columbia University, parlant des sommes considérables que réclament l'instruction, l'éducation, le culte des choses idéales, pose ce principe : En ces matières, *never ask : will it pay*. Ne vous demandez jamais si vous serez payés de vos libéralités en profits matériels. Les fruits que cet argent doit produire sont d'un autre ordre.

L'Amérique ne se propose pas, d'ailleurs, en matière intellectuelle ou artistique, de créer de rien. Avec une activité, une méthode, une ouverture d'esprit, une puissance de compréhension merveilleuses, elle s'assimile tout ce que l'ancien monde offre de plus considérable. L'esprit dans lequel elle réunit tant de livres dans ses bibliothèques, tant d'instruments dans ses laboratoires, et appelle tant d'hommes distingués à professer dans ses universités, n'est nullement un esprit d'imitation. Il ne s'agit pas pour elle de se mettre à l'école de l'Europe, et de *jurare in verba magistri*. Tout au contraire, elle vise à s'approprier, sans les altérer ni les diminuer, toutes les créations, toutes les grandeurs, toutes les gloires de l'ancien monde, afin de les réunir en un ensemble toujours plus vaste, qui approche le plus possible de cet idéal : l'œuvre universelle de l'humanité.

II

Que dire de l'esprit français qui ne soit insignifiant, en face de tant de profondes études faites sur ce sujet, non seulement par des Français, mais par les étrangers les plus savants et les plus perspicaces, notamment par d'éminents écrivains américains, tels que Henry James, ou W.-C. Brownell, ou M. Barrett Wendell ? Mais, de nouveau, je songe qu'il est plus pratique d'aller de l'avant, à l'américaine, que de s'interroger sur la possibilité d'avancer. « Dieu bénit l'homme, dit Victor Hugo,

> Non pour avoir trouvé, mais pour avoir cherché.

Un trait digne d'attention, qui paraît appartenir de longue date à l'esprit français, c'est la tendance à la sécularisation universelle. Point de castes, point de privilégiés du droit ou de la science, point de groupes à part, possédant le monopole de la compétence. Le plus petit prétend juger le plus grand, et celui-ci, au fond, souhaite moins l'obéissance que l'approbation et la confiance du plus petit.

C'est que petits et grands croient à l'existence, dans l'esprit humain, d'une faculté devant laquelle tous sont égaux : le bon sens. Descartes ouvre en ces termes son *Discours de la méthode* : « Le bon sens est la chose du monde la mieux partagée...; la puissance de bien juger et distinguer le vrai d'avec le faux, qui est proprement ce qu'on nomme le bon sens ou la raison, est naturellement égale en tous les hommes. » C'est au nom de ce bon sens que chacun, en France, quelle que soit sa situation ou l'étendue de ses connaissances, se croit le droit de faire comparaître devant lui les plus hautes autorités politiques, religieuses, scientifiques, artistiques, et de leur dire leur fait.

Mais ce bon sens initial, les Français ne supposent nullement qu'il soit originairement achevé et parfait : il requiert, au contraire, une culture appropriée, pour pouvoir se réaliser véritablement. Descartes écrit : « Comme conclusion de mes réflexions sur la morale, je résolus d'employer toute ma vie à cultiver ma raison. »

C'est là un second trait de la pensée française : elle conçoit l'homme comme un objet de culture spéciale, et elle ne voit aucune occupation qui soit au-dessus de cette culture même. L'homme n'est pas, immédiatement et par le seul effet de la nature, dans son naturel. Il ne devient pas lui-même fatalement, par suite du progrès nécessaire de ses connaissances et de son empire sur les choses : il faut qu'il se travaille, qu'il modifie son être, qu'il s'élève.

Pascal exprime cette idée très française par une remarquable théorie de la culture humaine. Le point de départ, estime-t-il, c'est la pure nature, en laquelle l'instinct du vrai et du bien est plus ou moins opprimé par l'impulsion aveugle et la passion désordonnée. Au-dessus de la nature pure et simple est l'art, qui apporte des règles, et discipline les forces spontanées. Mais l'art n'est pas le plus haut degré de la culture, parce qu'il aime à se prendre lui-même pour fin, dégénère aisément en artificiel, et tend à se substituer à la nature, plutôt qu'à la pénétrer en la respectant. La culture parfaite est un achèvement et une réunion des qualités de l'art et de celles de la nature, tels que, sûrement et d'elle-même, la nature aille au vrai et au bien. L'homme en qui la nature et l'art se corrigent et se complètent ainsi l'un l'autre possède le naturel, cette sincérité profonde et vraie.

Ce sentiment d'une culture qui dépasse le dressage mécanique, pour s'adresser à l'esprit vivant, se manifeste nettement dans les doctrines françaises relatives à l'éducation. Le vieux mot d'éducation semble parfois reculer, chez nous-mêmes, devant le terme plus savant de pédagogie.

Mais si, par pédagogie, on prétendait signifier un ensemble de méthodes techniques, permettant de fabriquer un honnête homme et un homme de bon sens comme on prépare un produit chimique, les Français ne manqueraient pas de protester. Au fond, ils restent fidèles à la vieille et classique notion de l'éducation, d'après laquelle, seul, l'esprit, uni au cœur, éveille et forme des cœurs et des esprits.

Telle est, au sens français, la culture humaine. Elle ne rentre pas dans la conquête universelle des forces de la nature par la science et par l'industrie. Le contraire de barbarie, dans la langue française, ce n'est pas civilisation, c'est politesse.

Cependant cette expression : la culture humaine, ne suffit pas à indiquer l'objet suprême de la pensée française. Celle-ci ne laisse pas à l'instinct ou au hasard le soin de déterminer l'idéal où tendra la culture. Elle a devant les yeux un modèle déterminé. Elle vise à donner à l'homme une certaine forme. Ce modèle n'est autre que l'idée d'humanité. Par là il faut entendre, non ce que les logiciens appelleraient le concept d'homme, à savoir les caractères nécessaires et suffisants pour qu'un être appartienne à l'espèce humaine, mais bien l'idée, en quelque sorte platonicienne, de l'homme, c'est-à-dire le type le plus pur, le plus élevé, le plus beau et le plus parfait où puisse prétendre l'humaine nature.

Comment se forme, dans l'esprit des Français, ce type de l'homme idéal ? Il ne jaillit pas, comme par miracle, de tel ou tel cerveau individuel; il n'est pas l'expression de tendances que les fatalités historiques, sociales ou matérielles imprimeraient aux intelligences. Il naît au sein d'une institution très caractéristique de la nation française : la société. La société est, non une relation d'individus à individus, ou de tous avec tous, mais ce commerce habituel d'un certain nombre de personnes choisies, où chacune s'efforce de penser et de parler de manière à obtenir l'approbation de tous. Dans ces réunions les femmes jouent un rôle considérable. Elles rapprochent et font communiquer entre eux les esprits les plus divers, elles créent ces conversations générales, où chacun est obligé de se surpasser pour se faire écouter, elles imposent la distinction, la délicatesse, l'ingéniosité, le bon sens fin et spirituel. C'est dans les milieux de ce genre que la pensée française a composé son idée de l'homme.

Or voici notamment trois caractères qui, selon la pensée française, conviennent à l'homme idéal.

C'est, en premier lieu, la raison, telle qu'elle est entendue en France : vivante faculté de juger, qui se distingue du raisonnement, comme, de l'outil, l'ouvrier. La raison, *bona mens*, ainsi que Descartes la nomme en latin, n'est pas seulement, dit Pascal, esprit de géométrie, mais esprit de finesse. C'est l'homme même, employant toutes ses facultés à saisir les choses dans leur complexe et vivante réalité ; c'est, ainsi, le goût et la sensibilité, en même temps que l'intelligence proprement dite.

L'idée française de l'homme implique, en second lieu, le culte des sentiments simples et naturels, tels, en particulier, que l'amour de la famille et le sentiment d'humanité. En dépit de certaines conditions défavorables et de la diffusion de certaines théories, la famille demeure, en France, une institution fondamentale, qui met sa marque sur le mariage et sur l'éducation des enfants. Et, non moins général que le sentiment de famille est le sentiment d'humanité, qui porte les Français à prendre le parti des faibles et des malheureux, des enfants et des femmes, et à se dépenser sans compter pour soulager les infortunes. La force de ce sentiment est particulièrement remarquable chez ceux qui, eux-mêmes, sont dans une condition humble ou nécessiteuse.

A ces deux traits : culte de la raison, culte des sentiments naturels, s'en joint, comme on l'admet généralement, un troisième : le sens et l'amour de la générosité. Se dévouer au triomphe d'une idée, de la justice et de la fraternité, embrasser la cause des opprimés, fût-ce à son propre détriment, rechercher les tâches les plus nobles, les plus hardies, les plus idéales, et les accomplir avec élan, sans préoccupation d'intérêt, pour la gloire, pour l'honneur du nom français, pour le bien de l'humanité : ces ambitions, parfois téméraires, sont demeurées vivaces au cœur de ceux dont les ancêtres intitulaient leurs histoires : *Gesta Dei per Francos.*

***

Les traits de la pensée que nous venons d'esquisser se trouvent-ils, en effet, dans les manifestations les plus importantes de l'activité de la nation ?

La langue et la littérature françaises, par exemple, sont-elles conformes à cette image ?

La langue française a été créée par le peuple et façonnée par les honnêtes

Pl. Ire — Territoire des États-Unis en 1783.

Cette carte souligne l'importance pour les États-Unis, de la cession de la Louisiane. On remarquera combien le territoire occupé par les 13 États en 1783 est restreint. La cession de la Louisiane va leur permettre, après avoir franchi le Missisipi, d'occuper toute la région de l'Ouest, à cette date inconnue ou soumise à la domination espagnole.

gens, c'est-à-dire par des sociétés distinguées, où les femmes ont joué un grand rôle. Aujourd'hui encore, elle a pour gardienne, non une commission de spécialistes, mais l'Académie française, dont la mission est de discerner et de consacrer le bon usage.

De là ses caractères si remarqués : la clarté, la précision, la finesse, l'élégance. Parlant pour tous, elle doit être claire ; formée à l'expression des idées et des sentiments d'une société polie, elle dédaigne l'évidence du banal et du superficiel, pour s'efforcer à rendre clair et simple, sans en altérer le sens, le profond et le compliqué.

Elle s'est à ce point sécularisée, qu'elle est maintenant une, pour la conversation, pour le discours, pour l'écriture, pour les lettres et les sciences, pour la prose et les vers. Plusieurs le lui reprochent. Quelle variété pourtant, et quelle souplesse, à travers cette unité de vocabulaire et de syntaxe ! Cette langue une et identique n'est-elle pas, tour à tour, raison chez Descartes, volonté chez Corneille, logique du cœur chez Pascal, passion chez Racine, esprit chez Voltaire, dialectique enflammée chez Rousseau, rêve chez Lamartine, musique chez Ronsard, Racine, Chénier, Victor Hugo ?

Tandis que les cathédrales gothiques parlaient au peuple leur langage de pierre, intelligible à tous, les chansons de geste, les fabliaux, le théâtre se nourrissaient de la langue et des idées du peuple. Et, à l'heure où l'on eût pu craindre que l'érudition gréco-latine n'étouffât notre génie national, Descartes sécularise la philosophie, Malherbe la poésie, Pascal la théologie. Et la littérature française est décidément, non un mystère à l'usage d'initiés, mais le bien commun de tous. Les entreprises tentées dans un sens contraire échouent invariablement. En revanche, pour viser ce qu'on appelle le grand public, la littérature n'a nullement renoncé à la profondeur, ou à la finesse, ou à la puissance : témoin Descartes, Mme de Sévigné, Victor Hugo.

La politique française a pour principe les droits de l'homme : elle s'appuie sur l'idée de l'homme, elle en déduit celle du citoyen. Elle tend, par les lois et les institutions, à réaliser cette idée le plus parfaitement possible dans les individus et dans la société. C'est dire que la morale en est le fond. De là une tendance au système, au radicalisme, aux réformes d'ensemble, hardies et parfois révolutionnaires. De là aussi un idéal élevé et de nobles passions, une éloquence brillante et généreuse, à travers les inévitables ambitions et rivalités des individus.

Et, dans sa politique extérieure, il n'est pas douteux que la France, quand il lui est possible d'être elle-même, ne se propose de faire régner la justice en ce monde, de soutenir les droits des faibles, d'assurer à chaque nation la liberté et l'indépendance, la faculté de se gouverner et de vivre à sa guise. C'est ce que célébra magnifiquement Gœthe dans le chant de son poème : *Hermann et Dorothée*, qui porte pour titre : *Das Zeitalter* (le siècle). « Quel ne fut pas, dit-il, l'enthousiasme qui s'empara de tous les cœurs, quant vint à nous l'éclatante lumière du soleil nouveau, quand, à travers le monde, on entendit parler de droits de l'homme, communs à tous ! Alors chacun espéra vivre enfin pour lui-même ; il semblait que l'on vît tomber les chaînes que tenait en mains l'égoïsme fainéant, et qui enserraient tant de nations. »

Damals hoffte jeder, sich selbst zu leben; es schien sich
Aufzulösen das Band, das viele Länder umstrickte,
Das der Müssiggang und der Eigennutz in der Hand hielt.

Il serait intéressant de rechercher les tendances qui se manifestent en France à propos des questions d'instruction et d'éducation, si vivement agitées à l'heure actuelle.

Dans les établissements publics d'instruction règne ce que l'on appelle l'esprit laïque. Il faut reconnaître que parfois cet esprit est présenté comme rendant inutile ou même comme excluant l'esprit religieux. Ainsi compris, il risquerait de fournir un prétexte à l'intolérance. Mais comment l'intolérance pourrait-elle être approuvée dans un pays où l'édit de Nantes est resté si populaire, tandis que la révocation de ce même édit est, de notre histoire, une page que tous voudraient arracher ? En vain l'intolérance essaierait-elle, à force d'arguties, de se déguiser en esprit laïque : un sûr instinct, le sentiment d'humanité, inné au cœur français, la démasquerait et la condamnerait. L'antique devise classique,

Homo sum, humani nihil a me alienum puto :

« Je suis homme, et rien d'humain n'est pour moi chose étrangère », n'a pas cessé de trouver un écho dans l'âme française.

Les études techniques et les études supérieures sont en pleine prospérité ; mais l'esprit français réclamerait, s'il était question de développer ces études spéciales aux dépens des humanités. L'ambition française est évidemment de concilier la compétence la plus exacte avec la culture intellectuelle et morale la plus haute et la plus humaine, de satisfaire pleinement à toutes les exigences de la vie et de la science modernes, sans rien abandonner du noble idéal classique dont la France est dépositaire. Entre le spécialiste et l'homme, l'esprit français persiste à maintenir une harmonie ; et il estime que l'un et l'autre profitent à entretenir ces rapports mutuels.

III

Si de ces essais d'analyse nous essayions de tirer quelques conclusions, nous trouverions, à coup sûr, entre la pensée américaine et la pensée française, des points de contact nombreux et importants.

Des deux côtés, même esprit démocratique, même sentiment de la dignité humaine, même amour de la liberté politique et du principe de la souveraineté nationale, même goût pour le naturel, la cordialité, la simplicité dans la distinction, même préoccupation des fins idéales de l'humanité.

L'orientation des deux pensées, toutefois, est très différente.

L'Amérique conçoit l'idéal humain, dont elle poursuit la réalisation, comme une synthèse, composée de toutes les formes d'humanité que crée la nature, en sorte que chacune d'elles, dans l'union universelle, conserve son caractère propre et son autonomie. La pensée française, quant à elle, jaillissant de ce milieu original que constitue la société française, se fait, de l'homme idéal, une sorte d'idée platonicienne, qui n'est le fruit, ni d'une synthèse, ni d'une analyse, mais qui apparaît comme une espèce de création. L'idée américaine d'humanité est aussi riche que possible, l'idée française a pour contenu la forme de la nature humaine la plus pure et la plus haute.

De ces remarques suivent les maximes qui doivent présider aux relations intellectuelles des Français et des Américains, si les deux peuples veulent que ces relations leur soient profitables. Chercher à assimiler l'un à l'autre, ou à fondre ensemble la nature de l'un et celle de l'autre, serait une entreprise vaine et pernicieuse. Les deux principes sont tels, qu'ils ne peuvent se réduire à l'unité. Chacun des deux, très noble en soi, veut être représenté dans son intégrité.

Mais, cette réserve faite, Français et Américains ont le plus grand intérêt à se comprendre mutuellement, et à méditer sur les idées les uns des autres.

Il n'est pas de principe, si excellent soit-il, qui ne mène à la ruine, s'il est appliqué sans mesure et sans quelque mélange du principe contraire. L'un n'est rien, disait Platon, s'il ne fait une place au multiple, et le multiple n'est rien, si, de quelque façon, il ne participe de l'un. Pour les Américains comme pour les Français, il y a un écueil à redouter, s'ils s'abandonnent trop exclusivement à l'action directrice de leur principe propre.

L'écueil de la méthode synthétique des Américains, c'est ce qu'on nomme le syncrétisme, ce mode de penser qui assemble sans unir, qui juxtapose sans créer. Il ne suffit pas de composer une splendide bibliothèque, renfermant la totalité des travaux auxquels un certain problème a donné naissance, pour que de cette collection de matériaux jaillisse une idée nouvelle. Sans doute, nul homme jamais n'a créé de rien, et toute invention est d'abord une imitation ; mais une heure vient où le génie, croyant imiter, innove. La renaissance des lettres antiques est, à bon droit, appelée Renaissance, sans complément. Ceci a émergé de cela. Or, que faut-il, pour que de la masse accumulée des moyens de travail l'œuvre surgisse, pour que la mémoire se mue en intelligence créatrice ?

Sans doute, l'esprit souffle où il veut ; l'histoire de la pensée française, toutefois, donne, sur ce point, des indications intéressantes. La condition du passage des possibilités à la création, c'est, en général, le recueillement, l'incubation, l'action du temps. Et cette action doit s'exercer, non seulement sur les individus, mais sur la société elle-même. Après, dit Descartes, que j'eus employé de nombreuses années à étudier dans les livres écrits et dans le livre du monde, je pris un jour la résolution d'étudier aussi en moi-même. Et, pendant un certain temps, il demeura tout le jour enfermé seul dans un poêle, où, dit-il, il avait tout le loisir de s'entretenir de ses pensées. C'est dans ce poêle qu'il trouva les principes de sa philosophie.

Plus sont nombreux et divers les matériaux dont on dispose, plus est nécessaire une période de concentration et d'élaboration silencieuse, pour que de cette multiplicité inerte quelque idée naisse, simple, claire, vivante, et vraiment originale.

La France nous montre, d'ailleurs, cette élaboration s'opérant, non seulement dans l'esprit d'un individu qui s'isole de la foule, mais dans cette société d'honnêtes gens, hommes et femmes d'esprit et de goût, qui, de longue date, a été l'un de ses plus beaux ouvrages. L'action que cette société exerce sur l'imagination des artistes, sur la pensée des écrivains et des savants, est considérable. Tel esprit, fécond dans un certain milieu, s'il est transplanté dans un autre, devient tout à coup stérile.

A méditer ces exemples, l'Amérique se rendra de mieux en mieux compte des conditions qui peuvent favoriser la réalisation de son rêve grandiose.

De son côté, le Français, amoureux de clarté et de simplicité, court risque de confondre la perfection idéale où il aspire avec l'unité et l'uniformité pure et simple. Il est exposé à croire que diversité est nécessairement désaccord et hostilité, qu'un principe ne peut se réaliser qu'en supprimant tout ce qui a été établi d'après des principes différents. De là cette maxime souvent répétée : « Ceci tuera Cela. » Le XVIIe siècle, en France, crut abolir le moyen âge ; la Révolution crut anéantir l'ancien régime ; Victor Hugo supprimait Racine.

Or, l'Amérique, d'une manière, non théorique, mais effective, nous montre comment maints principes que nous croirions contradictoires sont simplement autres, et, loin de s'exclure, se concilient, ou plutôt se complètent mutuellement. Liberté et religion, par exemple, sont-elles radicalement incompatibles ? L'Américain répond en les unissant dans la réalité, parce que l'une et l'autre sont vivantes, humaines et propres à faire avancer l'humanité.

A étudier les choses américaines, les Français gagneront de prendre en défiance cette logique abstraite qui ne veut connaître d'autres relations que les rapports d'identité et de contradiction, et qui, par suite, ne sait que réduire à l'uniformité ou exclure. Ils verront, à chaque pas, le réel déborder le logique, et la vie établir un accord et une amitié entre des formes d'existence dont les définitions théoriques nous semblaient inconciliables.

Ainsi, comme les Français peuvent appeler l'attention des Américains sur les conditions du jaillissement de l'idée, de même les Américains peuvent avertir les Français de ne pas imposer au réel les postulats de la logique abstraite.

Et je ne parle pas de tout ce qu'ajoute de charme à notre vie intime le commerce des hôtes si distingués, si savants, si aimables, si obligeants, à l'esprit si élevé, large et bienveillant, au cœur si ouvert, noble, droit et affectueux, qui, pendant des semaines et des mois, se fixent au milieu de nous, et prennent plaisir à partager notre existence.

EMILE BOUTROUX,
de l'Académie Française.

II

LES

RELATIONS HISTORIQUES FRANCO-AMÉRICAINES

(1776-1912)

PAR

JAMES H. HYDE.

LES RELATIONS HISTORIQUES FRANCO-AMÉRICAINES[1]

(1776-1912)

Mesdames, Messieurs,

Mes premières paroles seront des paroles de remerciements au comité « France-Amérique » et à son président M. Hanotaux qui m'ont fait l'honneur de m'inviter à parler dans cette série de conférences.

1. Conférence faite par M. James H. Hyde, le 11 décembre 1912, sous les auspices de la section des États-Unis du comité « France-Amérique ».

Les livres cités dans les notes ne prétendent naturellement pas à former une bibliographie complète du sujet; les sources utilisées pour cette conférence sont seules mentionnées. Pour plus de détails, voir Channing (E.), Hart (A.-B.) et Turner (F.-J.), *Guide to the Study and reading of American history.* (Boston-London, 1912, in-12), *Revised edition.*

On aura intérêt, pour les faits et la chronologie, à se reporter au livre de Carl Ploetz, *Epitome of ancient, mediaeval and modern history*, trad. par William H. Tillinghast (Boston, 1908, in-12). Cette traduction paraît plus complète pour le sujet qui nous occupe que la *Chronologie universelle* de Dreyss.

On consultera les grandes histoires générales : Lavisse (E.) et Rambaud (A.), *Histoire générale du IVe siècle à nos jours* (Paris, 1893-1910, 12 vol. in-8°), 2e *éd.*, t. VII à XII ; Lavisse (E.), *Histoire de France depuis les origines jusqu'à la Révolution* (Paris, 1908-1911, 18 vol. in-8°), t. VIII, 2, *Le règne de Louis XV* (1715-1774), par H. Carré, et t. IX, 1, *Le règne de Louis XVI* (1774-1789), par H. Carré, P. Sagnac et E. Lavisse ; et particulièrement Albert Bushnell Hart, *The American Nation : A history from original sources...* (New York-London, 1904-1908, 27 vol. in-8°) ; v. les index alphabétiques, vol. XXVII ; enfin, le *Manuel de bibliographie historique*, de Ch.-V. Langlois (Paris, 1901, in-12), 2e éd. Pour l'histoire des institutions en Amérique, on consultera : le livre de James Bryce, *The American Commonwealth* (New York, 1910, 2 vol. in-12°), 4 *th éd., revised*, qui a été traduit en français en 4 volumes ; une seconde édition française, complétée, en 5 volumes paraît en ce moment à Paris, chez Giard et Brière, (t. IV, 1913) ; le livre de A. de Tocqueville, *De la démocratie en Amérique* (Paris, 1888, 3 vol. in-8°), 17e éd. ; M. Firmin Roz, conférencier français aux États-Unis a publié un précieux livre de synthèse, *L'énergie américaine*, auquel le Comité

Je tiens à ajouter que je vous suis très reconnaissant d'avoir bien voulu venir m'entendre vous parler au Théâtre Michel des relations historiques franco-américaines.

A vrai dire, la traversée des coulisses du Théâtre Michel n'est pas une opération sans danger et j'allais peut-être.... m'y perdre, un peu « impressionné » par le parfum troublant qui s'en dégage, quand le souvenir édifiant des dépendances de l'ancien couvent des Mathurins qui s'élevaient jadis en ce lieu [1] m'a maintenu dans le droit chemin.

Je vais traiter devant vous, en une heure, un sujet qui nécessiterait, pour être étudié, plus d'une vie. Depuis le 4 juillet 1776, date de la Déclaration de notre indépendance —, sauf pour les nègres, — jusqu'aujourd'hui 11 décembre 1912 à 5 heures un quart du soir, il s'est écoulé cent trente-six ans, cinq mois, sept jours et même en négligeant les mois et les jours, je ne dispose pour chaque année que d'un peu moins de trente secondes, ce qui est insuffisant pour entrer dans de grands détails.

Je ne prétends pas me poser en historien, je n'ai pas plus la prétention de vous raconter ici l'histoire complète des relations franco-américaines que d'avoir découvert l'Amérique ou Paris. Voltaire a dit quelque part que le secret d'ennuyer était de tout dire : je ne veux pas *tout* dire, mais préciser simplement les faits historiques essentiels et insister un peu sur quelques détails qui, je le souhaite, vous plairont. Les plus jolies fleurs se trouvent presque toujours, d'une façon inattendue, au bord des petits sentiers de l'Histoire comme de la Littérature..., ou de la Vie.

Il est naturel que les relations aient été bonnes au début puisque, vous le savez, c'est à la France que les Etats-Unis doivent leur indépendance. — Après avoir beaucoup lu, un peu réfléchi et parlé avec des personnes plus compétentes que moi, je crois pouvoir définir ainsi les raisons

France-Amérique, a attribué en 1912 son prix annuel, prix qui a pour objet « de permettre de récompenser ou d'encourager un travail ou une œuvre qui serve à rapprocher les Etats-Unis et la France ou à faire mieux connaître les Etats-Unis en France ou la France aux Etats-Unis ». La société historique la plus importante des Etats-Unis est *l'American Historical Association*, dont on aura le plus grand intérêt à consulter les publications.

1. La rue des Mathurins tire son nom de la ferme des Mathurins dépendant du Couvent des Mathurins, ordre pour la rédemption des captifs, dont le couvent s'étendait de l'angle de la rue Saint-Jacques à l'hôtel de Cluny, sur l'emplacement de la rue du Sommerard.

V. Marquis de Rochegude, *Promenades dans toutes les rues de Paris*... (Paris, 1910, 20 vol., in-12°), v^e^ arrondissement, p. 44, et IXe arrondissement, p. 86.

de l'alliance franco-américaine, raisons complexes comme celles de toutes les actions humaines.

Les hommes ne sont pas ou tout bons ou tout mauvais, leurs âmes ne sont ni toutes blanches ni toutes noires, mais grises et leurs actes s'en ressentent. Les Français et leur gouvernement désiraient prendre leur revanche des défaites de la guerre de Sept Ans [1], rétablir l'équilibre politique de l'Europe rompu au profit de l'Angleterre et cédaient aussi à un mouvement de noble générosité [2], au désir d'aider à la naissance d'un pays libre et de réaliser pratiquement les théories philosophiques et sociales des grands philosophes français du siècle [3] de Rousseau, de Mably, de Montesquieu, l'oracle surtout consulté par les Américains quand ils rédigèrent leur Déclaration d'indépendance [4].

Il en fut de même pour l'Espagne qui aida l'Amérique, mais dans une moindre mesure. Elle agissait surtout en haine de l'Angleterre dont elle redoutait la puissance commerciale, les menées politiques au Portugal, et poussée par l'espoir de recouvrer Gibraltar.

La Hollande se joignit à la France et à l'Espagne pour des raisons surtout économiques.

Les insurgés américains s'étaient adressés également à la Prusse. Le Grand Frédéric qui n'aimait travailler.... que pour le roi de Prusse et

1. Par le traité de Paris du 10 février 1763, la France avait abandonné à l'Angleterre tout son empire de l'Amérique du Nord, le Canada, toute la vallée de l'Ohio, toute la rive gauche du Mississipi sauf la Nouvelle-Orléans, le Sénégal sauf Gorée, cinq îles ou groupes d'îles aux Antilles, etc. De plus, comme l'Espagne cédait la Floride aux Anglais, les Français l'indemnisèrent en lui cédant la rive droite du Mississipi (Convention du 3 novembre 1762). On remarquera que le traité de Paris ne datait que de *quinze ans ;* le souvenir en était donc encore très vivant.

2. Le comte de Ségur écrit dans ses *Mémoires :* « Le bruit des armes excitait encore davantage l'ardeur d'une jeunesse belliqueuse ; la lente circonspection de nos ministres nous irritait ; nous étions fatigués de la longueur d'une paix qui durait depuis plus de dix ans, et chacun brûlait du désir de réparer les affronts de la dernière guerre, de combattre les Anglais et de voler au secours des Américains... » (Comte de Ségur, *Mémoires ou souvenirs et anecdotes* (Paris, 1824-1826, 3 vol., in-8°), t. I, p. 117 et suiv.)

3. Voir particulièrement les *Mémoires ou souvenirs et anecdotes* de M. le comte de Ségur, t. I, p. 117 sq.

Franklin, suivant le comte de Ségur, vint en France « justement à l'époque où la littérature et la philosophie répandaient universellement parmi nous le désir des réformes, le penchant aux innovations et les germes d'un vif amour pour la liberté ».

4. Voir G. Hanotaux, L'Amérique du Nord et la France, *Revue des Deux-Mondes*, 15 septembre 1912, p. 283. Divers articles écrits par M. Hanotaux sur les relations de la France et de l'Amérique du Nord ont été réunis en 1913 dans : *La France vivante dans l'Amérique du Nord* (Paris, in-16), volume indispensable.

n'apercevait pas les résultats immédiats d'une collaboration germano-américaine leur refusa son aide [1].

La Russie était alors absorbée tout entière par la question d'Orient et l'Autriche, alliée de la France, se plaignait qu'au lieu de la soutenir dans sa politique orientale, votre pays s'affaiblît par une lutte contre l'Angleterre. Marie-Antoinette fit l'impossible pour empêcher Louis XVI de soutenir les Américains, pour l'amener à aider l'Autriche en Orient et contre la Prusse [2] ; le peuple au courant de son attitude l'appela dès ce moment « l'Autrichienne ».

L'intervention française passa par trois phases distinctes : 1° *Neutralité absolue ;* 2° *Appui secret ;* 3° *Alliance ouverte.*

On s'était préoccupé depuis plusieurs années en France de soutenir les colonies américaines dans le cas où elles se révolteraient contre l'Angleterre. Choiseul, avant Vergennes, y avait songé, et cela nous le savons par la correspondance de Kalb, son agent en Amérique, et celle de ses agents de Londres. En 1769, il avait étudié la question à fond et quand Vergennes entra au ministère des Affaires étrangères, il trouva dans les papiers de son prédécesseur des renseignements précieux [3].

Ce fut Beaumarchais, l'auteur dramatique, agent financier, diplomate adroit, qui aida secrètement, du mieux qu'il put, les colons anglais révoltés, collaborant ainsi à une œuvre qui contribua moins à sa célébrité que le *Mariage de Figaro,* mais dont les conséquences ont été autrement importantes pour l'histoire du monde [4].

1. Cela n'empêcha pas certains Allemands et Prussiens d'aller mettre leur épée au service de la cause américaine. Le plus célèbre d'entre eux, Frédéric-Guillaume de Steuben, traversa l'Atlantique sur les conseils et grâce aux subsides de Beaumarchais.
Voir G.-W. Greene, *The German element in the war of America* (New York, 1876).

2. Voir sur ce point la *Correspondance secrète du comte de Mercy-Argenteau avec l'empereur Joseph II et le prince de Kaunitz*, publiée par A. d'Arneth et J. Flammermont (Paris, 1889-1891, 2 vol., in-8°), et particulièrement la lettre envoyée à l'ambassadeur par le prince de Kaunitz, le 1er octobre 1777.

3. Voir James Breck Perkins, *France in the American Revolution* (Boston-New York, 1911 in-12), p. 27 ; C. Bancroft, *History of the United States* (New York, 1891, in-8°), *the author's last revision*, t. VI, p. 25 ; Friedrich Kapp, *Life of Johann Kalb* (New York, 1881), p. 1-46.

4. Voir, E. Lintilhac, *Beaumarchais et ses œuvres* (Paris, 1887, in-8°), p. 71, 401, livre important ; de Loménie, *Beaumarchais et son temps* (Paris, 1873, 2 vol., in-12), t. II ; Gudin de la Brenellerie, *Histoire de Beaumarchais*, éd. Tourneux (Paris, 1886, in-8°), p. 180, 239 ; André Hallays, *Beaumarchais* (Les grands écrivains de la France), (Paris, 1897, in-12). p. 49 ; John Bigelow, *Beaumarchais the merchant* (New York. 1870). John Bigelow fut ministre des États-Unis à Paris en 1864.

La victoire américaine de Saratoga en 1777 fit passer la France de l'appui secret à l'alliance ouverte, si bien que cette bataille, peu importante en elle-même [1], fut par ses conséquences l'une des plus décisives de l'Histoire : la France admira qu'une armée régulière anglaise eût été vaincue par des milices américaines et se décida à soutenir vigoureusement les Etats-Unis.

Le Congrès américain avait senti de bonne heure qu'il ne viendrait pas à bout par ses seules forces de la résistance anglaise. Il avait envoyé des agents en Europe pour chercher un appui : Silas Deane d'abord, qui ne réussit guère, puis Franklin, le représentèrent à Versailles. Le choix de Franklin était particulièrement heureux. L'homme était déjà connu en France par ses travaux scientifiques. — Lorsqu'il eut découvert le paratonnerre, les grandes couturières parisiennes lancèrent la « toilette paratonnerre » qui comportait une petite pointe d'acier et deux fils traînant jusqu'au sol [2] ; cette toilette a passé de mode aujourd'hui, mais certaines d'entre vous, Mesdames, pourraient peut-être encore l'utiliser contre... le coup de foudre.

Franklin, par sa bonhommie souriante, par sa finesse adroite, devint rapidement très populaire dans tous les mondes : ayant été élu membre de l'Académie des Sciences en 1772, alors qu'il était encore sujet anglais, il fut naturellement bien accueilli dans les milieux scientifiques ; on le reçut admirablement dans les milieux libéraux en tant que représentant d'un peuple républicain insurgé pour sauvegarder sa liberté.

Il y avait quelque chose de paradoxal à voir les privilégiés de l'ancien régime soutenir la liberté et la République ; mais le Français — au moins l'ai-je entendu dire — n'aime la liberté que sous la forme du privilège personnel, et ceci me rappelle ce mot d'un de vos compatriotes : « La liberté n'est rien si tout le monde est libre. » [3]

1. Pour le détail de la Guerre d'Indépendance, voir John Fiske, *The American Revolution*, (Cambridge, 1896, 2 vol., in-8°). Pour l'histoire financière américaine de cette période, A.-S. Bolles, *The financial history of the United States from 1774 to 1789*, 4e éd. (New York, 1896, in-8°). Cet ouvrage est continué par deux volumes : l'un traitant de l'histoire financière des années 1789 à 1860, l'autre des années 1861 à 1885.

2. A. Rambaud, *Histoire de la Civilisation française* (Paris, 1885, 2 vol., in-12), t. II, p. 487.

3. Ce mot est cité par Condorcet dans les *Lettres d'un citoyen des États-Unis à un Français sur les affaires présentes*, 1788, *Œuvres de Condorcet*, éd. A. Condorcet O'Connor et F. Arago (Paris, 1847-1849, 12 vol., in-8°), t. IX, p. 97 : « Non, monsieur, je me garderai bien de dire avec un de vos poètes : *La liberté n'est rien si tout le monde est libre.* Je crois, au contraire, que plus il existe de peuples libres, plus la liberté de chacun d'eux est assurée... »

Jones, père de la marine américaine, qui commandait le premier navire de l'Union dont la France ait officiellement salué le pavillon [1].

Marie-Antoinette reçut triomphalement Paul Jones à Versailles et Mlle Bertin, — la modiste royale — créa, pour la Reine, les chapeaux à la Paul Jones. On lui remit, de la part du Roi, « la croix de l'Institution du Mérite militaire » — on recherchait déjà les décorations, c'est peu républicain, mais si naturel — et « une épée d'or que Sa Majesté lui fit faire [2] ». On lui confia le commandement de navires de guerre français avec lesquels il vainquit les Anglais. Plus tard, il devint officier de marine de la Grande Catherine de Russie et, sous ses drapeaux, combattit le Grand Turc, chose alors plus difficile qu'aujourd'hui !

C'est de lui que Napoléon disait, en 1805, après Trafalgar : « S'il avait vécu, la France aurait eu un amiral. » Et vous savez, Mesdames et Messieurs, que la victoire de Napoléon sur terre comme sur mer eût changé le sort du monde [3].

En 1780, à la suite des excès des corsaires barbaresques dans la Méditerranée, excès qui amenèrent plus tard les Américains à bombarder Tripoli, il fit ses offres de services à Louis XVI pour une expédition sur les côtes d'Algérie ; il prophétise merveilleusement en ces termes l'avenir de la France dans l'Afrique du Nord : « Lorsque le dey d'Alger aura été châtié, il ne sera pas difficile de trouver des raisons pour rendre plausible l'occupation indéfinie de ses états et une fois le premier pas fait dans cette voie, l'extension de la conquête chrétienne, sous les auspices de la France, ne devra plus rencontrer aucun obstacle sur tout le développement des côtes de l'Afrique du Nord [4]. »

1. Voir sur ce point d'histoire la très curieuse lettre envoyée par Paul Jones à Silas Deane pour lui annoncer l'événement, Doniol, *Histoire de la participation de la France à l'établissement des États-Unis*, t. III, p. 3.

2. Voir Lacour-Gayet, *Histoire de la marine française sous le règne de Louis XVI*, p. 107, n. On sait que la Constitution des États-Unis, article I, section 9, § 8, interdit les décorations aux citoyens américains fonctionnaires du gouvernement, diplomates, officiers de terre et de mer. C'est le Congrès seul qui peut leur donner la permission d'accepter une décoration étrangère. On trouvera la liste des Américains décorés dans James Howard Gore, *Americans members of foreign orders* (Washington, 1910, in-12).

3. Voir Captain A.-T. Mahan, *The Influence of Sea Power upon the French Revolution and Empire*, 1793-1812 (London, s. d., 2 vol., in-8°), traduit en français par M. Izoulet qui consacra au livre de Mahan l'un de ses cours au Collège de France.

4. Voir E. Dupuy, Étude d'histoire d'Amérique, *Américains et Barbaresques*, 1776-1824, (Paris, 1910, in-8°), p. 62.

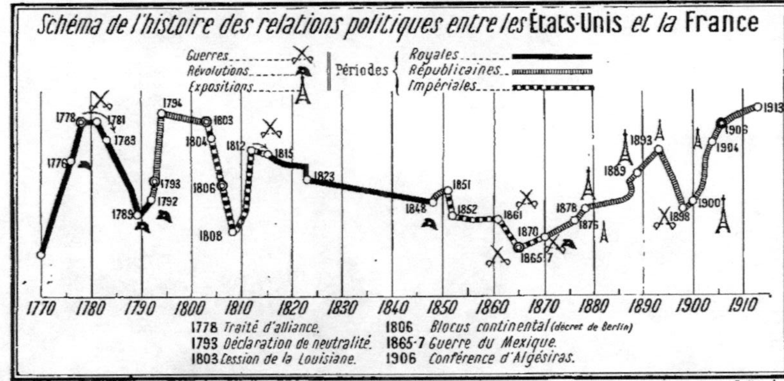

Pl. II. — Graphique des Relations Historiques Franco-Américaines.

Ce graphique, qui n'a aucune prétention scientifique, essaie de matérialiser, comme le ferait une courbe de « température » pour un individu, le degré de chaleur des relations franco-américaines depuis leur origine. Il illustre et condense en quelque sorte toute la conférence.

Paul Jones mourut à Paris et un deuil national fut décrété en France comme pour Franklin et Washington [1].

Pendant plus d'un siècle il reposa dans un cimetière parisien. Son cercueil fut retrouvé en 1905 grâce aux fouilles entreprises par l'ambassadeur américain, M. Porter. Toute une flotte de guerre alors traversa l'océan pour venir chercher le corps du grand amiral. A cette occasion, pour la première fois, on vit des marins américains et français défiler ensemble dans les rues de Paris. Par les soins du ministre de la Marine des Etats-Unis, Charles-Joseph Bonaparte [2], arrière-neveu de Napoléon, Paul

1. Voir sur Paul Jones : Cyrus Townsend Brady, *Commodore Paul Jones* (New York, 1906, in-12) ; John S. Barnes, *The logs of the Serapis-Alliance-Ariel under the command of John Paul Jones* (New York, 1911, in-8°), publié par la « Naval History Society » fondée en 1911, dans l'importante série de volumes qu'elle a inaugurée ; Charles-Henry Lincoln, *A calendar of John Paul Jones manuscripts in the Library of Congress* (Washington, 1903, in-8°).

2. Voir sur les Bonaparte en Amérique : J.-G. Rosengarten, *French colonists and exiles in the United States* (Philadelphia, 1907, in-12), Charles Bonaparte, p. 23 ; Joseph Bonaparte, p. 109, 160, 162-165, 166-168, 180, 181 ; Lucien Bonaparte, p. 40 ; Frédéric Masson, *Napoléon et sa famille* (Paris, 1900 sq., 10 vol. in-8°), t. II (1802-1805), p. 295, t. III, p. 83, 152, 419.

Charles-Joseph Bonaparte est le descendant du *prince Jérôme Bonaparte*, roi de Westphalie.

Le *prince Jérôme Bonaparte*, né à Ajaccio, Corse, le 15 novembre 1784, mourut à Ville-Genis, près de Paris, le 23 juin 1860. Il épousa en premières noces, le 24 décembre 1803, Elisabeth Patterson, fille de William Patterson, née à Baltimore le 6 février 1785, morte dans cette même ville le 4 avril 1879. De cette union naquit :

Jérôme-Napoléon Bonaparte, né à Camberwell, Angleterre, le 7 juillet 1805, mort à Baltimore le 17 juin 1870. Il épousa, le 3 novembre 1829, Susan May, fille de Benjamin Williams qui, né à Roxbury, passa sa vie à Baltimore. Susan May, née le 2 avril 1812, mourut le 15 septembre 1881. De cette union naquirent :

A) *Jérôme-Napoléon Bonaparte*, né à Baltimore le 5 novembre 1830, mourut à Beverly, Mass., le 3 septembre 1893. Il fit ses études et prit ses grades à la « West Point Military Academy » et fut incorporé pendant deux ans dans l'armée américaine ; puis s'enrôla dans l'armée française en 1854, prit part à la guerre de Crimée et à la campagne d'Italie et prit sa retraite après dix-sept ans de service avec le grade de lieutenant-colonel, après la conclusion de la paix franco-allemande.

Il épousa, le 7 septembre 1871, Catherine Le Roy, fille de Samuel Appleton, petite-fille de Daniel Webster et veuve de Newbold Edgar. Cette dernière mourut le 10 novembre 1911.

De cette union naquirent :

1° *Louise-Eugénie Bonaparte*, née le 7 février 1873. Épousa, le 29 décembre 1896, le comte Adam de Moltke-Huitfeldt, de Danemark. De cette union naquirent : Marie-Louise-Caroline, née le 7 novembre 1897, Léon-Charles-Joseph, né le 14 novembre 1898, Jérôme-Eugène-Otto, né le 14 janvier 1902, Adam-Nicolas, né le 17 mai 1908, un autre fils.

2° *Jérôme-Napoléon Bonaparte*, né à Paris, le 26 février 1878. Harvard B.-A. and Georgetown University. Habite Washington, D. C. Célibataire.

B) *Charles-Joseph Bonaparte*, né à Baltimore, le 9 juin 1851. Épousa, le 1er septembre 1875, Ellen Channing, fille de Thomas Mills Day, de Harford, Ct. Pas d'enfant. M. Bonaparte est un Harvard. B. A., 1871 ; LL. B., 1875. Avocat. Fut secrétaire de la Marine du 1er juillet 1905 au 17 décembre 1906, et Attorney-General des Etats-Unis du 17 décembre 1906 au 5 mars 1909.

Un des points curieux soulignés par ce tableau publié dans *The World Almanac and Encyclopedia*, 1912 (New York, 1913, in-8°), p. 642, est l'union de la famille Bonaparte à la famille de Moltke. On sait que le célèbre chef de l'état-major prussien était d'origine danoise.

Jones fut enterré à Annapolis [1], non loin des soldats français qui avaient été tués pendant la guerre de l'Indépendance [2].

Mais c'est principalement sur terre que la coopération franco-américaine porta ses fruits. Une armée française de secours avait été réunie à Brest. Elle était composée de 6.000 hommes et commandée par le comte de Rochambeau. Parmi ses aides de camp se trouvait le comte de Fersen [3] dont le rôle dans la fuite de Varennes est connu.

Débarquant sur le sol américain, Rochambeau déclara : « Je suis l'ami de vos amis et l'ennemi de vos ennemis [4]. »

L'armée de Washington était à ce moment très affaiblie, en mauvais état et peu nombreuse ; ce secours lui permit d'attaquer à nouveau les Anglais. Avec le concours de l'escadre de Grasse, l'armée anglaise de Cornwallis renforcée de soldats allemands du grand-duché de Hesse, du Brunswick et d'autres états, fut bloquée dans Yorktown et contrainte de se rendre [5].

La joie causée par cette victoire fut très grande à Paris [6] ; elle coïncidait avec la naissance du Dauphin [7] et les chansonniers ne manquèrent

1. On sait qu'Annapolis est la grande école maritime américaine; voir Captain A.-T. Mahan, *Naval administration and warfare, some general principles with other essays* (London, 1908, in-12), p. 175-242. Annapolis est l'ancien établissement français de Port-Royal; voir, sur ce point, A.-B. Hart, *The American nation a history...*, vol. VII, France in America (se reporter à l'index analytique) et les ouvrages classiques de Francis Parkman, en particulier *Pionneers of France in the New World* (Boston, 1888) ; *France and England in North America* (Boston, 1893) (consulter les index analytiques, aux mots Port-Royal, pour la période française, Annapolis pour la période anglaise). John Fiske, *New France and New England* (Boston-New York, 1902, in-12) (voir index analytiques, Port-Royal). Pour le fonctionnement actuel de l'Académie navale des États-Unis d'Annapolis, comme pour le fonctionnement de l'Académie militaire de West-Point, voir *The World Almanac Encyclopedia*, 1912, p. 648.

2. Sur le retour des cendres de Paul Jones aux États-Unis, voir H. Marion, *John Paul Jones, last cruise and final resting place the United States Naval Academy* (Washington, 1906, in-8°). M. H. Marion est français et professeur de français à Annapolis.

3. Sur le rôle joué par Fersen en Amérique, voir Paul Gaulot, *Un ami de la reine Marie-Antoinette, M. de Fersen* (Paris, 1894, in-12), 5 éd., p. 42-79 ; baron R.-M. de Klinckowström, *Le comte de Fersen et la Cour de France* (Paris, 1871-78, 2 vol., in-8°), t. I, p. 36 sq.

4. Voir le discours prononcé par le sénateur P. Halsay, délégué de la Virginie à l'inauguration de la statue de Washington à Versailles, en août 1910. *France-Amérique*, Bulletin du comité, février 1911, p. 122.

5. Voir sur le siège de Yorktown et en général sur les opérations militaires de la guerre d'Indépendance : Francis Vinton Greene, *The revolutionary war and the military policy of the United States* (London, 1911, in-8°).

6. On trouvera d'intéressants détails sur la joie parisienne à la nouvelle de la victoire de Yorktown dans la *Correspondance secrète politique et littéraire* de Métra (Londres, 1787-90, 18 vol., in-12), octobre-novembre 1781.

7. La reddition de Yorktown eut lieu le 19 octobre 1781, la naissance du dauphin le 22 octobre.

pas de glorifier de leur mieux ces deux événements ; l'un d'eux chantait :

Cornwallis, ce brave guerrier,
    Soutien de l'Angleterre,
Est battu et fait prisonnier
    De la bonne manière.
Les Anglais vont baisser le ton,
La faridondaine, la faridondon,
Et redeviendront nos amis,
    Biribi,
A la façon de Barbari,
    Tartari.

Et il ajoutait cette strophe qui paraît tragique quand on songe au sort du malheureux Dauphin et de son frère [1] :

La victoire avait attendu
    Le poupon d'Antoinette,
Nous allons mettre à fonds perdu
    Tous nos cœurs sur sa tête.
Il naquit au bruit du canon,
La faridondaine, la faridondon,
    A l'Amérique il a souri,
        Biribi,
    Au grand dépit de Barbari,
        Notre ami.[2]

Rochambeau, dans le récit qu'il a laissé de la capitulation, dit qu'en arrivant le général anglais lui présenta son épée, mais, ajoute-t-il « je lui montrai vis-à-vis de moi le général Washington à la tête de l'armée américaine et je lui dis que l'armée française était *auxiliaire* et que par conséquent c'était au général américain de lui donner des ordres ».

Les troupes françaises, dans cette bataille décisive pour la cause américaine, étaient cependant plus nombreuses que les milices américaines elle-mêmes.

1. Le premier dauphin mourra en 1789 ; son frère, le duc de Normandie, le futur Louis XVII, est né le 27 mars 1785.

2. Voir *Recueil Clairambault-Maurepas*, chansonnier historique du XVIIIe siècle, éd. E. Raunié (Paris, s. d., 10 vol. in-12), t. X, p. 14-17, *La capitulation de York-Town.*

Les chansons faites à propos de la guerre d'Amérique furent nombreuses ; voici quelques titres : en 1777, *Les Insurgents, Epître aux Bostoniens ;* en 1778, *Les succès des Insurgents, Les exploits du duc de Chartres, La bataille d'Ouessant, Le déjeuner anglais ;* en 1779, *Voyage en Amérique, Anniversaire de l'Indépendance américaine*, etc...

Français et Insurgents avaient été un peu inquiets sur le résultat de la campagne ; La Fayette l'avoue de cette façon charmante [1] : « La pièce est jouée et le cinquième acte vient de finir ; j'ai été un peu à la gêne pendant les premiers. »

C'est à Yorktown que le traité d'alliance de 1778, le seul auquel les Etats-Unis aient jamais souscrit, fut scellé dans le sang [2], et c'est parce que la France avait été la première à accueillir les Etats-Unis dans la famille des nations, c'est parce que son action a été décisive qu'il n'est pas un seul de mes compatriotes qui ne se souvienne et que cette phrase de mon ami Mgr Ireland, évêque de Saint-Paul [3], reste toujours exacte : « Les Etats-Unis n'ont rien oublié ; c'est en apprenant l'histoire de son pays que l'Américain apprend à aimer la France [4]. »

Une société fut fondée pour perpétuer le souvenir de notre heureuse alliance et elle existe encore de nos jours aux Etats-Unis ; c'est la société de Cincinnatus [5].

Les relations des deux gouvernements changent alors parce que Louis XVI regrette l'argent dépensé durant la guerre et le déficit qu'elle cause. La guerre coûtait cher. Turgot, bon financier, s'était vivement opposé à la politique belliqueuse de Vergennes qui, d'après lui, entraînait la royauté à la ruine : la libération des Etats-Unis coûta en effet 772 millions de dollars à la France [6], soit 3 milliards 860 millions de francs et si cet argent avait été employé à faire les réformes demandées par les Français, la Révolution n'eût peut-être pas éclaté.

1. Dans une lettre à M. de Maurepas, datée « du camp de Yorktown, le 20 octobre 1781 ». Cf. La Fayette, *Mémoires, correspondance et manuscrits*, publié par sa famille (Paris, 1837, 6 vol. in-8°), t. I, p. 470.

2. On trouvera la liste de tous les Français qui ont pris part à la guerre et le nom des morts dans *Les combattants français de la guerre américaine* 1778-1783, listes établies d'après les documents authentiques déposés aux Archives nationales et aux Archives du ministère de la Guerre, publiées par les soins du Ministère des Affaires étrangères (Paris, 1903, in-4°).

3. En Minnesota.

4. Voir André Tardieu, *La France et ses Alliances* (Paris, 1909, in-12), p. 308.

5. Voir Asa Bird Gardiner, *The Order of the Cincinnati in France* (« l'Ordre de Cincinnatus »), *Its Organization and History* (Providence, R. I., 1905, in-8°) ; on pourra consulter également les *Considérations sur l'Ordre de Cincinnatus ou imitation d'un pamphlet anglo-américain*, par le comte de Mirabeau (Londres, 1788, in-12).

6. « France secured the independence of her American allies, but the material advantages she obtained were small recompense for a war which had cost her seven hundred and seventy-two millions. » James Breck Perkins, *France in the American Revolution* (Boston-New York, 1911, in-12), p. 498.

Roi absolu, Louis XVI se repentait d'avoir permis à ses sujets de connaître et d'aider des républicains, il craignait de voir germer en France la graine rapportée d'Amérique : il ne fut pas sans conséquence pour la plus vieille monarchie de l'Europe d'avoir aidé à naître la plus jeune des Républiques. A ce propos Louis XVI disait plus tard quand on lui demandait son appui pour Tippoo Sahib, Maharajah indien révolté contre les Anglais : « Ceci ressemble beaucoup à l'affaire d'Amérique à laquelle je ne pense jamais sans regrets. On abusa dans cette occasion un peu de ma jeunesse et nous en portons aujourd'hui la peine. La leçon est trop forte pour être oubliée [1]. »

Son beau-frère, l'empereur et roi Joseph II, avait plus que lui le sens des responsabilités royales. Passant en juin 1777 à Nantes, comme on lui montrait parmi les drapeaux hissés en son honneur le drapeau américain avec ses treize étoiles, il dit en détournant les yeux : « Je ne puis regarder cela, mon métier est d'être royaliste [2]. »

La guerre d'Indépendance eut cet excellent résultat de mettre en contact des Américains encore un peu frustes avec des officiers français appartenant à la meilleure société et de tempérer ainsi la rudesse des mœurs d'outre-mer. Quand ces étrangers arrivaient d'Europe et qu'ils étaient connus ou de haute naissance les gens riches se les disputaient [3]..., et cela n'a guère changé..., malheureusement !

Les toats que l'on portait à la table de Washington sont caractéristiques à cet égard. On commençait le plus souvent par porter des santés aux Etats-Unis, puis au roi de France, à la reine, aux armées alliées et quelquefois on ajoutait ce toast très XVIIIe siècle, très « guerre en dentelle » : « A nos succès sur les ennemis et sur les belles, à nos avantages en guerre et en amour. »

Nous sommes bien renseignés sur le séjour des officiers français dans mon pays. L'un d'eux, le prince de Broglie [4], résume son impression en ces

1. Voir Emile Dard, Un acteur caché du drame révolutionnaire, *Le général Choderlos de Laclos* (Paris, 1905, in-8°), p. 189.

2. Moncure Daniel Conway, *The life of Thomas Paine* (New York-London, 1892, 2 vol., in-8°), t. I, p. 268.

3. Bernard de Lacombe, *La Vie privée de Talleyrand* (Paris, 1910, in-8°), p. 67.

4. Claude-Victor, prince de Broglie, mestre de camp en second au régiment d'Aunis-Infanterie depuis le 3 juin 1779, mestre de camp en second au régiment de Saintonge le 27 janvier 1782, s'embarqua sur *la Gloire*, à Brest, le 19 mai 1782, fut promu mestre de camp commandant du régiment de Bourbonnais-Infanterie, le 1er janvier 1784.

termes : « Parlons un peu des dames, c'est toujours un article intéressant pour un Français... Je fis à Douvres, petite ville assez jolie de 1.500 habitants, mon entrée dans la société anglo-américaine sous les auspices de M. de Lauzun. Je ne savais encore dire que quelques mots anglais, mais je savais fort bien prendre du thé excellent, avec de meilleure crème ; je savais dire à une demoiselle qu'elle était « pretty » et à un monsieur « gentleman » qu'il était « sensible », ce qui signifie à la fois bon, honnête, aimable, etc... au moyen de quoi j'avais les éléments pour réussir [1]. »

Il demeura quelque temps à Philadelphie qui était à ce moment la ville la plus importante des Etats-Unis. Sa société philosophique était célèbre en Europe et en relations avec les sociétés savantes du continent [2]. Voici comment le prince de Broglie jugeait la bonne compagnie de la ville :

« Les dames de Philadelphie, quoique magnifiques dans leurs habillements, ne sont pas généralement mises avec beaucoup de goût ; elles ont dans leur coiffure et dans leur tenue moins de légèreté et d'agrément que nos Françaises ; quoique assez bien faites elles manquent de grâce et font assez mal la révérence. Elles n'excellent pas non plus dans la danse, mais, en revanche, elles savent bien faire le thé [3]. »

Les officiers ne furent pas les seuls Français qui à la fin du XVIIIe siècle, portèrent aux Etats-Unis l'influence de votre pays. Le grand sculpteur Houdon, qui avait déjà exécuté les bustes de Franklin et de Paul Jones à Paris, s'embarqua pour l'Amérique pour faire la statue de Washington.

Ce fut un triomphe pour Franklin d'obtenir le consentement de Houdon à s'embarquer pour l'Amérique, car le sculpteur imaginait aller dans un pays de sauvages et n'était nullement rassuré sur l'issue de son voyage.

1. Mélanges publiés par la Société des Bibliophiles français (2e partie). *Deux Français aux États-Unis et dans la Nouvelle Espagne en 1872, Journal du voyage du prince de Broglie, colonel en second du régiment de Saintonge, aux Etats-Unis d'Amérique et dans l'Amérique du Sud,* 1782-1783 (Paris, 1903, in-8°), p. 34.

2. Joseph-G. Rosengarten : *Moreau de Saint-Mery and his french friends in the American philosophical Society*, in *Proceedings of the American Philosophical Society*, vol. L, n° 199, May-June, 1911, et *French Colonists and exiles in the United States*, le chapitre XVII intitulé : *French members of the American philosophical Society*.

3. *Journal du prince de Broglie*, p. 46-47. Voir également *Voyages de M. le marquis de Chastellux dans l'Amérique septentrionale, dans les années* 1870, 1871 *et* 1872, 2e éd. (Paris, 1788, 2 vol., in-12) ; B. Van Vorst, L'Amérique au XVIIIe siècle, d'après un voyageur français, *Revue des Deux-Mondes*, 1er novembre 1910, p. 191-217. Mrs. Van Vorst s'attache à faire mieux connaître les Etats-Unis en France. Son dernier livre *La poursuite du bonheur aux Etats-Unis*, 1913, in-12, montre avec quelle finesse elle y réussit. Cet ouvrage a obtenu le 4 juillet 1913 le prix annuel du Comité France-Amérique.

N'étant pas très certain de revoir la France, craignant d'être scalpé, rôti ou découpé en petits morceaux, Houdon prit soin de faire son testament. Il fut stipulé, par contrat, que, dans le cas où il lui arriverait malheur, l'Etat de Virginie verserait à sa veuve une somme importante [1].

D'ailleurs, entre lui et Washington, il y eut discussion : Houdon voulait exécuter une statue nue, mais Washington prétendait ne pas être représenté en héros antique. Le soldat vainqueur vainquit une fois de plus, car il obtint du sculpteur, non pas des lauriers, mais un uniforme. Houdon le représenta en général victorieux, mais la canne à la main. Son épée est suspendue aux faisceaux qui symbolisent les Treize-Etats, au-dessous d'un bonnet phrygien [2], et cette épée ainsi suspendue me fait penser un peu à votre belle armée nationale toujours prête à courir aux armes si vous en avez besoin pour une juste et bonne cause, et dont les méthodes et le matériel viennent de triompher dans les Balkans d'une façon si décisive.

L'amitié des deux nations va en croissant avec la Révolution sur laquelle l'envoyé américain Gouverneur Morris a laissé de si curieux souvenirs [3].

1. On trouvera de très intéressants renseignements sur ce voyage dans *La statue de George Washington par Houdon*, traduit de l'anglais de Sherwin Mc Rae, par Félix Regamey (Paris, 1905, in-8°). Jefferson écrivait de Paris, le 11 juillet 1785, au gouverneur de l'Etat de Virginie : Les conditions de Houdon sont : « Vingt-cinq mille livres ou mille guinées anglaises pour la statue et le piédestal. En plus de tout cela, nous payons les dépenses aller et retour du voyage de M. Houdon, dépenses qui, croyons-nous, seront de quatre à cinq mille livres ; et, s'il mourait pendant le voyage, nous paierions à sa famille dix mille livres. Cette dernière stipulation nous a été désagréable, mais il a un père, une mère et des sœurs qui n'ont d'autres ressources que son travail, et lui-même est l'un des hommes les meilleurs qui existent au monde... Nous nous y sommes décidés après avoir résolu de prendre à Londres une assurance sur sa vie, ce qui peut, sauf erreur, être obtenu à raison de cinq pour cent, ce qui nécessitera une somme additionnelle de cinq cents livres... »

Sur les artistes français qui sont allés aux États-Unis, voir E. Dussieux, *Les artistes français à l'étranger*, 3e éd. (Paris, 1876, in-8°) ; Louis Gonse, *La sculpture française depuis le XIVe siècle* (Paris, 1895, in-fol.), p. 236-250, parle de ce voyage (p. 248). On trouvera une bonne bibliographie dans Stanislas Lami, *Dictionnaire des sculpteurs français du XVIIIe siècle* (Paris, 1910, in-8°), à l'article *Houdon*.

2. Voir au château de Versailles la reproduction de cette statue offerte à la France par l'État de Virginie. Voir *France-Amérique*, Bulletin du Comité, septembre 1910, p. 546-549 et février 1911, p. 121-125.

3. Voir *Journal de Gouverneur Morris*, ministre plénipotentiaire des États-Unis en France de 1792 à 1794, pendant les années 1789, 1790, 1791 et 1792, trad. par E. Pariset (Paris, 1901, in-8°). M. Izoulet, professeur au Collège de France, a fait son cours en 1909-1911 sur la Révolution française d'après l'ambassadeur américain Gouverneur Morris. D'autre part, M. A. Esmein a publié en 1900 un ouvrage sur *Gouverneur Morris. Un témoin américain de la Révolution française* (Paris, 1906, in-12).

D'ailleurs, si les idées françaises avaient contribué à faire naître les Etats-Unis d'Amérique, les Etats-Unis à leur tour agirent sur la Révolution française et, par contre-coup, sur l'évolution générale de l'humanité [1]. L'Amérique contribua par un exemple vivant à républicaniser les sentiments des Français. Franklin l'avait prévu lorsqu'il écrivait en 1777 : « Notre cause est la cause du genre humain et nous combattons pour la liberté de l'Europe en combattant pour la nôtre [2]. »

Quand l'Assemblée Constituante décida de faire une déclaration des droits, l'archevêque de Bordeaux, rapporteur du Comité de constitution, déclara [3] que cette noble idée conçue dans un autre hémisphère devait, de préférence, se transporter d'abord parmi vous : « Nous avons concouru, dit-il, à rendre à l'Amérique sa liberté, elle nous montre sur quels principes nous devons appuyer la conservation de la nôtre et c'est le Nouveau Monde où nous n'avons apporté que des fers qui nous apprend aujourd'hui à nous garantir du malheur d'en porter nous-mêmes [4]. »

Cette entente franco-américaine fut symbolisée en quelque sorte par le don des clés de la Bastille que fit La Fayette à Washington. Ces clés sont conservées aujourd'hui à Mount-Vernon, la maison de Washington devenue musée national. Ce fut Thomas Paine qui fut chargé de les porter en Amérique. Il écrivait dans une lettre datée de Londres : « Je suis heureux d'être la personne chargée d'emporter les premiers trophées du despotisme et les premiers fruits mûrs des principes américains transportés en Europe. Les principes d'Amérique ont ouvert la Bastille, cela ne peut faire de doute, et, par conséquent, les clés vont où elles doivent aller [5]. »

A propos de Thomas Paine, je me permets de vous rappeler la proposition assez inattendue qu'il fit aux Conventionnels juges de Louis XVI de ne pas condamner le roi à mort mais de l'exiler en Amérique.

1. Comment les Américains ont-ils jugé la Révolution française ? Voir sur ce point Charles Downer Hazen, *Contemporary American Opinion of the French Revolution* Johns Hopkins University studies, extra volume XVI (Baltimore, 1897, in-8°).

2. Voir *Correspondance de Franklin*, trad. E. Laboulaye (Paris, 1866, in-12), t. III, p. 365.

3. Le 27 juillet 1789.

4. Cité par A. Aulard, *Histoire politique de la Révolution française* (Paris, 1909, in-8°), p. 23.

5. Cf. Moncure Daniel Conway, *The Life of Thomas Paine, with a history of his literary, political and religious career in America, France and England* (New York-London, 1892, 2 vol., in-8°), vol. I, chap. XIX, p. 269.

L'amitié franco-américaine grandit encore quand la République est proclamée. Comme la France avait été la première à reconnaître l'indépendance des Etats-Unis, les Etats-Unis furent les premiers à reconnaître la jeune république française [1].

Lorsque la guerre eut éclaté en 1793 entre la France et la vieille Europe coalisée, entre les idées démocratiques et réactionnaires, les Etats-Unis firent la fameuse déclaration de neutralité des non belligérants. Ils tenaient, surtout pour des raisons économiques, à ne pas être entraînés dans le tourbillon de la politique européenne ; étant jeunes, pas très puissants, ils n'osaient prendre parti dans les querelles des autres.

En 1803, seconde date essentielle de l'histoire des relations franco-américaines, la première étant celle du traité d'alliance de 1778, la France, qui avait aidé les Etats-Unis à se constituer, agrandit leur territoire en leur cédant la Louisiane moyennant une indemnité de soixante-quinze millions de francs. C'était une acquisition capitale pour les Etats-Unis. La Louisiane équivalait au tiers du territoire actuel de l'Union, elle comprenait tout le pays situé entre le golfe du Mexique et les Grands Lacs, entre l'Est et l'Ouest. Non seulement elle doublait l'étendue des Etats-Unis, mais, à vrai dire, elle la triplait car elle allait leur permettre d'atteindre le Pacifique ce qu'ils n'auraient jamais pu faire si une nation étrangère avait occupé la riche vallée du Missisipi [2].

Si la Louisiane avait été dans d'autres mains, la situation politique de la jeune république américaine eût été complètement modifiée. Au Nord déjà elle était menacée, malgré les Grands Lacs, par le Canada toujours possession anglaise, et dans les années qui suivirent elle eut à soutenir une guerre fort sérieuse contre les troupes britanniques ; elle pouvait être attaquée à l'Est par mer ; elle pouvait l'être au Sud par la Floride espagnole, elle eût pu l'être enfin à l'Ouest, si l'immense bassin du Missisipi, qui forme à l'heure actuelle une des parties les plus riches et les plus prospères de l'Union, avait appartenu à un ennemi. Contrainte à prendre,

1. Voir Beverly W. Bond, Jr., *The Monroe Mission to France* 1794-1796 (Johns Hopkins University studies, series XXV, n°s 2-3) (Baltimore, 1907, in-8°) et *le Moniteur*, séances des 27 et 28 thermidor an II.

2. Voir baron Marc de Villiers du Terrage, *Les dernières années de la Louisiane française* (Paris, s. d., in-8°) ; Alcée Fortier, *A History of Louisiania* (New York, 1904, 4 vol. in-4°).

pour sauvegarder son indépendance, toute une série de mesures guerrières, son développement économique en eût été retardé[1].

Rappelons à ce propos les paroles de Napoléon : « Si je réglais mes conditions sur ce que ces vastes territoires vaudront aux Etats-Unis, les indemnités n'auraient point de bornes... Cette accession de territoire affermit pour toujours la puissance des Etats-Unis et je viens de donner à l'Angleterre une rivale maritime qui, tôt ou tard, abaissera son orgueil[2]. »

Du séjour des Français en Louisiane et dans le reste des Etats-Unis il subsiste un souvenir dans les noms de nombreuses villes de la région. Le nom de Louisiane lui-même a été, vous le savez, donné à la région par Cavelier de la Salle en l'honneur de Louis XIV. Les villes portent le nom de Saint-Louis, Louisbourg, Louisville, Montmorency, Duquesne, Vincennes, Versailles, La Nouvelle-Rochelle, la Nouvelle-Orléans, ou d'autres noms moins compliqués encore : Pomme de Terre, Trempe à l'Eau, Crèvecœur, Chemin d'en Haut, Marais d'Osier, Victor Hugo, Hugotin, Marmiton[3].

1. Voici un tableau bien caractéristique de l'expansion territoriale américaine au XIXe siècle :

TERRITOIRE PAR DIVISIONS	ANNÉE	SURFACE Milles²	PRIX D'ACHAT Dollars
Achat de la Louisiane	1803	875.025	15.000.000
Floride	1819	70.107	5.499.768
Texas	1845	389.795	
Territoire de l'Oregon	1846	288.689	
Cession mexicaine	1848	523.802	18.250.000
Achat au Texas	1850		10.000.000
Achat de Gadsden	1853	36.211	10.000.000
Alaska	1867	599.446	7.200.000
Iles Hawaï	1897	6.740	
Porto-Rico	1898	3.600	
Iles des Pins (Indes)	1898	882	
Guam	1898	175	
Iles Philippines	1899	143.000	20.000.000
Iles Samoa	1899	73	
Addition aux Philippines	1901	68	100.000
Bande territoriale du Canal de Panama	1904	474	10,000,000

(D'après *The World Almanac and Encyclopedia*, 1913, p. 138.)

2. Le Premier Consul dit ces paroles à Barbé-Marbois qui les rapporte dans son *Histoire de la Louisiane* (Paris, 1829, in-8°), pp. 299 et 335. Cf. baron Marc de Villiers du Terrage, *op. cit.*, p. 388.

3. Voir dans J.-G. Rosengarten, *French colonists and exiles in the United States* (Philadelphia-

La proclamation du premier Empire français amène, en 1804, comme celle du deuxième Empire en 1852, un certain refroidissement qui fut accru par le blocus continental.

Ensuite, en 1812, la guerre éclate entre les Etats-Unis et l'Angleterre, les relations avec la France s'améliorent donc car les deux pays luttent alors l'un et l'autre contre le même ennemi [1].

Les Etats-Unis subissent le contre-coup de la lutte qui se livre en Europe entre la France de Napoléon et l'Angleterre de Pitt et sont surtout atteints dans leurs intérêts économiques.

Les Fédéralistes [2] voulaient que par une attitude énergique contre la France on amenât l'Angleterre à plus d'égards pour les Etats-Unis [3] ; les républicains prétendaient ne se brouiller ni avec la France ni avec l'Angleterre, — et le résultat fut simplement qu'ils virent leurs navires saisis à la fois par les Français et les Anglais.

Mesdames et Messieurs, ces temps de guerre sont heureusement loin de nous ; de même que Russes et Français, après s'être battus il y a un siècle, sont maintenant alliés, de même Français, Anglais et Américains ennemis à la même date s'entendent aujourd'hui à merveille [3].

De 1814 à 1860 environ, l'Amérique passe par une période de recueillement, de développement intérieur, où les relations politiques franco-américaines sont réduites au minimum. C'est surtout pendant ce temps que l'action scientifique de la France se fait sentir.

Durant cette longue période il n'y a à signaler qu'une légère altération des relations en 1823 lors de la proclamation de la doctrine de Monroë dont M. Hill vous a entretenus avec tant d'autorité mercredi dernier [4].

London, 1907, in-12), une liste des noms de lieux français aux États-Unis, dressée d'après Henry Gannett ; *The origin of certains place names in the United States*, U. S. Geol. Survey Bulletin n° 258 (Washington, Government Printing Office, 1908, in-12).

1. C'est la « seconde guerre d'Indépendance », que termina la paix de Gand du 24 décembre 1814, dont on va célébrer à Gand le centenaire (cent années de paix entre l'Angleterre et les États-Unis).

2. Les Fédéralistes étaient les partisans de la Constitution adoptée le 17 septembre 1787 par les États-Unis ; ils tendaient à nationaliser l'Union. Cf. *The federalist, a commentary on the constitution of the United States* par Hamilton, John Jay et James Madison, ed. H.-C. Lodge (New York, 1895, in-8°),

3. C'est ce qui poussa Jefferson à faire adopter par le Congrès, en décembre 1807, la proposition d'*embargo* (refus des services de la marine marchande américaine aux belligérants).

4. Voir plus loin, p. 199.
On pourra consulter Hector Pétin, *Les Etats-Unis et la doctrine de Monroë* (Paris, 1900, in-8°),

La guerre de Sécession de 1861 à 1865 qui dressa Nord contre Sud et l'intervention de la France au Mexique en 1864 amenèrent la situation la plus délicate où se soient jamais trouvés nos deux pays.

Les sympathies de la France étaient allées aux Sudistes et, en pleine crise intérieure, la politique agressive du second Empire amena des heures d'incertitude, passagères d'ailleurs, car, dès 1867, les troupes françaises furent rappelées du Mexique[1].

L'un des épisodes les plus curieux de cette histoire est la lutte qui eut lieu à Cherbourg à la limite des eaux françaises entre le croiseur sudiste *Alabama* et le croiseur nordiste *Kearsage*. L'*Alabama* avait fait subir de grandes pertes à la marine marchande du Nord. Commandé par le capitaine Semmes il entra dans le port de Cherbourg en juin 1864. Bientôt parut la corvette le *Kearsage* commandée par le capitaine Winslow. Un duel épique s'engagea hors de la rade le 19 juin. Au bout d'une demi-heure l'*Alabama* était en flammes jusqu'à la ligne de flottaison ; en 70 minutes il était coulé... et ce spectacle rare fut offert aux promeneurs de la jetée.

Depuis la troisième République les relations furent excellentes malgré la guerre hispano-américaine de 1898. Il convient du reste d'ajouter que c'est grâce à la médiation de la France que la paix de Paris fut signée entre les deux belligérants.

Les Etats-Unis, à cette date capitale de leur histoire, sortent de leur splendide isolement et deviennent puissance mondiale et impérialiste. Leur situation les y prédestinait : l'Amérique est suspendue comme une grande île aux deux pôles ayant une façade sur l'Atlantique et une autre façade sur le Pacifique.

C'est à Algésiras en 1906 à propos du Maroc, que pour la première fois[2] les Etats-Unis prirent part à un congrès européen ; ils y soutinrent le point

où l'on trouvera un essai de bibliographie ; M. André Tardieu a fait, le 28 avril 1911, une conférence sur *La doctrine de Monroë et le panaméricanisme* qui a été publiée dans *Les questions actuelles de politique étrangère dans l'Amérique du Nord* (Paris, 1911, in-12). On lira également avec intérêt les pages que M. Archibald Cary Coolidge a consacrées à la doctrine de Monroë dans son livre *The United States as a world power* (New York, 1908, in-12), p. 95 ; cet ouvrage a été traduit en français avec une préface de M. A. Ribot.

1. Voir Emile Bourgeois, *Manuel de politique étrangère* (Paris, 1906, 3 vol. in-12), t. III, p. 527, et James Ford Rhodes, *History of the United States from the compromise of* 1850 (London, 1893-1910, 7 vol., in-8°) ; le tome VII va jusqu'à l'année 1877, voir sur *l'Alabama*, p. 85, 365, 510.

2. Ils avaient déjà apposé leur signature au bas de la Convention de Madrid de 1880.

de vue français. Il leur eût été impossible de permettre à l'Allemagne ambitieuse d'établir une base navale en un point qui eût menacé les communications entre l'Europe, Panama, l'Amérique du Sud et du Nord [1].

Les deux Républiques sœurs, filles aînées de la Liberté,

> La Liberté, cette pucelle,
> Qui fut séduite tant de fois,

disait un chansonnier du XVIIIe siècle [2], les deux Républiques sœurs semblent a priori faites pour s'entendre. Il paraît naturel aussi qu'elles se lient à l'Angleterre et forment ainsi l'entente des trois grandes nations libérales [3].

Entre la France et les Etats-Unis les bases d'union artistique, intellectuelle, économique, morale et politique sont nombreuses. Cependant ces deux sœurs, comme toutes les sœurs qui s'aiment bien, ne sont pas toujours absolument du même avis ; elles sont même parfois d'opinion tout à fait opposée ; — mais cela ne tire pas à conséquence, car, comme l'ont dit les Goncourt, l'excès en tout n'est-il pas la vertu des femmes.

Les relations entre deux Républiques sont très délicates car, les peuples ayant voix au chapitre, de part et d'autre les points de vue diffèrent, les intérêts privés opposés sont plus nombreux et forcent quelquefois les gouvernements à faire ce qu'ils ne veulent pas faire ; il faut donc entreprendre l'éducation des deux peuples.

C'est le cas actuel de la France et des Etats-Unis. Les deux grandes Républiques sont loin d'être d'accord aujourd'hui sur les questions des tarifs de douanes ; mais l'élection récente à la présidence du démocrate Wilson, partisan d'un abaissement notable des tarifs, fait espérer une détente douanière [4]. Que faut-il faire pour arriver à cet accord ? Une chose

1. Voir entre autres André Tardieu, *La conférence d'Algésiras, Histoire diplomatique de la crise marocaine* (15 janvier-7 avril 1906), (Paris, 1907, in-8o), et *La France et ses alliances* (Paris, 1909, in-12). Ce dernier volume nous donne le texte des conférences importantes faites par M. André Tardieu en 1908, sous les auspices du Cercle français de l'Université Harvard.

2. Voir *Voyages en Amérique*, Recueil Clairambault-Maurepas, chansonnier historique du XVIIIe siècle, t. IX, p. 209.

3. Voir à ce sujet les communications faites par M. l'ambassadeur des Etats-Unis, Myron T. Herrick et M. James H. Hyde, à la Chambre des députés, devant le Groupe parlementaire français pour l'arbitrage international, le 25 février 1913.

4. Le président Wilson s'est exprimé en ces termes dans son « inaugural speech » présidentiel, le 4 mars 1913, à Washington :

« We have intermised with some degree of particularity the things that ought to be altered,

simple : Que les Etats-Unis et la France se connaissent mieux, et voilà une œuvre toute tracée, au point de vue économique, pour les Chambres de commerce et le comité « France-Amérique » par exemple, qui sont autant d'agents officieux des deux pays. Il faut éclairer l'opinion publique, éviter les heurts, et faire qu'un point de vue moyen, qu'une opinion moyenne et de juste mesure se crée entre les deux nations [1].

Cette tâche, pour une bonne part, incombe à la presse.

La presse joue à l'heure actuelle dans les relations franco-américaines un rôle de premier ordre et qui pourrait être plus décisif encore.

Certains journalistes ou publicistes sont particulièrement au courant des choses d'Amérique [2], mais je me permettrai de dire que, d'une façon

and here are some of the chief items : A tarriff which cuts us off from our proper place in the commerce of the world, violates the just principles of taxation, and makes the Governement a facile instrument in the hands of private interests... »

« Nous avons recherché, en entrant dans le détail, quelles étaient les choses sur lesquelles devaient porter les modifications ; en voici quelques-unes :

« Un tarif qui nous supprime de la place que nous occupons dans le commerce du monde, viole les justes principes de l'imposition, et fait du gouvernement un instrument docile dans les mains des intérêts particuliers... »

1. L'échange de conférenciers entre la France et l'Amérique paraît avoir été très salutaire. Un certain nombre de livres importants ont été écrits sur l'Amérique par des Français après leur voyage en Amérique et sur la France par des Américains après leur voyage en France. Il convient de citer le livre de M. Barrett Wendell, premier conférencier américain en 1904 : *The France of To-day* (New York, 1901, in-8°), traduit par Georges Grappe, *La France d'aujourd'hui* (Paris, 1910, in-8°). Après lui, en 1906, M. Archibald C. Coolidge fit un cours qu'il a publié en volume sous le titre *The United States as a world power* (New York, 1908, in-8°), livre traduit.

En 1909 M. Henry Van Dyke vient en France et publie *The American Spirit*, traduit par Mme Sainte-Marie-Perrin sous le titre *Le génie de l'Amérique*, préface de M. A. Ribot (Paris, 1908, in-12). En 1910, c'est le tour de M. John Finley, président du Collège de la Cité de New York, qui fait paraître en ce moment, dans le *Scribner's Magazine* (septembre 1912-février 1913), une série d'articles intitulés *The French in the heart of America*, articles qui seront prochainement réunis en volume traduits par Mme Boutroux.

M. Doumic, de l'Académie française, a été le premier conférencier du cercle français de Harvard. Il a parlé à Harvard en 1898. Il a publié dans la *Revue Bleue*, le 10 décembre 1898, un article intitulé *L'Amérique et l'esprit français*, conférence faite par lui, le 4 décembre, dans le grand amphithéâtre de la Sorbonne et présidée par M. Jules Cambon, ambassadeur de la République aux Etats-Unis ; M. Leroy-Beaulieu fut le successeur de M. Boutmy à la tête de l'Ecole libre des Sciences politiques qui forme tant d'étudiants américains. M. Anatole Leroy-Beaulieu de l'Institut parla en 1904. A son retour, il fit, à l'Académie des Sciences morales et politiques, une communication sur son voyage. En 1909, M. Boutroux traversa l'Atlantique à son tour et depuis a montré une sympathie toute particulière pour les choses de l'Union. C'est ainsi qu'il a préfacé le livre de N.-M. Butler, *The American as he is*, traduit par Mme Boutroux, *Les Américains* (Paris, 1909, in-8°).

2. Voir J. Huret, *De New-York à la Nouvelle-Orléans* (Paris, 1904, in-12). *De San Francisco au Canada* (Paris, 1905, in-12) ; *L'Amérique moderne* (Paris, 1911, 2 vol. in-4°). M. Gaston Deschamps a parlé à Harvard en 1901 et a écrit de nombreux articles sur l'Amérique.

générale, sauf quelques exceptions, la presse américaine est mieux renseignée sur ce qui se passe en France que la presse française ne l'est sur ce qui se passe en Amérique... ce qui au fond est assez naturel.

Un des plus anciens journaux français hors de France est le *Courrier des Etats-Unis* à New-York [1]. Les grands journaux américains, comme les journaux anglais, ont tous des représentants à Paris ; « l'Associated Press » et deux autres institutions similaires forment une véritable « Agence Havas » américaine [2]. Ces journalistes tiennent leurs rédactions au courant des faits qui en valent la peine. Certains journaux américains ont même des éditions spéciales pour Paris et c'est le cas du célèbre *New York Herald* [3] comme du bien informé *Daily Mail* anglais [4].

M. James Gordon Bennett est le premier qui ait compris l'importance capitale pour un journal américain de l'information directe venant de Paris, centre des nouvelles européennes. On n'exagère rien en disant qu'avant la fondation à Paris, par M. J. Gordon-Bennett, de l'édition parisienne du *New York Herald*, les lecteurs américains n'avaient jamais sous les yeux que des nouvelles françaises obligatoirement transmises aux Etats-Unis par des agences anglaises. Si nous nous plaçons sur le terrain des relations existant entre la France, l'Europe et les Etats-Unis, il est de

1. Qui est dans sa quatre-vingt-sixième année. Le *Courrier des Etats-Unis* a été fondé en 1828. C'est sous M. Charles Lasalle, propriétaire, qu'il prit un grand essor et, aujourd'hui, il est répandu sur toute la surface du continent américain. Le *Courrier* porte la raison sociale J. Sampers et Cie, éditeurs-propriétaires, New-York. Le *Courrier* est à la fois quotidien et hebdomadaire (renseignements fournis par M. Benoît Fromental, correspondant à Paris. Mme Fromental est la fille de M. Charles Lasalle).

2. « L'Associated Press Bureau » fut ouvert à Paris le 1er décembre 1899, par Charles-H. Boynton (renseignement fourni par M. Elmer Roberts, agent de l'Associated Press à Paris). M. Jules Cambon était alors ambassadeur de France aux Etats-Unis. Il s'occupa beaucoup de l'Associated Press ainsi que M. Delcassé alors ministre des Affaires étrangères.

3. L'édition parisienne du *New York Herald* fut fondée en octobre 1885 par James Gordon Bennett. Le *New York Herald* lui-même fut fondé, le 5 mai 1835, par James Gordon Bennett, père du propriétaire actuel, né en Ecosse le 10 septembre 1795. Il arriva aux Etats-Unis en 1819.

Le *New York Times* a publié, en 1900, une édition spéciale imprimée dans l'enceinte même de l'Exposition, du 30 mai au 31 octobre. Le journal paraissait sur 12, 14 ou 16 pages ; il publiait des articles ayant déjà paru dans le *Times* de New-York, et 2, 4 ou 6 pages de câbles européens et de nouvelles de l'exposition. M. Adolphe Ochs, frère du directeur, était venu à Paris, pour s'occuper spécialement de cette édition. Voir *Report of the Commissioner General for the United States to the International Universal Exposition, Paris*, 1900 (Washington, Government Printing Office, 1901, 6 vol. in-8°). Vol. III, *Report of the department of liberal arts and chemical industries*, p. 89, 90, 91.

4. Le premier numéro de l'édition continentale du *Daily Mail* a paru le 22 mai 1905 (renseignement donné par M. Story, éditeur pour Paris).

toute justice de rendre à M. Bennett l'hommage auquel il a droit.

Il faut espérer que la diminution progressive des tarifs des câbles, tarif de presse et tarif de câbles différés [1], amènera une plus grande fréquence des communications franco-américaines et donnera plus d'élasticité aux relations internationales. Ces relations deviendront encore plus étroites grâce à la télégraphie sans fil : une sorte de fluide électrique mettra, d'une façon permanente, en communication l'Amérique et Paris au-dessus duquel la Tour Eiffel dresse sa gigantesque antenne. Peut-être même, dans un avenir restreint, verrons-nous voler vers la Tour l'aéroplane transatlantique courrier d'Amérique ; mais ne parlons pas trop tôt, n'anticipons pas et rappelons-nous ce toast de Wilbur Wright qui, aimant agir plus que parler, répondit en ces termes dans un banquet où on l'avait naturellement couvert de fleurs et comparé à tous les oiseaux du ciel : « Le perroquet, l'oiseau qui parle le mieux, est celui qui vole le moins bien [2] ».

Une série de missions entretiennent ces bons rapports entre la France et les Etats-Unis. Celles qui ont eu le plus de retentissement sont les missions Rochambeau et Champlain.

En 1902 le gouvernement français envoya officiellement aux Etats-Unis une mission pour remettre au gouvernement fédéral une statue de Rochambeau. Cette statue fut placée devant la Maison Blanche où elle fit pendant à un La Fayette [3].

Quant à la mission Champlain, vous savez tous qu'elle vint fêter aux Etats-Unis le trois centième anniversaire du grand explorateur. Le nou-

1. Toutes les compagnies de câbles acceptent des télégrammes à transmettre dans les vingt-quatre heures et sur lesquels elles consentent une réduction de 50 p. 100 sur le tarif ordinaire. C'est ce qu'on appelle les télégrammes *différés*.

Les télégrammes doivent être rédigés en langage clair : soit dans la langue du pays expéditeur, soit dans la langue du pays destinataire.

Ces télégrammes différés ne sont en somme que l'application aux communications trans-océaniques du service des télégrammes de nuit qui fonctionne aux Etats-Unis.

Il existe, de plus, des « Week-end cable letters » qu'on peut expédier seulement entre l'Angleterre et l'Amérique. Ces télégrammes du samedi doivent être déposés le *samedi avant minuit* et ne sont délivrés que le mardi matin au plus tôt ; leur tarif n'est que du tiers de celui des câbles différés : 6 sh. pour 30 mots, mais avec un tarif digressif suivant le nombre de mots : 10 sh. pour 50 mots et ensuite 1 sh. par 6 mots.

2. Mot rapporté par M. E. Brieux, de l'Académie française.

3. Voir Deb. Randolph Keim, *Rochambeau, A commemoration by the Congress of the United States of America of the services of the French auxiliary forces in the War of Independance* (Washington, Government Printing Office, 1907, in-8°), *Senate, 59 th Congress, 1 st session, document n° 537*.

VUE GÉNÉRALE DE WASHINGTON

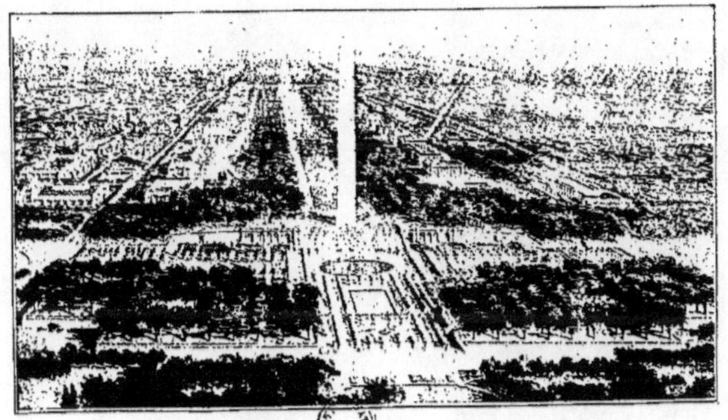

GRANDES LIGNES DU PLAN DE WASHINGTON

Planche III.

veau transatlantique *France* portant la « France » du sculpteur Rodin et tant d'illustres fils de France, amena à son premier et heureux voyage[1] le buste dominant aujourd'hui le lac qui porte le nom du grand Français. On a trouvé en Amérique la coïncidence heureuse qui faisait que M. Hanotaux, le grand historien de Richelieu qui envoya Champlain en Amérique, se trouvait être également l'organisateur de cette récente démonstration[2].

Une des manifestations de l'influence de la France aux Etats-Unis, et non des moins importantes au point de vue économique, est le mouvement d'imitation en Amérique, pays si agricole, du « Crédit Foncier » pour les populations paysannes, mouvement qui est entièrement dû à la belle initiative de M. Herrick, ambassadeur américain qui vient d'aller passer quelques jours aux Etats-Unis pour donner à la réunion des 49 gouverneurs des Etats qui a lieu annuellement, sous la présidence du président de la République, tous les renseignements sur l'institution à créer[3].

Ainsi, une fois de plus, on aura imité aux Etats-Unis une institution française et parisienne : vous savez en effet, Mesdames et Messieurs, que le siège du « Crédit Foncier français » se trouve à Paris, rue Cambon, tout près de la rue de la Paix, cette rue qui, Mesdames, est évidemment à vos yeux le centre de Paris.

Paris, en effet, la Mecque de la Mode, le plus grand centre intellectuel, artistique et scientifique, avec ses attraits si variés et sa joie de vivre, exerce une influence efficace non seulement sur les économistes, mais encore sur les grands artistes et sur des artistes également intéressants pour vous, Mesdames, je veux dire les couturiers et les modistes.

On a essayé à maintes reprises d'enlever aux grands couturiers, aux

1. C'est le 20 avril 1912 que le paquebot de la Compagnie générale transatlantique *France* quitta Le Havre pour son premier voyage. Le départ du *Washington*, premier paquebot de la Compagnie sur la ligne Le Havre-New-York, avait eu lieu le 17 juin 1869.

2. *France-Amérique*, mai 1912, p. 273-277.

3. Cette réunion annuelle fut organisée pour la première fois par Roosevelt. C'est le moyen d'augmenter la force et l'action du pouvoir central. On trouvera ces renseignements dans *Preliminary report on land and agricultural credit in Europe*, including the letter of President William H. Taft to the Governors of States and the Recommendations of Ambassador Myron T. Herrick in connection with the proposal of President Taft to introduce *Cooperative Credit in the United States* (Washington, Government Printing Office, 1912, in-12). Une nombreuse et importante commission envoyée à ce sujet par le gouvernement fédéral, visite à l'heure actuelle tous les grands pays européens.

M. Herrick prépare sur ces questions un livre qui paraîtra prochainement chez Appleton de New-York.

grandes modistes de Paris leurs premières. Au bout d'un certain temps de séjour en Amérique ces jeunes personnes perdaient leur « chic » et elles devaient, pour retrouver leur virtuosité, revenir respirer à nouveau l'air de la rue de la Paix.

Mesdames et Messieurs, si l'on n'a pas voyagé hors de France, on ne peut se rendre compte du rayonnement mondial de la rue de la Paix où sont nées tant de discordes et où robes et chapeaux ont été les raisons suffisantes de tant de traités d'alliance. Qu'ils sont nombreux les maris qui pourraient redire à leur femme ce mot de Gavarni : « Tu as si peu de tête et tant de chapeaux chers » !

Mes compatriotes aspirent comme vous et moi à aller au Paradis après leur mort ; mais beaucoup, n'étant pas sans crainte sur l'accueil que leur réserve le portier céleste, tiennent à goûter, par avance, aux joies qui leur échapperont peut-être. Voilà pourquoi ils viennent si nombreux à Paris qu'ils imaginent la plus fidèle image du Paradis sur cette terre.

En concluant, une grande leçon se dégage, semble-t-il, de cette esquisse des relations franco-américaines : l'alliance des deux pays leur a toujours valu la victoire. Un détail matérialise en quelque sorte cette leçon. Quand La Fayette quitta l'Europe pour aller défendre les Américains lors de la guerre d'Indépendance, il partit sur la *Victoire ;* quand il revint, il embarqua sur la frégate l'*Alliance.*

Pendant 136 ans la France et les Etats-Unis ont vécu dans une atmosphère de paix ; l'avenir ne pourra donc qu'être excellent car comme l'a dit Patrick Henry à la convention de Virginie : « Je ne connais pas de meilleur moyen de juger l'avenir que le passé ».

Les relations franco-américaines ont été bonnes en général parce que jamais de conflits d'intérêts vitaux ne s'élevèrent entre les deux nations, parce que nous n'oublions pas ce que notre présent doit à votre passé. « Espoir » voilà la vieille devise des Gaulois ; c'est l'espérance, cette vertu si française, qui a fait notre pays.

Mesdames et Messieurs, quand les passagers de la *Mayflower* épris d'indépendance et de liberté voguaient vers l'Amérique en quête d'une terre où ils pussent penser et vivre à leur guise, ils allaient, les yeux fixés sur l'étoile de l'espérance. Ils abordèrent. Ils s'établirent. De cette étoile qui les guidait germèrent les treize étoiles, symbole des treize Etats-Unis primitifs [1], et, de ces premiers astres, toute une constellation est née : les quarante-neuf étoiles qui scintillent joyeusement aujourd'hui sur le drapeau tricolore américain.

1. On sait que chaque étoile du drapeau figure un Etat de la Fédération ; à chaque nouvel Etat, à chaque transformation de territoire en Etat, on ajoute une étoile nouvelle dans le champ du drapeau. Le drapeau américain, étoiles et barres horizontales, a pour origine les armes de Washington.

III

L'ARCHITECTURE AUX ÉTATS-UNIS
ET
L'INFLUENCE FRANÇAISE

PAR

LOUIS GILLET,

CONSERVATEUR DU MUSÉE DE CHAALIS.

L'ARCHITECTURE AUX ÉTATS-UNIS
ET L'INFLUENCE FRANÇAISE

Je ne me dissimule pas que la matière est austère. J'espère parvenir pourtant à vous y intéresser. Au point de vue qui nous occupe, celui des relations franco-américaines, il n'y a pas de sujet plus curieux ou plus important.

Les Etats-Unis sont sans doute le pays du monde qui bâtit le plus, et en plus grand. Des villes entières sortent de terre. La ruine de Saint-Francisco et sa résurrection offrent à l'architecture un champ qu'elle n'a pas eu depuis l'incendie de Londres ou celui de Rome, sous Néron. L'aspect de New-York se modifie avec une rapidité inouïe. Nulle part on n'assiste à une pareille poussée de fièvre architecturale ; nulle part on ne trouverait au monde ou dans l'histoire un tel chantier de constructions.

Cela seul fait pressentir l'importance du sujet. L'œuvre du peintre ou du sculpteur compte peu dans l'ensemble de la vie nationale. Au contraire, l'architecture, qui risque de paraître un art d'un intérêt un peu « professionnel », est celui de tous qui se passe le moins de l'assentiment commun ; l'architecte trace pour tous le cadre de la vie ; il en compose la scène, il en dresse le plan ; il définit toutes nos idées, tous nos rapports sociaux, depuis la vie intime jusqu'à la vie publique, et depuis la famille jusqu'à la religion et au gouvernement.

Notez d'ailleurs qu'en Amérique tout le monde bâtit ; les grandes entreprises sont, chez nous, presque exclusivement des entreprises de l'Etat : là-bas, ce sont les particuliers, les compagnies, les trusts, les municipalités, qui se chargent de la plupart des grandes constructions. Ajoutez que l'argent abonde, et que les grandes fortunes se logent, en Amérique, comme il n'est plus possible de le faire en Europe. On écrirait l'histoire de l'architecture à New-York d'après les seuls hôtels de la famille Vanderbilt. De tout cela résulte, non seulement un immense mouvement architectural, mais encore une curiosité générale pour les choses de l'architecture. Tout le monde à New-York vous parlera des grands ateliers d'architectes, des *firms* célèbres, comme celles de Mc. Kim et White, ou de Carrère et Hastings, et vous désignera leurs œuvres. Des périodiques populaires sont spécialement consacrés aux choses de l'architecture. Le public est au courant de tout ce qui se fonde, de tout ce qui se tente ; l'architecture devient une préoccupation et un spectacle national, et se trouve, aux Etats-Unis, replacée naturellement à ce rang d'art fondamental qui devrait être partout le sien.

Quel est, dans ce grand mouvement, le rôle de la France ? Quelle place y tiennent nos idées, nos leçons, nos exemples ? Que font, en Amérique, nos élèves ou nos maîtres? Il y a là, on le voit, une question un peu plus profonde que celle de savoir combien nous exportons annuellement à New-York d'articles de modes ou de tableaux impressionnistes. Le prix d'un style d'architecture ne saurait s'estimer par un calcul d'argent ; ce n'est pas une valeur de Bourse. Nous avons donc ici une mesure sincère de l'influence française, et l'expression exacte des rapports existant entre notre génie et le génie américain.

Si, comme nous allons le voir, c'est le système français qui est mis en vigueur dans les écoles d'Amérique, si ce sont des professeurs français qui y enseignent l'architecture, si les élèves américains viennent en outre s'instruire et se perfectionner chez nous, il y a là des faits qui ne peuvent nous laisser indifférents. Ils nous montreront ce que l'Amérique aime en nous et attend de nous ; par là, nous la connaîtrons mieux, puisque l'âme ne se révèle jamais plus clairement que par ses sympathies. J'ose dire que nous-mêmes y gagnerons quelque chose, de nouveaux motifs de confiance, un véritable encouragement. Quelqu'un a écrit un beau livre, *Les artistes français à l'étranger*. Vous verrez que le livre n'est pas encore fermé, et que la page la plus récente, la page américaine, n'est pas la moins glorieuse. C'est tout un chapitre inédit de la grandeur française que je vais avoir l'honneur de déployer devant vous. Si je le puis, d'ailleurs, c'est grâce à l'aide la plus précieuse. Deux jeunes architectes, MM. Ernest et Jean

Hébrard, qui ont vécu plusieurs années en Amérique, s'y sont passionnés pour l'œuvre magnifique, l'œuvre monumentale de la France au Nouveau Monde ; ils ont recueilli sur place une foule de documents, qu'ils ont généreusement placés entre mes mains. Le comité *France-Amérique* me permettra d'adresser un remerciement public à ces collaborateurs pleins de bonne grâce et de désintéressement.

I

Nos rapports architecturaux avec l'Amérique datent de loin : ils remontent à l'origine même de la vie nationale dans les Etats-Unis, à la guerre de l'Indépendance. Je ne répéterai pas ce qui est connu de tous : l'alliance étonnante de la jeune République avec la plus ancienne des monarchies d'Europe ; la politique française, en ce moment critique, saluant l'avenir du nouveau peuple, épousant la cause des libertés, et lui versant le secours de ses armes et de son sang. Or, cet accord, ce pacte entre les deux pays, a trouvé aussitôt son expression monumentale.

Saviez-vous que le premier élève de la France en architecture n'est autre qu'un futur président de l'Union, le fameux Thomas Jefferson ? C'était en 1783, et il n'était alors que secrétaire d'Etat. Il venait en Europe étudier les institutions applicables à la République. Il devait aussi recueillir des plans de villes et de monuments pouvant servir à la capitale projetée de la Fédération. Jefferson se piquait d'architecture : nous avons conservé son exemplaire de Palladio, tout couvert de croquis et de notes de sa main.

Paris était alors, pour un homme de ce goût, le plus merveilleux des modèles. C'était le beau moment du style Louis XVI, c'est-à-dire la plus exquise résurrection antique, la beauté renaissante d'Herculanum et de Pompéi, — avant le dogmatisme tranchant et la « guillotine sèche » du Directoire et de l'Empire. A Paris, Jefferson rencontra Clérisseau. Clérisseau n'était pas un très grand architecte ; c'est moins un créateur qu'un archéologue romanesque, un pèlerin passionné de l'antiquité. Il avait demeuré vingt ans dans les ruines de Rome, à faire des relevés ou à composer des dessins dans le genre des Piranèse et des Hubert Robert. Il avait même été en Dalmatie, à Spalato. Lorsque la grande Catherine conçut la fantaisie d'avoir à Pétersbourg un palais de César, Grimm recommanda Clérisseau, qui ne manqua pas de s'enflammer pour un si beau projet : ce qui ne l'empêcha pas de travailler du même cœur pour le délégué américain.

Jefferson fit donc à Paris, de concert avec Clérisseau, les plans du Capitole de Richmond, chef-lieu de l'Etat de Virginie. C'est un palais aux ordres classiques comme les palais de Gabriel, surmonté au centre d'une coupole comme celle de Soufflot. Cette composition obtint force de loi. Elle fut reprise par Bulfinch au Capitole de Washington. Ce n'est pas le seul ouvrage du vieux président démocrate qui ait reçu le même honneur. A Charlottesville, dans cette Université de Virginie qui fut le plus cher souci de sa verte vieillesse, de délicats portiques « Louis XVI », posés à même sur le gazon, conduisent à la bibliothèque, qui est en forme de rotonde et imitée du Panthéon. Toujours du Clérisseau ! Et c'est une gracieuse idée de bibliothèque, que cette conception harmonieuse d'une sphère parfaite. Or, le monument de Jefferson ayant brûlé il y a vingt ans, l'architecte Mc. Kim fut chargé de la restauration. Et, ayant plus tard à construire l'Université de Columbia, qui domine New-York des hauteurs de Morningside, c'est la Bibliothèque de Virginie qu'il installa au sommet de la ville, comme une pensée de marbre ou comme les *templa serena* du poète, au-dessus des tumultes et des affaires du monde.

J'ai hâte d'arriver à un fait encore plus honorable, et sur lequel les événements viennent de rappeler l'attention. Une des premières résolutions prises par le Congrès, à l'origine de la République, fut la fondation d'une ville qui serait le centre du gouvernement. Cette ville devait s'appeler *Federal City*, mais on s'arrêta bientôt au nom de Washington.

L'emplacement fut choisi sur les rives du Potomac, à quelque distance de Mount Vernon, la propriété de famille du général vainqueur, devenu le premier président des Etats. L'heure était solennelle. Sans doute, la création d'une ville n'est pas un fait sans précédent ; il y en avait des exemples au siècle d'Alexandre et à l'époque des Ptolémées. La tradition se vit renouveler avec éclat par la Renaissance : c'est Versailles qui se fonde et s'élève pour Louis XIV, c'est Pétersbourg qui sort des marais de la Néva. Mais c'étaient de petites villes, ou des villes monarchiques, à organisation simple et centralisée. Cette fois, il s'agissait de dessiner, dans un désert, la capitale d'une république, sur un plan qui exprimât nettement sa fonction, et qui fût digne de l'avenir qui attendait le nouvel Etat, sur son vaste continent aux trois quarts inconnu. Pour cela, Jefferson était allé chercher des idées en Europe. Mais le fondateur de Washington était en Amérique : c'était un Français, le major Lenfant.

Qui était ce Lenfant, à qui appartenait la gloire de tracer la capitale des jeunes Etats-Unis ? Où est-il né ? A quelle date ? Quelles étaient ses idées, son éducation ? C'était sans doute un de ces cadets, un de ces officiers de fortune, qui s'éprirent alors de la cause de l'indépendance, et passèrent la mer parmi les volontaires de La Fayette et de Rochambeau. Il servit dans le génie, assez obscurément. Que devint-il après la paix ? Pourquoi ne revint-il pas ? S'était-il attaché au pays qu'il avait servi, au point d'en faire le sien ? On se le figure volontiers comme un idéologue, un de ces soldats philosophes, à la manière de Vauvenargues ou des héros de Vigny, ayant en eux du Jean-Jacques et plus encore du Marc-Aurèle, cervelles de géomètres, d'ascètes et de « voyants », hantés d'abstractions et — dans une condition modeste, où les retenait leur pudeur et leur timidité, — reconstruisant le monde comme on invente un théorème. Mais Lenfant avait du génie.

Le site fut choisi avec un instinct admirable. C'était une plaine ondulée, au confluent du Potomac et de la rivière Anacostia, bornée au Nord par des collines. De ce triangle naturel, Lenfant déduisit son programme. Sur deux éminences remarquables, à quelque distance du fleuve, il plaça en face l'un de l'autre les sièges des deux Pouvoirs, celui du Parlement ou Corps législatif, et celui de l'Exécutif, la Maison-Blanche, demeure du chef de l'Etat. Une large avenue, courant parallèlement au fleuve, reliait entre eux les deux palais, tandis que deux autres avenues, partant de chacun d'eux, venaient se couper à angle droit et formaient un espace, où devait s'élever la statue équestre de Washington. Au plan rayonnant de Versailles, qui exprime la force d'une volonté centralisée, Lenfant substituait le triangle équilatéral, symbole d'une conception toute nouvelle de l'Etat.

Certes, ce durent être pour l'architecte des heures de joie profonde, que celles où, chevauchant à côté d'un héros, il parcourait l'espace vierge et voyait sur le terrain nu s'élever la cité de ses rêves. Pour un officier philosophe, pour un disciple de Rousseau, construire sur la table rase, au sein de la nature sauvage, la ville de l'idéal, la métropole des libertés — quelle ivresse ! On était au printemps de 1791. On vivait en pleine poésie, dans une métaphysique folle, dont on faisait pourtant de la réalité. Trumbull, qui vit Lenfant à l'œuvre, écrit : « A la place du Capitole, il y avait un bois ». Et l'on songe à Virgile :

> *Hinc ad Tarpeiam sedem et Capitolia ducit,*
> *Aurea nunc, olim silvestribus horrida dumis.*

Cela ne pouvait pas durer. Que se passa-t-il exactement ? Il paraît que Lenfant était insupportable : et, en effet, avec une de ces têtes géométriques, à idées nettes, à arêtes brusques, jointes aux habitudes militaires qui devaient détonner dans un milieu de « pékins », il fallait s'attendre à des éclats. Il est probable que l'ex-officier n'avait pas bon caractère. Et puis, il était étranger. On l'évinça. Il n'était pas resté un an en fonctions.

Il ne se résigna pas à cette mesure inique. Se faire rendre justice devint son idée fixe. Sans ressources, logé on ne sait où, vivant on ne sait de quoi, on voyait tous les jours, sur le coup de midi, l'opiniâtre vieillard, son habit bleu barbeau boutonné jusqu'au cou, arpenter en silence la rotonde du Capitole. Toujours correct, rasé de frais, les cheveux collés aux tempes sous son bicorne autoritaire, propre et raide, mais sans trace de linge, il allait de long en large, une liasse de papiers sous le bras, et faisant sonner sur les dalles sa canne à pomme d'argent. Du plus loin qu'il apercevait un député de sa connaissance, vite, il courait à lui, sortait ses documents, plaidait, dans son mauvais anglais, sa cause d'inventeur frustré. On le fuyait. Mais il ne cessa pas de reparaître obstinément, et de reprendre, absorbé par son monologue intérieur, sa promenade d'automate. Vingt ans plus tard, en 1810, on finit par lui accorder une indemnité de 1 394 dollars et 20 cents, représentant ses honoraires avec intérêts composés depuis 1791. Enfin, l'inflexible revenant renonça à la lutte. Il s'éteignit chez de bonnes âmes qui l'avaient recueilli, très vieux, le 14 juin 1825. Pas une croix, pas une dalle ne signale sa tombe. Mais, quand on pénétra dans la chambre funèbre, on trouva que le mort serrait dans son poing, sur son cœur, son plan de Washington.

Il va sans dire que ce plan fut assez mal suivi. L'histoire du développement de Washington au dernier siècle n'est que celle des altérations faites au dessein original. Je vous épargne le récit de cette déformation : elle ne sera plus tolérée. Une commission, nommée en 1900 pour la beauté de Washington, s'est prononcée unanimement pour le retour au plan de Lenfant. Cette année même, cent vingt ans après le jour où l'officier français fut cassé par ses envieux, un singulier hommage fut rendu à ses mânes. Un monument fut érigé par le vingt-sixième successeur de George Washington, à la mémoire de Lenfant, dans la ville qu'il avait tracée. Ne serait-il pas temps qu'un des professeurs français qui enseignent aux Etats-Unis, achevât de tirer de l'ombre cette figure bizarre, géniale et indignée ?

II

Le cas de Lenfant n'est pas isolé ; il devait rester, après le départ des volontaires, beaucoup de Français comme lui, que l'espoir d'une situation retenait en Amérique. D'autres émigrèrent, chassés par la Révolution. A laquelle de ces deux classes appartenait ce Joseph Mangin, qui bâtit en 1803 l'Hôtel de Ville de New-York ? On sait seulement que son œuvre lui fut effrontément ravie, et qu'elle passe encore sous le nom de l'entrepreneur Mc. Comb ; mais il attend encore une réparation.

Ainsi, dès l'origine, il y a eu, dans certains traits des villes de l'Amérique, et dans les fondements de leur histoire monumentale, quelque chose de la France et du génie français. Mais il faut avouer que c'est bien peu de chose. Bientôt, ces germes furent submergés par un torrent d'influences contraires. Ce fut, entre les deux pays, une période de malentendus. Ce moment, qui est celui de l'immense développement économique, du prodigieux essor de la civilisation matérielle, ne fut pas favorable à la culture de l'art. C'est un peu ce qu'on vit en France après les journées de Juillet, lors de l'avènement de la bourgeoisie au pouvoir : c'est le même spectacle, mais sur une échelle géante, à la mesure du Nouveau Monde. Les Américains d'aujourd'hui parlent avec colère de ces années de platitude, qui s'étendent jusqu'à la guerre de Sécession. Cette guerre pensa engloutir la nation tout entière : elle fut le salut. Le pays, suant d'or, se traînait dans le plus sordide et abject égoïsme. La secousse de 1860 lui rendit la notion de l'idéal indispensable.

Ce fut pour l'architecture une époque désastreuse. Elle le fut d'autant plus que l'argent regorgeait. On avait de quoi construire, hélas ! et on ne s'en privait pas. Jamais on ne vit mieux la misère du riche, combien son or est incapable de créer la noblesse, le bien, la joie, le beau. Je ne vous décrirai pas la succession de styles bâtards, le flot de vulgarités qui inondèrent alors l'architecture américaine. On y suivait, à deux ou trois ans d'intervalle, les dernières nouveautés de Londres ou de Paris : on eut d'abord un « néo-grec » dégénéré, puis un gothique dégoûtant, sans âme et sans relief. Puis, ce fut l'abomination de la désolation. Figurez-vous le palais conçu par un Bouvard maçon pour un Pécuchet millionnaire ; on trouverait là tous les ingrédients de la terre, du mauresque et du grec, de l'égyptien et du gothique, du châlet suisse avec des fenêtres à meneaux et les cheminées de Chambord. Je n'exagère rien : ce bibelot monstrueux a été réalisé : il existe, paraît-il, à Armsmear, près Hartford.

On ne pouvait s'arracher de là que par une sorte de sursaut. Cet effort nécessaire fut donné, aux environs de 1880, par deux hommes de premier ordre, Henry Hobson Richardson et Richard Morris Hunt. Richardson est le plus jeune des deux, mais c'est lui qui donna le signal de la réforme, et dont l'œuvre rocheuse, abrupte, opéra sur le goût une puissante révulsion. Son église de la Trinité, à Boston, qui date de 1877, marque l'ère de la délivrance. Quand on voit ce monument massif et impérieux, à silhouette trapue et cependant fougueuse, avec son enchaînement de rythmes durs, ses décrochements un peu sauvages, et le ton audacieux du grès où se découpe ce grand bloc pourpre, on n'échappe pas à l'empire d'une pensée héroïque. Pour la première fois, depuis longtemps, c'est ici de l'architecture : l'œuvre respire une force immense, une frénésie de volonté.

Vous l'avez vu pourtant : elle n'est qu'une adaptation d'un modèle auvergnat ; le porche présente une réminiscence évidente de la cathédrale du Puy ; la tour est inspirée de celle de Salamanque, qui est elle-même une greffe française. L'auteur sentait, dit-on, des rapports mystérieux entre ces formes primitives et le génie d'un peuple jeune ; ces rapports ne sautent pas aux yeux, mais il suffit que l'auteur y crût : sa conviction éclate dans ce beau « poème barbare ». On sort de l'anarchie et de la confusion des langues, on sort de la routine et de l'insipide éclectisme de l'âge des philistins. On se trouve en face d'un parti pris et d'une résolution. Que ce parti pris fût logique ou même naturel, que l'archaïsme de Richardson exprimât autre chose que son tempérament et son goût personnel, je ne le prétends pas : il s'imposait du moins par le sérieux, par la passion, et mettait le holà ! aux impudentes pratiques de l'école incohérente.

Notez que Richardson avait étudié à Paris : il avait passé cinq années à l'École des Beaux-Arts. Il était l'élève d'André, un de ces professeurs qui sont l'honneur de l'école française, ignorés du public, indifférents à la réclame, et dont l'action féconde n'est guère connue que de ceux qui en éprouvent le bienfait. Ce fut le grand maître à construire, le maître de goût et de bon sens, de la fin du dernier siècle. En trente ans, il forma plus de sept cents élèves. On se répète encore les mots, les aphorismes de ce maître éminent, comme les dessinateurs se transmettent ceux de M. Ingres. Toutes ses leçons ramenaient à la simplicité. A l'auteur d'un projet prétentieux, surchargé à l'excès, il disait : « Mon ami, avez-vous regardé le mur des fortifications ? Allez voir ça : cela vous donnera des idées ». Est-ce lui qui orienta le jeune Américain vers les formes romanes ? On assure que l'architecte de la Trinité de Boston les connaissait à peine, qu'il y eut dans son cas rencontre toute fortuite, pure coïncidence et conformité de génies : cette explication paraît peu vraisemblable. Mais je me contente de marquer ici, à la source elle-même des idées de Richardson, la plus indéniable des influences françaises.

La manière de ce maître fit événement en Amérique : pendant une dizaine d'années, on la suivit à qui mieux mieux. On mesure par là la force de l'individu. Mais ce style rugueux, épique et vaguement mérovingien, appliqué indifféremment à des villas, à des hôtels, à des bibliothèques, ne laisse pas d'engendrer une monotonie fatigante.

C'est alors que Richard Hunt, un autre Américain de l'École des Beaux-Arts, élève de Lefuel, construisit, à New-York, en 1883, sur la Ve avenue, le fameux hôtel Vanderbilt, dans le style précieux de la Renaissance française. C'est un morceau très réussi, une « étude » pleine de goût et de délicatesse ; il y a, en particulier, une porte et une tourelle de forme prismatique, de l'effet le plus piquant. Cette manière nouvelle fit fureur à son tour : tous les milliardaires voulurent leur château de la Loire. Et parmi ces pastiches, il y en a d'agréables, et même d'excellents ; mais on doit ajouter que la plupart sont écœurants.

Cette première phase d'imitation française n'avait donc promulgué rien de bien décisif. On avait fait de grands progrès, surtout d'ordre technique ; on sait désormais le prix des beaux matériaux, de la belle exécution. Ces premiers succès créaient un vif mouvement d'opinion autour des choses de l'architecture. L'éveil était donné : on avait désormais le sentiment et le goût du beau. Mais le « roman » de Richardson, comme le « Louis XII » de Richard Hunt, demeurent de purs caprices, des tentatives ingénieuses, instructives, amusantes, plutôt qu'ils ne présentent une doctrine solide, un système et une méthode. C'est ce système et cette doctrine qui font depuis vingt ans l'objet des recherches américaines.

Ces recherches se résument dans l'œuvre des deux grandes maisons, des deux *leading firms* de New-Vork, celle de Mc. Kim, Mead et White, et celle de Carrère et Hastings. Tous ces artistes ont d'ailleurs passé par notre école. On peut dire pourtant que, d'une manière générale, l'atelier Mc. Kim et White représente la tendance italianisante, et l'atelier rival la tendance française. Cette règle n'a rien d'absolu. Mc. Kim ne s'est jamais interdit de construire à la française, témoin le nouvel hôtel Vanderbilt au Hyde Park, à New-York, ou le château de Clarence Mackay, à Roslyn, qui sont de charmants exemples de style Louis XVI. Il nous a même fait un emprunt plus significatif : je parle de l'admirable Bibliothèque de Boston, où vous avez reconnu le chef-d'œuvre de Labrouste, la lumineuse et calme façade de notre Bibliothèque Sainte-Geneviève. Ah ! sur cette place de Boston, entre la *Trinité* auvergnate de Richardson et la façade parisienne copiée par Mc. Kim, un Français, je vous assure, éprouve un singulier bien-être : il respire la patrie.

Mais il est certain que Mc. Kim, dans l'ensemble de son œuvre, se rattache plutôt à l'école italienne. Son goût propre est celui d'un Florentin du *quattrocento*. A Boston même, la cour intérieure de la Bibliothèque forme un cloître qui rappelle celui de Michelozzo à Saint-Marc, ou encore celui du Bargello. Parfois son italianisme se teinte d'éléments différents : la loggia de Madison Square à New-York est une très jolie fantaisie espagnole. Mais c'est à Florence qu'il revient toujours, comme dans ce beau palais de l'*University Club*, souvenir du palais Strozzi, — à moins que ce ne soit à Venise, comme dans cette maison du verrier Tiffany, où l'artiste, avec l'à-propos le plus spirituel, transpose le palais Vendramin.

Voilà, me direz-vous, bien des imitations ! Où est, dans tout cela, l'architecture américaine ? Parlez-nous des *sky-scrapers* et de l'art de l'avenir ! L'art de l'avenir m'est inconnu. En attendant, dussé-je déplaire aux esthètes qui, de peur de paraître vieux jeu, « avalent » le *Flat iron building*, je confesse ne trouver dans ces échafaudages, dans ces chefs-d'œuvre d'ingé-

LE CAPITOLE DE WASHINGTON

(Construit en 1817 par Bulfinch.)

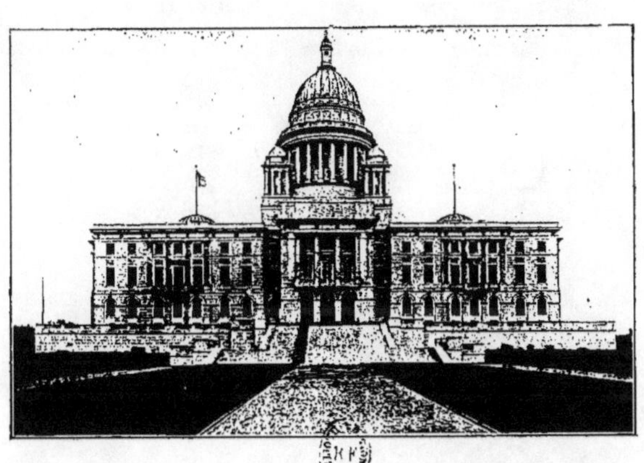

LE CAPITOLE DE PROVIDENCE (RHODE-ISLAND)

(Construit par Mac-Kim, Mead et White.)

Planche IV.

nieurs, aucun atome de grâce, ni quoi que ce soit qui dépasse leur signification pratique. C'est l'art, comme en est une locomotive. N'embrouillons pas les questions : l'utilité est une chose, et la beauté en est une autre. Et ce sera l'honneur des artistes dont je parle, que d'avoir, dans une civilisation ultra-utilitaire, tout sacrifié à la notion de l'indépendance de l'art et à l'idée de la beauté.

Allons plus loin : ne soyons pas dupes du vain reproche qu'on leur fait d'être des imitateurs. Quoi de plus « américain » que cette faculté indéfinie d'assimilation ? C'est la loi même du pays, la condition de son développement : toutes les races se fondent dans cet immense creuset. « L'Amérique a bon estomac », dit joyeusement Roosevelt. Mais il y a mieux. L'imitation est encore la seule méthode qu'on ait inventée pour devenir original : c'est le fondement même de toute éducation. On se scandalise de voir, sur la Cinquième avenue, des pastiches de Florence et de Venise : mais tout notre art classique est-il donc autre chose qu'une imitation ? Versailles n'est-il pas un palais italien ? Ses jardins existeraient-ils, sans les modèles de la villa d'Este ou de la Caprarola ? Et pourtant, tout cela ne s'est-il pas finalement incorporé à notre substance ? Versailles ne fait-il pas partie du paysage moral de la patrie française ?

Et enfin, l'Amérique n'est pas une nouvelle planète ; elle n'est pas davantage la Chine ou le Japon. L'Amérique n'est qu'une autre Europe. Découverte au temps de la Renaissance, et elle-même la plus belle invention de la Renaissance, quand elle imite les monuments du XVe ou du XVIe siècle, elle ne fait que rentrer dans son légitime héritage : elle se rattache à sa tradition historique. Autant le gothique, transplanté sur cette terre étrangère à tout le moyen âge, y paraît un non-sens, autant l'art du XVIe siècle y prend pied de plein droit. Les Espagnols qui ont construit la cathédrale de Mexico n'ont pas changé de style parce qu'ils changeaient de pays : ils ont bâti comme on faisait vers 1550, à Séville ou à Ségovie. En s'emparant des formes de la Renaissance italienne, les Américains d'aujourd'hui usent du même droit sans trop d'anachronisme. Ils commencent comme on aurait commencé, si New-York et Boston avaient été colonisés en même temps que Mexico. Ils se flattent même qu'il y a plus d'un trait de ressemblance entre l'Américain et l'homme de la Renaissance : qu'étaient les Pitti, les Chigi ? Des banquiers, des rois de l'or, des Pierpont Morgan de leur temps ; même culte de l'individu, même exaltation de l'énergie... Il ne faudrait pas trop pousser le rapprochement : mais il est clair que, si la Renaissance est le début de l'âge moderne, les modernes n'ont rien de mieux à faire que de la continuer.

Tel est le raisonnement de l'école italienne. C'est ici qu'interviennent les partisans du style français, l'école de Carrère et Hastings. « Nous ne nions pas, disent-ils, la justesse de vos prémisses, nous les faisons nôtres : nous sommes seulement plus conséquents que vous. Il est très vrai que nous sommes les fils de la Renaissance, mais pourquoi remonter le fleuve jusqu'à la source, au lieu de le suivre dans son cours ? La Renaissance n'est pas le fait d'un pays et d'une heure ; elle s'est continuée, elle a vécu pendant trois siècles ; elle s'est développée, transformée, adaptée aux conditions toujours changeantes de la vie. Or, c'est en France, vers la fin de l'ancien régime, qu'elle a donné sa fleur suprême. C'est alors qu'elle a pris son dernier aspect historique, le plus parfait de tous et le plus délicieux. Un homme d'aujourd'hui sera toujours dépaysé dans la galerie Farnèse ; au contraire, tout homme bien élevé se sentira chez lui dans un palais d'Antoine, de Gabriel ou de Louis. Ce moment extrême de la Renaissance est le plus proche de nous ; c'est celui que nos pères ont réellement connu. Notre style *colonial* n'est guère qu'un « Louis XVI » un peu anémié, légèrement débile. Revenons aux modèles de cet art, qui est contemporain de notre existence nationale ; acclimatons-le de notre mieux dans toute sa pureté : qui sait s'il n'en sortira pas quelque jeune rameau, quelque grâce imprévue et encore inédite ? »

Voilà comment raisonnent les amis de la manière française, et ce n'est pas à nous de venir leur donner tort. Je vous mets sous les yeux quelques exemples de l'art de Carrère et Hastings : avouez que, dans l'attente de ce « style nouveau » qu'on nous promet toujours, il serait difficile de trouver beaucoup mieux. J'entends bien : ce n'est pas de l'art original ! Mais l'essentiel, en Amérique, était de créer une culture ; c'était de fixer le goût, de le cristalliser, de l'exercer sur des objets d'une qualité éprouvée. On avait assez fait d'expériences au hasard ; on était las du laisser-faire et du laisser-aller. Il faut aller là-bas pour apprendre le prix des siècles, le prix d'une tradition. Comme on n'y comprend pas nos petits indépendants, notre manie de blasphème, nos goûts de changement ! Nous nous faisons l'idée la plus fausse de l'Amérique moderne. Le classique Oncle Sam, burlesque et turbulent, débraillé, démagogue, anguleux, excessif, est un type aujourd'hui tout à fait périmé ; nulle part, au contraire, je n'ai trouvé un tel besoin de raffinement, une plus grande soif d'élégance et de distinction. Nulle part on ne voit mieux l'utilité d'une règle, même conventionnelle, d'un ordre, même comportant une part d'artifice. Ces sentiments, qui se font jour dans la portion éclairée de la société, cet idéal de bonnes manières, ce sens de la mesure et de la politesse, ce tact particulier, qui est tout l'art de vivre, c'est ce qui se traduit avec une grâce inimitable dans notre architecture du XVIIIe siècle ; c'est la raison profonde du succès de cette architecture dans l'Amérique moderne. Faudra-t-il que ces choses, qui jadis étaient nôtres, ne soient plus désormais en honneur qu'à New-York ?

III

On voit maintenant pourquoi les Américains se sont mis à l'école de nos architectes : ils viennent nous demander une méthode et une discipline.

Je ne veux pas faire ici de déclarations inutiles : mais on souffrira que je dise sans trop de chauvinisme que nous sommes, depuis les Grecs, les seuls architectes du monde. « Les Français, dit Chateaubriand, savent seuls ordonner un repas et un livre » : il pouvait ajouter, les seuls qui savent composer un plan et une façade.

Cela tient à des qualités, — qui ont, il est vrai, leur revers — mais enfin à des qualités spéciales de notre esprit : esprit de système, esprit d'équilibre et de logique, amour de l'ordre et de la clarté, c'est-à-dire du bon sens. Et cela, je le sais, ne supplée pas au génie ; mais sans ces qualités, il n'y a jamais eu, il n'y aura jamais d'architecture possible.

L'Italie ? Qu'aurait-elle, depuis deux siècles, appris à la jeunesse ? Rien que de mauvaises mœurs, le bluff, le trompe-l'œil, l'imposture. L'architecture italienne, c'est le goût du *plaquage*, du clinquant, de la friperie et du théâtre. Elle est tout de même charmante ; mais c'est une charmante coquine. Les façades les plus brillantes sont posées devant les églises comme un simple tableau, sans aucune liaison avec l'intérieur. Elles annoncent plus qu'elles ne tiennent. Une fenêtre avec un balcon magnifique s'ouvre dans un fronton : vous vous apercevez, en faisant le tour du monument, que la toiture s'arase au-dessous du balcon. C'est du charlatanisme. Un architecte de mes amis me rapportait le trait suivant.

On jouait un opéra dans un théâtre de province. Le chef d'orchestre s'assied au pupitre, en veston. Mais, pour sauver les apparences, il avait eu soin de clouer au velours du tabouret les deux pans d'un habit ; seulement, à la fin de l'acte, le public applaudissant, le *maestro* se lève et s'incline à la ronde, tandis que la « queue de morue », séparée du tronc, pend gravement au tabouret. « Et voilà, disait mon architecte, l'architecture italienne ! »

L'Angleterre avait-elle beaucoup mieux à offrir ? C'est le plus fade gothique, la plus vaine contrefaçon du style flamboyant ; et c'est, pour les villas, une excentricité, un goût du pittoresque, une recherche de la complication et de l'irrégularité, qui peignent bien, si l'on veut, l'humour et l'individualisme anglais, mais qui sont tout le contraire d'une méthode raisonnée. L'Allemagne, en général, souffre d'une terrible enflure qui s'associe, on ne sait comment, à une platitude pitoyable. Elle a des ambitions modernes, un impérialisme mercantile qui a pu quelquefois séduire certains Américains : on retrouve en effet, à Berlin, quelques-uns des mauvais côtés de New-York, la vulgarité de Broadway. Mais les architectes de New-York qui ont fait leurs études à Stuttgart, à Carlsruhe, envoient leurs fils faire les leurs à l'École des Beaux-Arts.

Il faut venir enfin à ce qui fait jusqu'à ce jour la supériorité de l'École française : c'est que seule elle est une École ; seule, elle possède un enseignement vraiment organisé. Sans doute, cet enseignement ne manque pas de détracteurs ; il a ses défauts, comme toute chose : mais que diront ses ennemis, si les Américains, bons juges en fait de choses pratiques, n'ont trouvé rien de mieux à faire que de le copier ? C'est Ware, élève de Richardson, qui a donné l'exemple, en fondant à Boston l'Institut de Technologie, où, depuis trente ans, se succèdent des professeurs français, Létang ou Despradelles. D'autres écoles se fondent un peu partout sur le même type et dans les mêmes conditions : à l'Université Harvard, à l'Université Cornell, à celles de Pensylvanie, de Columbia, de l'Illinois, avec des professeurs qui s'appellent Duquesne, Crêt, Prévôt, Jean Hébrard, Mauxion, Alaux.

Le régime adopté dans ces différentes institutions est celui de l'École. Les Américains, en effet, professent comme nous cette idée paradoxale et audacieuse que, pour savoir un métier, il est bon de l'avoir appris. Les jeunes gens sont soumis au même cours d'études que chez nous : études analytiques, c'est-à-dire élémentaires, dont l'objet est d'apprendre la grammaire de l'art, la nature et l'emploi des formes de l'architecture ; on épèle ainsi chacune d'elles isolément, on en approfondit l'usage, on se rend maître du vocabulaire, après quoi, dans une autre classe, on s'exerce à la composition, toujours en procédant du simple au composé et des parties au tout, jusqu'au projet final, qui consiste dans une grande construction d'ensemble, étudiée et rendue avec tous ses détails. Tout cela va de pair avec d'autres concours, concours d'esquisses, de modelage, de dessin d'ornement ou d'après le modèle, mathématiques, études de charpente, de résistance des matériaux, connaissances d'archéologie et d'histoire de l'architecture. Enfin, l'élève doit justifier d'un an de présence sur un chantier.

Il faut croire que ce système n'est pas si détestable, puisque, non contents de l'avoir introduit parmi eux, les Américains n'ont pas cru pouvoir se dispenser de l'enseignement direct et du contact de nos maîtres. Il ne leur a pas suffi d'appeler chez eux les jeunes Français que je vous citais tout à l'heure ; ils ont voulu faciliter à leurs meilleurs élèves la connaissance réelle de l'architecture française. En 1903, la Société des Beaux-Arts, formée d'Américains anciens élèves de l'École, fondait un « prix de Paris », comme nous avons un prix de Rome, sous les espèces d'une bourse, attribuée au concours entre les élèves architectes des écoles des Etats-Unis, avec le droit pour le lauréat d'entrer en première classe à l'Ecole des Beaux-Arts. Les frais de cette bourse ont été assumés par des donateurs généreux, au nombre desquels je trouve les noms de Pierpont Morgan et de S.-E. Robert Bacon, ancien ambassadeur. La Société des Beaux-Arts, qui a pris l'initiative de cette mesure si honorable pour nous, compte plus de deux cents membres ; tout le monde n'a donc pas conservé mauvais souvenir de notre Ecole. L'enseignement qu'on y donne semble assez libéral. Et l'on ne voit pas que nos maîtres, les Pascal, les Bernier, les Laloux, aient jamais opprimé le talent ni étouffé le génie : l'inventeur du *sky-scraper*, l'auteur de ce fameux *Auditorium* de Chicago, Sullivan, est un élève de Vaudremer. Et Whitney Warren, le nouvel auteur du projet du « Great Central » de New-York, pour l'avoir conçu à la française, a-t-il été gêné pour en faire une gare extra moderne, avec un luxe inouï de voies d'accès, formant un réseau de quatre boulevards superposés, dont deux étages souterrains et un étage en viaduc ?

IV

Ainsi, à l'heure qu'il est, l'École française règne indiscutablement dans toute l'Amérique du Nord. Cette influence est-elle durable ? Ne tend-elle pas à se supprimer elle-même ? Le moment n'approche-t-il pas où nos élèves seront des maîtres, et où nous irons à notre tour leur demander des leçons ? Nous aurons plaisir à saluer la jeune école américaine, comme nous avons entendu, avec un légitime orgueil, le bruit de nos canons vainqueurs chez nos élèves bulgares.

Si quelque chose pourtant devait nous compromettre et détourner de nous la jeunesse d'Amérique, ce seraient les prétendues audaces de certains de nos « novateurs » : ce serait le goût honteux qui commence à s'afficher dans les rues de Paris et dans les constructions nouvelles ; ce serait le vandalisme et l'inconscience coupables avec lesquels nous gâtons les plus pures merveilles, la spéculation sacrilège qui ose porter la main sur les plus admirables perspectives de Paris.

Qui n'a entendu l'étranger gémir et se scandaliser des enlaidissements persévérants de notre ville ? Elle était naguère la capitale de la civilisation, la ville par excellence de la douceur de vivre : qui se soucie de la nouveauté, quand il y a la perfection ? Craignons tout ce qui altère la beauté de Paris. Ne croyons jamais que le monde nous saura gré de mentir à nos traditions : elles nous ont faits ce que nous étions, ce que peut-être nous sommes encore, les professeurs de goût qui enseignaient l'urbanité, la grâce à l'univers.

C'est par là que notre art se recommande toujours. On l'a bien vu en 1898. Au concours international ouvert pour la création de l'Université de Berkeley, non seulement le vainqueur, sur près de cent concurrents, fut un Français, M. Bénard, mais les onze projets primés étaient l'œuvre d'élèves de l'École française. Mais nous ne connaissons pas notre véritable gloire. Nous ignorons ce que font pour nous, pour l'honneur de la France, tant de jeunes gens qui travaillent à l'accroître dans toute l'Amérique. Qui a su, dans le grand public, ce fait vraiment remarquable, que le Palais des Républiques Américaines, c'est-à-dire l'organe central de l'union du Nouveau Monde — peut-être le foyer d'une immense transformation politique — est l'œuvre d'un Français, M. Crêt, élève de M. Pascal ? Qui se doute qu'il y a là-bas, sur ce nouveau continent, d'aussi charmants exemples de pureté française ? Et qui connaît chez nous l'œuvre de Despradelles, ne fût-ce que ce songe grandiose, le prodigieux obélisque qu'il rêvait d'élever à la gloire des Etats-Unis, et qui est peut-être l'idée la plus originale de l'architecture américaine ?

Semences jetées au loin, sur un sol étranger ! Que de fois déjà, dans le passé, nous avons répandu dans le monde notre génie ! Partout, dans toute l'Europe, jusqu'à Chypre et en Palestine, se trouvent les traces monumentales de nos missionnaires architectes ; plus tard, au XVIIIe siècle, c'est Postdam et Sans-Souci, Dresde et Pétersbourg qui s'élèvent sur le modèle de Versailles. Le jour viendra où notre siècle ne sera plus qu'un souvenir. Il suffira alors des ruines d'un pavillon comme celui de Washington, ou d'églises comme celles de M. Masqueray à Saint-Paul et à Minnéapolis, pour faire revivre tout le passé évanoui. Comme devant les arcs de Trèves ou de Reims, nous mesurons l'empire romain qui venait jusque-là, l'homme de l'avenir qui verra ces débris, songera : « Ici fut la France ».

IV

LA PEINTURE FRANÇAISE
ET LES ÉTATS-UNIS

PAR

LÉONCE BÉNÉDITE
CONSERVATEUR DU MUSÉE NATIONAL DU LUXEMBOURG

LA PEINTURE FRANÇAISE ET LES ÉTATS-UNIS

Lorsque vous vous promenez de la gare Montparnasse à la place de l'Observatoire et, perpendiculairement, de la rue Notre-Dame-des-Champs au Lion de Belfort, si vous regardez avec un peu d'attention la physionomie des lieux vous êtes surpris de leur trouver, en plein Paris, un certain caractère exotique. Ce n'est pas, d'abord, très facile à définir ; car rien, à première vue, ne diffère, dans ces quartiers recueillis, des rues voisines. Peu à peu, cependant, vous distinguez des enseignes, des annonces en anglais, des boutiques de commerçants, de tailleurs, de marchands de couleurs, d'encadreurs, des restaurants, des maisons de thé, des pensions de famille, qui paraissent s'adresser à une clientèle de langue anglaise. C'est un spectacle assez banal, assurément, et qui n'étonnerait pas dans le centre cosmopolite des grands boulevards ou les entours de la Madeleine, mais cela paraît imprévu et cela détonne un peu dans cet arrondissement tranquille, paisible, bourgeois, de rentiers, de professeurs et d'artistes, l'ancien quartier de la Grande Chaumière et de la Closerie des Lilas.

Vous apercevez, en même temps, à travers la population autochtone, un va-et-vient de figures assez étrangères d'aspect, bien que beaucoup de nos messieurs français aient adopté la mode des visages glabres d'outremer. Certains soirs même, en prenant le tram qui fait le service de l'Etoile à Montparnasse, on est tellement submergé dans ce milieu prédominant qu'on reste un instant assez dépaysé.

C'est que, ces soirs-là, sans doute, il y a eu réception à l'ambassade américaine, à l'autre extrémité de la ville, et tout ce peuple de Montparnasse s'y est transporté; car ce quartier dont nous parlons c'est la cité de prédilection des Américains de Paris.

Pas de tous les Américains, ce serait trop dire. Pas des Américains de la fortune et du grand monde, ni des Américains des affaires, mais d'un autre milieu américain, moins connu dans ses mœurs, qui contraste, par ses habitudes et ses goûts, avec le type convenu que nous nous faisons de l'Américain, cet Américain que nous nous représentons, toujours, riche — c'est une condition indispensable — aventureux, pressé, brûlant la vie.

Le milieu dont je veux parler c'est le milieu des *artistes* américains, milieu paisible, laborieux, sans ostentation et sans faste, qui s'est installé justement dans ces parages pour jouir du calme bienfaisant et se pénétrer de l'atmosphère morale de ce quartier de travailleurs.

Il y a là vraiment toute une ville, et une ville artistique, avec tout ce qui est nécessaire à la nourriture du corps et à la nourriture de l'âme : des restaurants, une église, des cercles et des salles d'exposition ; on y trouve même, sur un coin du boulevard, jusqu'à un marché aux modèles.

Quelle est l'importance exacte, au point de vue numérique, de cette cité? Cela est difficile à déterminer. La population américaine de Paris est estimée à 25.000 âmes. Pour ce qui est de cette partie de la colonie, nous n'avons pas de chiffres à donner, mais la présence de trois cercles féminins : rue de Chevreuse, rue Nicolle, boulevard Saint-Michel, le nombre des inscriptions aux académies Julian, Colarossi et autres, la statistique qu'on peut établir d'après les exposants aux divers Salons, nous prouvent qu'on est en face d'un petit peuple d'artistes américains, installé au cœur de Paris pour recueillir nos enseignements. Et je ne parle pas des maîtres déjà réputés qui, tels que Walter Gay, Miss Cassatt, A. Harrison, P. M. Bartlett, Mac Monnies et autres, sont fixés à demeure chez nous et ont adopté notre pays comme une seconde patrie.

Il y a donc là un fait précis et incontestable qui affirme les rapports étroits existant entre l'Ecole américaine et l'Ecole française. Quelles sont les origines de ces rapports, quelles en sont les causes et quelles en ont été les conséquences au point de vue américain ? Voici ce que je voudrais examiner ce soir avec vous.

Tout ce qui constitue le passé en Amérique ne remonte, forcément, jamais bien loin. A l'origine l'art a dépendu de l'Ecole anglaise, comme ce qui est devenu les Etats-Unis dépendait de l'Angleterre. Pour nous placer au XIXe siècle, on peut diviser l'histoire de la peinture américaine en deux périodes, égales en durée : l'une, qui comprend la première moitié du siècle, est pour ainsi dire de caractère exclusivement britannique. La deuxième, qui correspond à l'autre moitié, est plus particulièrement sous l'influence française et il faut ajouter que c'est vraiment de ce moment que date ce qu'on peut appeler plus exactement la formation d'une Ecole locale.

Dans la première période, on peut rattacher directement les maîtres américains à l'Ecole anglaise. Presque tous ont travaillé en Angleterre, d'où la plupart étaient assez récemment issus; quelques-uns ont à peu près constamment vécu dans ce pays et même ont obtenu des distinctions réservées d'habitude aux seuls sujets britanniques, tel, par exemple, que Benjamin West, qui fut président de l'Académie royale de Londres. C'est à ce groupe qu'appartiennent John Singleton Copley (1737-1815), Gilbert Stuart (1755-1828). Washington Allston (1777-1807), Thomas Sully (1783-1872) et ce Charles Leslie (1794-1859), dont on connaît, à la Tate Gallery de Londres, le charmant et spirituel tableau de genre : l'*Oncle Toby et la veuve.*

La deuxième période. plus proprement américaine et formée sous l'action des maîtres français, débute vers 1850.

C'est à cette date, nous dit l'un des artistes qui ont le plus profité de ces enseignements, John La Farge, que commencèrent à se répandre aux Etats-Unis les lithographies des maîtres de l'Ecole de 1830 et les premières photographies de leurs tableaux les plus célèbres. Jusqu'alors la production américaine était influencée par les tableaux répandus par les marchands, presque tous allemands, qui introduisaient dans ce pays toutes sortes de mauvaises toiles de genre, plus ou moins sentimentales, issues des ateliers de Düsseldorff.

Ce premier contact, même par la lithographie et la photographie, produisit une profonde impression sur les jeunes artistes américains un peu doués ; La Farge nous dit qu'il en est peu qui n'aient travaillé d'après ces images et n'aient converti leur ancienne manière d'après la manière française. Tel serait le cas de ceux qu'on peut considérer comme les premiers paysagistes américains : George Inness, Winslow Homer et Homer Martin.

Bientôt apparurent quelques tableaux mêmes de ces maîtres romantiques de notre Ecole de paysage, dont les œuvres seront plus tard si jalousement drainées à prix d'or vers les collections du Nouveau Monde. John la Farge nous dit avec quelle joie profonde il put, avec ses économies de jeune homme, s'acheter un Diaz, un Troyon et un Barye.

Il y avait aussi, semble-t-il, dès ce moment, en Amérique quelques artistes français, venus sans doute pour y chercher fortune. Parmi eux on peut signaler un peintre lyonnais, Régis Gignoux, fixé à New-York, qui a exposé quelquefois plus tard à nos salons et fut le propre maître de George Inness.

La Farge, de son côté, se souvenait avoir connu, à la même époque, un peintre français qui donnait des leçons dans les milieux français établis à New-York, et par qui il connut Inness. C'est vraisemblablement ce Gignoux. Ce serait donc à lui, ainsi qu'à l'exemple des maîtres romantiques, nouvellement appréciés en Amérique, qu'on devrait le premier renouveau de l'art américain.

New-York, à cette date, bien que ce fût une ville fort importante, n'avait pas l'aspect colossal que cette cité a prise aujourd'hui. On y trouvait de nombreux Français, fils d'émigrés ou d'expatriés, fixés dans la ville basse, qui formaient une société un peu à part, non encore confondue dans la grande société américaine. Il y avait là, comme on pense, un foyer de souvenirs français et de culture française. C'est là que devaient nécessairement venir s'éclairer et se réchauffer les esprits contemplatifs — et il y en a même parmi les Américains — qui se détournaient des affaires pour découvrir un refuge à leur rêve.

C'est de ce milieu très particulier que devait sortir un des maîtres qui occupent le premier rang et sont comme les véritables fondateurs de l'Ecole américaine. Je veux parler de ce John La Farge, que je vous ai déjà nommé.

John La Farge, du reste, n'est-il pas un Français et un pur Français, français par le sang, français par la race, français par la formation générale de son esprit, français encore par l'éducation professionnelle ?

La Farge, en effet, était fils d'un officier français, Jean Frédéric de la Farge, originaire des Charentes, comme la plupart de ces familles françaises du Nouveau Monde, qui vint s'établir aux Etats-Unis en 1806, après toutes sortes d'aventures pendant l'expédition de Saint-Domingue, où il fut fait prisonnier par les nègres insurgés. Ce Frédéric de la Farge avait épousé la fille d'un planteur de Saint-Domingue, réfugié, lui aussi, en Amérique à la suite de la révolution qui avait bouleversé cette île et qui l'avait ruiné. Ce planteur s'appelait Binsse de Saint-Victor. Ce nom seul ne fait-il pas prévoir la part que l'alliance avec cette famille put avoir plus tard sur la vocation du futur peintre ? Le grand-père maternel de John La Farge était, en effet, l'oncle de Paul de Saint-Victor, le célèbre critique, émule et ami de Théophile Gautier, l'auteur des *Deux masques*, d'*Hommes et dieux*, etc.

John La Farge, notre artiste, naquit le 31 mars 1835 à New-York où il est mort il y a deux ans à peine. Il reçut une éducation toute française, dans un milieu exclusivement français, gardant même, au sein de ce monde nouveau, ses goûts, ses modes, ses préjugés, voire ses passions politiques ; car on disputait encore entre les deux branches de la famille sur les titres de la légitimité et sur les mérites de l'Empire. Il fut nourri de lettres françaises. Les premiers livres de sa bibliothèque furent des livres français et il présentait enfin, dans toute sa personne, pleine de finesse et de bonhomie, de distinction et d'élégance, les caractères les plus séduisants d'un vrai gentilhomme français de forte culture, comme on en trouvait beaucoup encore autrefois.

En 1856, La Farge débarqua à Paris. Il venait d'achever ses études, ayant dévoré tous les livres français de cette grande période d'exaltation littéraire : Lamartine, Victor Hugo, Musset, Balzac, mais sans aucune vocation bien décidée, et placé momentanément dans l'étude d'un homme de loi.

C'était au lendemain de la grande Exposition universelle de 1855. On sait quel fut son éclat et l'importance qu'elle eut dans le développement de notre école. Elle en marque comme une étape nouvelle. Les chefs-d'œuvre de Delacroix s'opposaient aux chefs-d'œuvre d'Ingres. Les plus illustres romantiques y avaient réuni leurs plus glorieux ouvrages et les grands noms, dans tous les camps, ne soulevaient plus qu'une admiration unanime. Ce ne pouvait être qu'un attrait nouveau pour des artistes étrangers. La Farge, comme, nous le verrons tout à l'heure, son compatriote Whistler, ne devait pas manquer d'en ressentir les effets.

Ce voyage à Paris avait été entrepris non seulement pour parachever son éducation, mais pour présenter le jeune homme à sa famille de France. Cette famille de France, c'était justement cette famille de Saint-Victor dont je vous ai parlé : le frère de son grand-père avec son fils. Le premier, l'oncle, a laissé des travaux d'histoire, de critique, des vers et même quelques pièces de théâtre ; le second, le fils, Paul de Saint-Victor, je viens de vous le dire, est le critique célèbre, le styliste classique, dont le nom est resté comme celui d'un des plus purs écrivains de cette période qui a compté tant de maîtres.

Paul de Saint-Victor avait vingt-neuf ans, John La Farge vingt et un. Les deux cousins devinrent vite camarades. Saint-Victor, qui jouissait déjà d'une certaine réputation, était fort répandu dans le monde des arts et dans celui des lettres. La Farge profita de toutes ces relations, respira cette atmosphère ardente et se pénétra encore plus profondément des idées et des sentiments de son pays d'origine. C'est par son cousin, en particulier, qu'il connut le maître qui fut son véritable initiateur : Théodore Chassériau.

Cet artiste si original, ce grand idéaliste qui, on le sait, avait trouvé d'instinct l'heureux compromis entre les doctrines d'Ingres et celles de Delacroix et qui a été aussi l'initiateur direct des deux plus grands idéalistes de notre école contemporaine, Théodore Chassériau, était, lui aussi, de famille créole et également d'origine charentaise. Il était, même, né à Saint-Domingue. De plus, son père, Benoist Chassériau, ainsi que son oncle, le général, qui devint le baron Chassériau, avaient pris part à cette expédition de Saint-Domingue à laquelle avait été mêlé, de son côté, le père de La Farge. Il ne pouvait donc manquer de s'établir entre le maître et le jeune artiste des liens étroits, basés sur une foule de souvenirs communs.

John La Farge trouva là comme une nouvelle famille. Il y était constamment accueilli, entre le frère aîné, qui avait servi de père aux enfants devenus orphelins et les deux sœurs, Adèle et Aline, que le maître a rendues célèbres par ses portraits et par nombre de toiles où elles ont servi de modèles.

Chassériau était, à cette date, au sommet de la gloire et à la limite, hélas ! de sa trop courte existence. On se réunissait fréquemment chez lui et on se passionnait pour les questions d'art. C'est là, je le tiens de La Farge lui-même, que lui vint la première pensée de se vouer à l'art, car jusqu'alors il n'avait guère pensé qu'à se perfectionner en dilettante et en amateur.

La Farge entra, en même temps dans l'atelier de Thomas Couture. Cet atelier était déjà fréquenté par nombre d'artistes américains. Ils formaient même une petite colonie au milieu de laquelle on trouvait William Hunt, un des artistes qui fut également un des précurseurs de l'Ecole américaine moderne. Mais La Farge, comme son ami William Hunt, qui avait voué un véritable culte à Millet et qui prit sa direction définitive dans cette voie d'intimités, La Farge quitta bientôt l'atelier d'un maître ombrageux, qui

LA BIBLIOTHÈQUE DE L'UNIVERSITÉ DE VIRGINIE

(Construite par Thomas Jefferson.)

LA BIBLIOTHÈQUE DE L'UNIVERSITÉ DE COLUMBIA

(Construite par Mac-Kim, Mead et White.)

Planche V.

dénigrait toutes les gloires vers lesquelles montait l'admiration de cette jeunesse ardente. C'est dans cet atelier que La Farge se lia avec Puvis de Chavannes.

Je passe, maintenant, sur tout le restant du séjour en Europe de John La Farge. Je dois ajouter, toutefois, que, nourri des ouvrages de Viollet-le-Duc, passionné pour le moyen âge, il visita et étudia longuement toutes nos cathédrales, s'attacha à l'étude des verrières anciennes et que c'est le point de départ de sa grande œuvre de décoration de vitraux, œuvre originale par le talent de coloriste et par la technique renouvelée, qui met La Farge tout à fait à part dans l'histoire de cet art spécial non seulement en Amérique, mais à travers toutes les écoles contemporaines.

Ses grandes décorations d'Ascension Church à New-York, de Trinity Church, à Boston, etc., portent l'empreinte de son éducation française et particulièrement du milieu romantique de Chassériau et de Delacroix qui l'avait si fortement impressionné.

Je vous en ai donc assez dit pour vous montrer dans ce premier des maîtres américains un artiste essentiellement français et vous confirmer encore les origines toutes françaises de l'Ecole américaine moderne.

Mais, à cette date même où John La Farge venait à Paris, en 1855, débarquait en France un autre jeune Américain qui, lui, bien que d'origine anglo-saxonne, allait devenir, par toutes sortes de liens moraux et spirituels, tout à fait un des nôtres avant de conquérir cette réputation universelle qui en a fait le maître le plus populaire de toute l'Amérique et, mieux, l'a placé en dehors des écoles locales au premier rang de l'art moderne.

Ce jeune peintre américain était, vous l'avez deviné, James Mac Neill Whistler.

Whistler est né à Lowell, Massachussets, le 11 juillet 1834 et il est mort à Londres, dans sa maison de Chelsea, sur les bords de la Tamise, en 1903. Il était fils du major George Washington Whistler, de l'arme du génie. Voué lui-même à la carrière militaire, il entra à l'Ecole de West Point, d'où il fut congédié, puis au service cartographique de la marine à Washington. Il fut encore obligé de quitter cette école où il remplissait ses obligations avec ce terrible esprit de fantaisie qui le rendit presque aussi célèbre que sa peinture. Il exécutait, entre autres, en marge des gravures officielles sur les ports de mer, des croquis et charges dans le goût de Gavarni.

Car déjà Whistler avait été élevé en partie à la française. Son père, en effet, avait été appelé en Russie pour y organiser les premiers chemins de fer et il y fixait sa résidence de 1842 à 1849. C'est là, dans ce milieu où toute bonne éducation, surtout à cette époque, devait avoir lieu dans la langue et avec les méthodes de notre pays, que Whistler apprit le français et se trouva donc naturellement préparé pour ses voies futures.

A la sortie des écoles militaires, son goût pour les arts restant fermement manifestés, on n'hésita plus à l'expédier en France. C'était aux yeux des parents, comme aux yeux de tout Américain éclairé, le seul lieu où il pût apprendre sérieusement son métier.

Whistler arrive donc à Paris en 1855. Il entre aussitôt dans l'atelier de Gleyre. Mais, à la vérité, il ne tire pas grand profit de ces enseignements. C'est un indépendant par nature. L'Ecole et la pédagogie ne lui vont pas. Il faut qu'il se dirige tout seul. Il parvient assez vite à se trouver des guides parmi les maîtres anciens des galeries du Louvre, qu'il se plaisait à fréquenter assidûment et c'est là qu'il constitua le noyau de ses premiers amis, Fantin-Latour, Alphonse Legros et Carolus Duran.

A ce moment Whistler se fait connaître plutôt comme graveur et il exécute les premières planches de ce qu'on a appelé sa série française (1858). Il ne tarde pas, pourtant, à se mettre à la peinture et il produit plusieurs ouvrages où se marque très nettement l'influence de son ami Fantin, tel le *Piano*, de la collection Edmund Davis, de Londres.

En 1859, Whistler est refusé au Salon avec ses amis. Un de leurs aînés d'une dizaine d'années, déjà connu près des amateurs par de belles et robustes petites peintures, François Bonvin, organise dans son propre atelier une petite exposition de ces jeunes proscrits et y convie Courbet. C'est l'origine de la petite phalange des *réalistes* qui entoure le maître. Fantin en était le porte-drapeau, mais Whistler était l'apôtre le plus turbulent et le plus démonstratif et il nous en fournit un témoignage en demandant à Fantin l'honneur de poser à la première place, un bouquet en main, dans le célèbre tableau qui réunit le petit groupe combatif et ses défenseurs : l'*Hommage à Delacroix*. Whistler s'attache alors à Courbet, le suit même à Trouville durant deux étés et subit fortement l'action directe de ce maître sur ses marines.

Nous n'avons pas, ici, à suivre Whistler dans toutes les vicissitudes de sa vie agitée. Ce qu'il convient de montrer c'est tous les apports français que contient son œuvre.

Après divers vagabondages, il se fixe bientôt à Londres à cause de sa mère qui vient s'y établir et il y subit momentanément les influences anglaises de Millais et d'Albert Moore. Mais il garde un contact incessant avec les Français : son ami Legros, qui l'a suivi à Londres, Fantin qui vient l'y rejoindre deux fois et avec qui il reste en correspondance suivie et il est un des plus fervents adeptes du mouvement japonisant qui, en France, suit le réalisme et précède l'impressionnisme. Et quand il ne subit plus l'action des contemporains, il s'appuie sur les maîtres du passé sur lesquels s'orientaient, de l'autre côté du détroit, tous ses camarades réalistes : Rembrandt et Velasquez.

Après toutes sortes de difficultés, de soucis, de malentendus avec le public anglais et la critique, après son procès célèbre avec Ruskin, perdu dans l'opinion en Angleterre, ruiné et obligé de tout vendre, il recommence à gagner sa vie avec sa gravure. Dès ce moment, il se tourne de nouveau vers la France. Il avait cessé d'exposer aux salons à partir de 1867. Il y revient en 1882. En 1883 le *Portrait de sa mère* obtient une troisième médaille. Si maigre que fût la récompense, Whistler en fut profondément touché comme d'un témoignage spontané de sympathie de ses confrères français. En 1889, il obtenait une médaille d'or et la croix de chevalier de la Légion d'honneur. Plus tard, dans les derniers portraits qu'il a peints de lui-même, il met une certaine coquetterie à pointer à sa boutonnière, d'une teinte vive de vermillon, la petite rosette d'officier qu'il reçut en 1892.

A partir de ce jour Whistler redevient des nôtres. Il s'installe à Paris avec sa jeune femme, car il s'était récemment marié, fonde un atelier et ne retourne à Londres qu'après la mort de sa femme et tout à la fin de sa vie. Et encore avait-il gardé au cœur un tel sentiment de gratitude pour la France, qu'il avait exigé de moi, maintes fois, que le *Portrait de sa mère*, dont s'enorgueillit le Luxembourg, fût placé parmi les tableaux français. Bien mieux, à la veille de sa mort, il réclamait incessamment que son exposition posthume eût lieu à Paris à l'exclusion de toute autre ville, et, témoignage dont je garde un souvenir inoubliable de fierté et de reconnaissance, il voulut bien se rappeler qu'il y avait un jeune ami qui accepterait de s'en charger comme un devoir et comme un honneur.

La troisième grande figure initiatrice de l'art américain est un sculpteur. Il appartiendra à M. Bartlett de vous parler, avec la compétence due à son propre talent, de ce grand artiste et de cette œuvre admirable. Mais je ne puis manquer de citer ici, pour marquer les origines de la fondation de l'École américaine, ce maître qui fut aussi pour moi, comme les deux autres, un illustre ami, et de qui j'ai pu recueillir quelques beaux ouvrages pour l'admiration de nos concitoyens.

Augustus Saint-Gaudens, qui naquit à Dublin en 1848 et qui est mort en Amérique en 1907, était, comme son nom l'indique, d'origine française et ces origines ne remontaient guère au delà de deux générations. Il avait fait ses études en France, dans l'atelier de Jouffroy et y avait, entre autres, connu Dalou avec qui il se lia plus tard, quand il revint exécuter à Paris ses grands travaux pour New-York et Boston.

C'est chez nous, avec les principes de notre éducation et le souvenir de nos maîtres, c'est-à-dire en plein sous le rayonnement de nos traditions, qu'il a accompli son admirable monument où le colonel *Robert G. Shaw*, avec son képi français et sa barbiche à la française, conduit ses bataillons nègres, dans un élan si héroïque; et celui du *général Sherman* guidé par une jeune et radieuse Victoire.

Si je vous cite, maintenant, dans une génération ultérieure, le nom célèbre de John Sargent, élève de Carolus Duran, si j'ajoute à sa suite parmi les américains les plus éminents, les noms de Walter Gay, élève de Bonnat, de Harrison, élève de Bastien-Lepage, de Miss Cassatt, formée près de Degas, de W. T. Dannat, de W. Mac Ewen, sans compter les artistes plus jeunes tels que MM. Richard Miller et Frieseke, pour ne citer exclusivement que des peintres, vous voyez à l'évidence que le point de départ de l'École américaine est tout entier dans l'École française. Un dernier témoignage : ouvrez le catalogue de l'Exposition Universelle de 1900, section américaine. Aux courtes biographies qui suivent le nom de chaque artiste vous trouvez, parmi les maîtres qui ont présidé à toutes ou à presque toutes ces éducations professionnelles, tous ceux qui ont illustré notre enseignement.

Cette influence directe est donc considérable. Il faut en ajouter une autre, sur les lieux mêmes : celle des collections privées et des musées.

De tout temps, l'Amérique a recueilli les œuvres d'art. Ce fut d'abord un luxe qui était nécessaire à la vanité de la richesse. Pendant longtemps ce recrutement se fit sans discernement et le Nouveau Monde semblait un peu le dépotoir où se déversait le trop-plein de la production artistique de l'Europe. La France, toutefois, profita la première de cet engouement et les peintres français, bons ou médiocres, y furent accueillis avec un tel empressement, surtout avant l'application des tarifs Mac Kinley, que ce fut un vrai âge d'or pour nos peintres.

Mais, peu à peu, un phénomène nouveau se produisit. M. Boutroux vous disait que ce qui caractérise l'Américain, c'est son indépendance à l'égard du passé. Cependant, ce qu'on ne peut manquer de constater aujourd'hui, c'est que l'Amérique prend le goût et le sens de l'histoire. Ces peuples immenses qui n'ont point de passé et qui ne s'en souciaient guère jusqu'à cette heure, trouvent maintenant un certain plaisir à regarder en arrière, à s'attacher à ce qui peut constituer des souvenirs pour eux ou sinon à s'en créer. Telle famille qui peut compter ses générations, telle maison qui a été bâtie il y a un peu plus d'un demi-siècle, tel objet qui remonte à soixante ou à quatre-vingts ans sont déjà revêtus d'une considération qui les rend honorables ou vénérables.

Ce goût nouveau de l'histoire, associé à l'esprit de méthode, né de la culture des sciences, ont eu leur répercussion sur la formation des collections et l'organisation des musées. Avec l'aide d'intermédiaires avisés, de marchands habiles et au courant, avec les conseils d'artistes, et avec les moyens irrésistibles dont ils disposent, les Mécènes américains ont eu bientôt fait de réunir les plus admirables collections. On ne les compte pas maintenant, à New-York, à Boston, à Baltimore, à Philadelphie et ailleurs.

Mais, fait qui nous intéresse spécialement, l'Ecole française règne partout, à côté des chefs-d'œuvre des plus grands maîtres du passé. C'est là qu'il faudra bientôt aller pour contempler les plus beaux morceaux de nos maîtres de 1830. C'est là que sont dirigés les plus célèbres tableaux de nos grands impressionnistes : Degas, Manet, Claude Monet ou Renoir et l'on sait que l'on ne regarde pas au prix qu'il faut les payer. Pour ne citer que le portrait de *Mme Charpentier* de Renoir, rappelons qu'il a été payé par le Metropolitan Museum la somme de 93.000 francs [1].

Les collections privées de premier ordre sont nombreuses aux Etats-Unis. Il suffit de citer les collections Havermeyer, Frick, Gardner, Johnson, Walters, Atmore Pope, Widner, Terrell, John Hay, Sprague, Wittmann, Widmore, Van Horn, etc., etc. On ne les compte plus.

Il en est de même des musées. A l'origine, ils étaient plus éblouissants

1. Depuis que cette conférence a été donnée, la vente Rouart, avec les *Danseuses* de Degas, qui ont atteint 435.000 francs, sans les frais, a montré que les Américaines ne reculent devant aucun sacrifice pour acquérir les chefs-d'œuvre de nos maîtres.

d'architecture que riches en œuvres significatives, mais le même esprit de méthode est venu discipliner ces maisons d'enseignement.

Il y a chez elles un esprit nouveau, vraiment scientifique. Une activité très grande règne dans ces établissements. Leurs moyens sont, du reste, accrus par le complément des collections privées, placées très souvent dans les musées en dépôt et par le système heureux des expositions périodiques. Ils ont des bulletins réguliers, des publications spéciales, des catalogues très bien rédigés. Ils se tiennent en contact incessant avec l'Europe.

Ici encore, non seulement les collections qu'ils renferment sont riches en chefs-d'œuvre français instructifs — pour les modernes, le Metropolitan Museum de New-York est presque aussi riche que le Luxembourg et des amateurs contribuent quotidiennement à l'enrichir, tel que ce clairvoyant et généreux dilettante, M. Ryan, qui chaque année lui ajoute quelque chef-d'œuvre de Rodin — mais encore l'esprit français préside dans l'ordre et les méthodes d'organisation et, quand il a fallu nommer un conservateur au musée de Boston nouvellement aménagé, on a fait appel à notre vieille maison illustre du Louvre, et on y a choisi un de nos distingués collègues, M. Jean Guiffrey.

Tout cela, vous le voyez, montre bien quels rapports étroits lient l'Ecole américaine à l'art français. L'Ecole américaine est par tous ces liens qui l'attachent à nous une filiale de l'Ecole française. Ce n'est pas qu'elle n'ait point sa personnalité. Il n'est qu'à rappeler les noms de ses principaux maîtres, de ceux que je vous ai cités, noms qui s'imposent, comme ceux de Whistler, de La Farge ou de Sargent, par leur forte et incontestable originalité.

Mais l'école américaine est celle qui s'est le plus heureusement assimilé notre éducation et a le plus utilement tiré profit de nos techniques.

Cette indépendance à l'égard du passé, cette absence de toute tradition personnelle qu'on vous signalait lui ont permis d'adopter aisément les nôtres et d'apprendre, sans avoir besoin, comme tant d'autres, de désapprendre. Elle arrivait toute vierge et toute prête à recevoir notre empreinte ; elle l'a reçue fortement.

De plus, il y a vraiment une similitude morale entre le caractère américain et le caractère français.

M. Boutroux vous disait que l'Américain est essentiellement optimiste, essentiellement actif. J'ajouterais, comme conséquence, qu'il est profondément réaliste, et mieux encore, *réalisateur*.

Or c'est là un des caractères particuliers de l'Ecole française. Elle est foncièrement réaliste, même dans ses expressions les plus poétiques, c'est-à-dire qu'elle procède toujours de l'*observation* étroite des réalités; qu'elle ne se perd jamais dans les nuages et qu'elle se plaît aux vigoureuses pratiques. Voyez les deux plus grands idéalistes de l'Ecole : Poussin ou Puvis de Chavannes; ils prennent tous deux pour base immuable de leur rêve la réalité; ils s'attachent de très près à la vraisemblance et ont un culte égal pour la Vérité et pour la Beauté.

Les Américains ont, eux aussi, ce besoin de réaliser, ce goût de vérité, parfois un peu terre à terre, mais qui fait qu'on ne perd jamais pied, comme il est arrivé tant de fois aux maîtres de l'Ecole anglaise ou de l'Ecole allemande. Ils ont cet instinct *ouvrier* qui fait qu'ils aiment l'œuvre bien faite, les techniques savantes, les pratiques viriles. Aussi ne sont-ils tombés jamais dans les excès où l'on a vu s'embourber tant de milieux étrangers, qui ont voulu singer nos artistes les plus outranciers.

Cette influence française, vous vous en rendez compte, n'est pas sans faire bien des jaloux. Il en est des arts, comme des lettres, de l'enseignement et des matières d'ordre économique. Nous trouvons en face de nous d'audacieux concurrents.

Munich a essayé de distraire les Américains du centre de prédilection de Paris. Dans une exposition allemande organisée, il y a quelques années, à Chicago, la préface du luxueux catalogue, signée d'un savant professeur, exposait que si la France avait pu jouir, dans le passé, d'un prestige incontesté, l'avenir appartenait désormais, dans l'art comme ailleurs, aux jeunes générations allemandes, plus mâles, plus saines, plus vigoureuses, plus faites pour s'entendre avec les nouvelles générations américaines, et que les temps de Washington et de Napoléon étaient remplacés par ceux de Roosevelt et de Guillaume II. Ces flatteries un peu lourdes n'ont pas convaincu les Américains. La statistique que je vous ai détaillée au début de cette conférence a répondu victorieusement. L'art américain, tout en gardant son autonomie et ses caractères locaux et personnels, sait qu'il trouvera toujours près de l'Ecole française ses plus sûres directions pour conserver et étendre son indépendance, ses meilleurs enseignements et ses plus fermes appuis.

V

LA SCULPTURE AMÉRICAINE
ET LA FRANCE

PAR

PAUL W. BARTLETT,

CORRESPONDANT DE L'INSTITUT;
MEMBER OF THE AMERICAN ACADEMY OF ARTS AND LETTERS.

LA SCULPTURE AMÉRICAINE ET LA FRANCE

MESDAMES, MESSIEURS,

Si je suis venu ce soir pour vous parler sculpture, c'est à notre comité qu'il faut vous en prendre. Figurez-vous que je n'osais pas venir ; j'appréciais, sans doute, l'honneur de vous parler, mais je n'ai pas l'habitude de faire des conférences et je sais que la « statuaire parlée » a bien des chances d'être ennuyeuse. Toutefois, un mandataire du comité vint me trouver et au bout de quelques instants, je compris que mon abstention serait tellement grave pour la série de conférences que, tout ému, je finis par accepter cette lourde responsabilité.

Permettez-moi de ne pas oublier que j'ai deux auditoires : celui-ci, raffiné, choisi dans la ville la plus avertie du monde, et un autre, le grand public d'outre-mer. Si je vous dis des choses que vous savez, vous me pardonnerez, car c'est pour l'autre, qui, lui, ne sait pas et qui veut savoir.

Je vais être obligé, pour me conformer au titre de la conférence, de vous parler de l'histoire de la sculpture américaine depuis la fin du XVIIIe siècle jusqu'à nos jours. Mais rassurez-vous, je ne ferai que l'effleurer !

Elle n'est pas longue, assurément, comparée à la vôtre. Vous avez des siècles de gloire, des œuvres belles et variées sans nombre, une lignée de maîtres incomparables ; et il serait quelque peu puéril de vous parler de la nôtre si nous n'étions si étroitement liés, comme maîtres et élèves, et si nous ne nous rattachions pas avec vous, à la même tradition : la grande tradition gréco-latine. Nous vous devons ainsi beaucoup de notre sculpture, soit directement soit indirectement. Mais il n'y a pas que nous comme débiteurs ! On ne saurait préciser la dette contractée par l'humanité entière envers l'inspiration française.

Avant d'aller plus loin, laissez-moi vous dire quelques mots sur l'attitude du public américain envers la sculpture et sur certaines particularités qui caractérisent le milieu dans lequel notre art se développe.

Il y a quelque temps, je fus amené à faire construire un atelier en Amérique — un grand atelier, et à Washington. Une après-midi, quelque temps après mon installation, on frappe à ma porte. Je l'ouvris et je vis un petit homme, ni bien, ni mal, mais souriant et aimable, qui me dit : « Monsieur, je suis du quartier. Oui ! je suis du quartier et je suis venu vous dire que nous sommes très heureux d'avoir un si beau bâtiment dans notre voisinage. Mais voilà, continua-t-il, nous sommes très curieux de savoir pour quoi c'est faire ! » Alors, sûr de mon effet, j'ouvris la porte toute grande et je lui dis : « Eh bien ! Voilà ! Regardez ». Il n'y jeta qu'un petit coup d'œil et tout déçu, me dit : « Comment ! ce n'est que pour ça ! »

Ce n'est que pour ça ! vous donnera le ton moyen de l'appréciation de la sculpture aux Etats-Unis. Mais le ton moyen seulement, — évidemment, il y a mieux.

Ce n'est pas à dire qu'il n'y ait pas de sensibilité, et surtout chez les femmes ; ce n'est pas à dire qu'il n'y ait pas un très grand désir d'apprendre et des trésors d'admiration latente, mais les possibilités de satisfactions artistiques et les occasions de véritable culture sont rares.

Il est bien évident que l'ambiance de vos vieilles villes françaises, avec leurs cathédrales troublantes, leur beauté et leur charme, faites de pittoresque et d'effluves du passé, sont plus propices au développement, même inconscient, de certaines émotions profondes et de certaines compréhensions raffinées, que nos villes puritaines ou que nos camps miniers. Et j'en parle en connaissance de cause, car je suis né dans une des plus anciennes villes de la Nouvelle-Angleterre et, tout enfant, j'eus le bonheur de vivre à l'ombre de Saint-Germain-des-Prés, et le souvenir de ses cérémonies religieuses et de ses mystères est ineffaçable !

Protégée et cultivée par ces influences, votre compréhension de certaines délicatesses artistiques, encore presque insoupçonnées chez nous, s'est épanouie tout naturellement.

Ainsi, pour vous, le but suprême de la sculpture est le beau, variable, il est vrai, mais néanmoins le beau et aussi l'expression dans la matière de sentiments et de sensations subtiles qui échappent aux mots. Pour nous, en général, la sculpture n'est que l'expression matérielle de formes matérielles.

L'appréciation d'une idée ou d'une œuvre est souvent aussi une question de géographie qui va de pair avec l'évolution inégale des différentes parties du pays.

Et puis, petit à petit, nous avons créé une ambiance contraire.

Vous savez combien la mauvaise sculpture est encombrante ? Eh bien, nous aussi, nous sommes encombrés ! A New-York, à Philadelphie, à Washington — dans les jardins, dans les squares, à tous les coins de rue — il y en a partout ! Ces choses laides, car la plupart le sont, ne sauraient intéresser ni émouvoir même l'esprit le plus simple et elles contribuent pour une bonne part à fausser la vision du peuple, qui s'en fatigue, fait des réflexions dans le genre de celle de mon petit homme de tout à l'heure et finit par croire qu'après tout, la sculpture n'est qu'un art très ordinaire et que Phidias et Praxitèle ne sont que des mythes.

Le résultat en est grave, car c'est précisément dans ce monde simple que la politique et la fortune distribuent leurs faveurs et souvent ces gens frustes sont appelés de par une position officielle, telle que conseiller municipal ou autre, à diriger des travaux d'art auxquels ils se dévouent, d'ailleurs, avec une énergie qui mériterait un meilleur sort.

Je dis énergie, je pourrais dire aussi légèreté.

Voici ce qui est arrivé en Californie, il n'y a pas bien longtemps. Une petite ville voulait avoir une statue. Elle envoya une délégation à San Francisco pour s'aboucher avec un sculpteur connu dans la région. Le sculpteur était parti — l'atelier était loué — déception du comité ! Le chef de la délégation eut un trait de génie ! Il demanda au nouveau locataire si *par hasard* il ne ferait pas aussi de la sculpture ! Réponse affirmative ; joie du comité, *ils avaient trouvé un sculpteur !*

Ces mêmes gens deviennent quelquefois, après fortune faite, amateurs d'art et rendent de réels services s'ils réussissent à acheter de bons tableaux, et pour les marchands, ce sont les clients rêvés.

Souvent les faux tableaux semblent fort beaux ; en tout cas, la mauvaise peinture est moins gênante que la mauvaise sculpture.

A force d'acheter ils finissent par croire que tout s'achète !

J'ai connu un jeune homme qui voulait acheter le talent. Arrivant à Paris, il y a quelques années, pour faire ses études artistiques, et trouvant quelques camarades en train de dessiner d'après l'Antique, il leur dit, tout indigné : « Ha ! Ha ! Si vous croyez que je vais perdre mon temps à ça !

Ce que je vais faire ? C'est bien simple ! Je vais aller voir Bouguereau. Je vais lui dire : Mon vieux Bouguereau, je veux faire de la peinture ! Voici l'argent, montre-moi le truc ! »

Bouguereau le mit à la porte. Aujourd'hui il trouverait à qui parler.

En résumé, nous avons une bonne volonté et une candeur sans limites, qui ont besoin d'être éduquées. Mais nous sommes trop enclins à nous abuser nous-mêmes et à nous laisser tromper par les autres.

Après la Révolution française, vous avez changé votre fusil d'épaule, et en cent ans vous avez parcouru tout le cycle : depuis le classicisme le plus sévère, jusqu'au réalisme le plus avancé ; on pourrait même dire plus !

Eh bien ! nous, depuis 1800, nous avons fait exactement la même chose, seulement pour nous ce fut une naissance !

Votre Houdon fut notre premier sculpteur.

J'ai cru pendant longtemps, que, si on l'avait choisi pour aller en Amérique faire la statue du général Washington, c'était parce qu'on désirait qu'elle fût faite par le plus grand statuaire de l'époque, et qu'on le considérait comme tel. C'est une surprise désagréable d'apprendre qu'on lui préférait Canova, que l'on prit Houdon parce que Canova ne voulait pas se déranger, et aussi, que sa statue représentant Washington dans le costume national ne fut véritablement comprise et admirée que longtemps après.

Il n'est que juste d'ajouter que l'on eut beaucoup de peine à persuader à Houdon de partir ; il croyait ne pas revenir, et ce fut Franklin qui le décida en lui promettant de faire le voyage avec lui ! A ce propos je vais vous lire quelques extraits d'une lettre de Thomas Jefferson écrite en 1816.

A cette époque, la Chambre législative de la Caroline du Nord avait décidé de faire exécuter une *nouvelle statue de Washington*, et avait demandé, sans doute, conseil à Jefferson.

Cette lettre peint, en quelques mots, le goût de l'époque et elle a d'autant plus de valeur qu'elle est l'expression des sentiments d'un homme si éminent et si éclairé.

Je vous en donne surtout le sens : « Qui doit faire la statue ? à cela, il ne peut y avoir qu'une réponse ! Le vieux Canova de Rome. Aucun artiste en Europe n'oserait se placer sur le même rang que lui ! et depuis trente ans, à ma connaissance personnelle, il a été considéré par toute l'Europe sans rival. Il prend ses blocs à Carrare, et livre à Rome ses statues terminées et emballées, prêtes au transport !

« Il m'est impossible d'être exact pour le prix.

« Nous avons donné à Houdon 1.000 guinées pour celle qu'il fit pour notre Etat (la Virginie). Mais, il protesta éloquemment et avec émotion contre la faiblesse du prix, et évidemment, il ne fit cette statue que pour des raisons de réputation.

« Il était le premier artiste de France, et consentait à venir ici faire le modèle du général. *Ce que nous n'aurions pu persuader à Canova de faire.* Cette circonstance décida notre choix ! Nous lui payâmes 500 guinées de plus pour son voyage, et encore 100 guinées pour les frais d'un de ses ouvriers pour mettre la statue en place.

« Je crois donc qu'elle nous coûta en tout 8.000 dollars — mais la statue n'était que grandeur nature — la vôtre devrait être un peu plus grande. Il est presque impossible de concevoir combien cela fait de différence dans l'impression générale.

« A propos du style et du costume pour votre statue, je suis sûr que Canova, et toute personne de goût en Europe, choisirait le romain, dont l'effet est d'un ordre tout différent. Notre costume militaire et nos bottes sont d'un effet vraiment trop maigre.

« Les travaux de ce genre sont d'un tiers moins cher à Rome qu'à Paris. Mais l'éminence de Canova aura un poids sensible sur le prix. Je pense que, pour une telle statue, avec un piédestal simple, vous feriez une *bonne affaire* avec Canova pour 7 ou 8.000 dollars. Mais je ne serais pas étonné qu'il vous en demandât 10.000. »

L'avis de Jefferson fut suivi ; la Caroline du Nord fit la bonne affaire. Je n'ai jamais vu la statue, mais sa banalité ne peut faire aucun doute. Elle fut néanmoins très appréciée à l'époque, et voici un fragment de la lettre magnifique que, sur les ordres du Parlement, le gouverneur Holmes écrivit au statuaire : « Votre statue commande l'étonnement et les applaudissements de l'Hémisphère Occidental, et montrera au jeune et enthousiaste artiste du nouveau monde, ce que les travaux sublimes de Praxitèle et de Phidias, ces fils favoris de la Grèce, purent faire de leurs concitoyens et admirateurs, des modèles chastes d'admiration et de perfection. »

C'est beau, la Foi !

En 1840, on disputait encore pour savoir s'il fallait employer pour les statues le costume romain ou le costume de l'époque, et un architecte célèbre, Bullfinch, homme de culture et de goût, écrivait ceci (en 1841) : « Je ne suis pas convaincu que la sculpture soit appropriée aux sujets modernes. Le costume présente des difficultés insurmontables. La première statue de Washington fut faite par Houdon, et c'est la figure la plus désagréable que l'on ait jamais vue ! »

Ces documents sont authentiques. Ils ont été publiés tout récemment par le Comité historique de la Caroline du Nord.

Aujourd'hui nous savons à quoi nous en tenir sur la valeur relative de Canova et de Houdon. Nous sommes fixés sur les mérites respectifs du costume romain, du costume Louis XVI et autres, et les opinions de Jefferson et de Bullfinch nous font sourire. Les qualités d'art de second ou de troisième ordre ont toujours assuré à leurs exploitants un succès fugitif et l'engouement pour l'art gentil de Canova, quoique mondial, n'eut qu'un temps.

Ces phénomènes se répètent, mais on en revient toujours. Et si ces phénomènes se répètent, et que des hommes comme Jefferson et Bullfinch puissent se tromper si grossièrement, et en toute sincérité, il faut bien en conclure que l'appréciation complète des différentes formes d'art demande autre chose que l'intelligence et la culture. Il faut admettre une « vision spéciale » et cette vision est un don fort rare. Et c'est ici précisément que le rôle du critique d'art pourrait être si intéressant et si utile. Malheureusement, les critiques se trompent souvent, eux aussi — même quand ils parlent de choses anciennes.

L'art de Houdon n'eut donc, momentanément, aucune influence, et son réalisme honnête et distingué n'eut aucun écho. Ce n'est que plus tard que ses œuvres devaient prendre leur place, et déterminer, avec les tendances naturelles à notre pays, le courant moderne. Le classicisme italien domina complètement la première phase de la sculpture américaine. En effet, et vous nous donniez l'exemple, tous les jeunes artistes de cette époque allaient en Italie, soit à Florence, soit à Rome, et la plupart y restaient. C'était naturel ! La vie était âpre en Amérique, les facilités étaient nulles, et les difficultés de travail énormes. En Italie, au contraire, tout était facile et doux. Mais les œuvres s'en ressentaient. On sacrifiait aux goûts du jour, et on se prélassait dans les reflets de la gloire de Canova et de Thorwaldsen.

L'ÉGLISE DE LA TRINITÉ A BOSTON

MOUNT VERNON (LA MAISON DE CAMPAGNE DE WASHINGTON)

Planche VI.

Les premiers Américains, et les plus célèbres, s'appelaient : Greenough, Crawford, Powers, et plus tard, Ball, Story, etc.

Le néo-grec français que vous connaissez me dispense de vous décrire leurs œuvres, sauf celle qui eut le succès le plus éclatant, l'Esclave grecque de Hiram Powers. Cette figure eut, dès son apparition, une vogue extraordinaire, et elle est encore universellement connue aux Etats-Unis. A New-York elle causa un émoi indescriptible dans le monde bien pensant, *parce qu'elle était nue.* A Cincinnati, avant l'ouverture officielle de son exposition, elle fut examinée par un comité de pasteurs, qui désiraient, dit-on, s'assurer qu'elle ne serait pas une menace pour la moralité publique ! Elle a trouvé sa place définitive dans le Corcoran Art Gallery de Washington ; c'est tout simplement une étude de femme rappelant la Vénus de Médicis, sérieusement faite, mais froide et sans vie.

Cette question de figures nues a toujours été le point de départ d'incidents plus *cocasses* les uns que les autres.

Vers 1860, quelqu'un, au retour d'un voyage d'Italie, fit don à une ville de l'Ouest d'une fontaine en plomb. Elle fut érigée dans le jardin public. Vous voyez cela d'ici : une Vénus, une coquille, quelques poissons, un bassin, etc. Une vieille dame, parmi d'autres, fut particulièrement choquée de cette nudité, et à sa mort, laissa toute sa fortune à la ville, à condition que la Vénus fût *entretenue en jupons.*

Le plus souvent, notre puritanisme s'effarouche parce que nous prenons trop de libertés avec le nu. Mais quelquefois c'est tout le contraire ! On a bien essayé, une fois, de me refuser une statue à cause d'un pardessus ! Et voici, à ce sujet, la plus jolie histoire que je connaisse.

Il y a une trentaine d'années, on avait commandé à une femme sculpteur la statue d'un homme d'Etat célèbre, costume Louis XVI, bas de soie, culotte de soie collante, etc. La figure une fois terminée, le comité composé de conseillers municipaux, frustes et gaillards, trouva que leur statue avait bien un peu trop des jambes de femme, et *tellement*, qu'il finit par envoyer une délégation au sculpteur, pour lui expliquer, en termes choisis, la nécessité d'en accentuer le caractère.

La plupart des artistes de cette époque néo-grecque furent, je crois, sincères, mais ils ne comprirent jamais la philosophie de l'art grec, ils ne surent jamais se saisir du fil qui lie si étroitement la sculpture grecque à la nature. Et la nature elle-même, ils ne la virent jamais de leurs propres yeux, et ne purent pas, par conséquent, la rendre avec cette émotion personnelle, ces nuances de compréhension et d'exécution qui sont la source de toute originalité.

Il y en eut un, néanmoins, qui la comprit d'une façon tout à fait inattendue. On lui avait commandé la statue d'une célébrité coloniale. Il se procura une épreuve en plâtre, grandeur nature, de l'Achille du Louvre. Il n'eut qu'à ouvrir une main pour lui donner un vague mouvement oratoire. Et aujourd'hui, Homère pourrait contempler, dans une ville du Nord-Est, l'image de son héros, solidement boulonnée sur un socle, et déguisée en Pasteur protestant.

Je dois ajouter que, si ce soi-disant artiste ne savait pas construire une figure, il ne savait pas non plus faire un costume ; et il paraît que notre pauvre Achille n'a pas l'air bien fier d'être affublé d'un pantalon et d'une redingote.

Ceci se passait à Rome en 1867, et mon père en fut témoin.

Malgré l'attirance presque irrésistible de l'Italie, un petit nombre de statuaires retournaient travailler en Amérique. Mais il fallait du courage ; les difficultés d'exécution en marbre et surtout en bronze étaient telles, que ce ne fut qu'en 1847 que l'on parvint à fondre en bronze une statue grandeur nature.

Elle fut coulée, je crois, à « cire perdue ». Ses défauts étaient tellement apparents que vers 1883 elle fut envoyée à Paris et confiée au père Gruet, pour être refondue.

Le père Gruet était, à cette époque, un des plus anciens et un des meilleurs fondeurs de Paris. Lorsque Barye désirait une belle fonte « au sable », il avait l'habitude de s'adresser au père Gruet. Vous aviez en lui le véritable type de l'artisan d'autrefois, loyal, scrupuleux et amoureux de son art. Sa fonderie était aussi curieuse et aussi moyenâgeuse que lui. Imaginez une petite église, l'ancienne église de Montrouge, aux fenêtres en ogive et aux ombres mystérieuses, transformée en atelier. Les feux étaient dans l'abside, et sur l'emplacement du maître-autel, on avait creusé la fosse dans laquelle on descendait les gros moules pour les couler ; les journées de grandes fontes, dans ce cadre unique, étaient passionnantes, et comme spectacle, et comme symbolisme.

Le père Gruet avait des idées très arrêtées sur la valeur des œuvres dignes « des honneurs du bronze ». Si on lui présentait un modèle qui lui semblait trop mauvais, il le refusait si c'était possible. Et, si, par hasard, le client était tant soit peu un amateur, il lui demandait un bon prix, faisait faire le modèle par un artiste plus habile et discret, et livrait ainsi, dans le bronze, une œuvre supérieure au modèle qu'il avait reçu. Le beau bronze bonifie la sculpture, disait-il ! J'ai vu ce fait se reproduire plus d'une fois, et je puis vous assurer que la pauvre fonte américaine fut sérieusement reprise, avant d'être refondue par le père Gruet.

Cependant, malgré tous les déboires, la statuaire faisait des progrès en Amérique. En 1852, Clark Mills parvint, après des efforts *inouïs*, à fondre sa statue équestre de Jackson. Et avec cette statue c'est la réaction contre l'esprit néo-grec qui commence : *Jackson n'était pas représenté en Romain !*

Cette réaction devait devenir plus puissante avec H. K. Brown, dont le savoir était très supérieur. Brown est né en 1814. Il fit son voyage d'Italie, à vingt-huit ans, et y resta quatre années. Les grâces de Canova ne purent le séduire, et pour toutes les veuleries de l'époque, il n'eut que du mépris ; il retourna en Amérique, décidé à faire œuvre américaine. Son chef-d'œuvre est une statue équestre de Washington. Et *voici* où je vois revenir l'influence de Houdon : Pour Brown, la statue de Washington, grandeur nature, par Houdon était un document unique. Elle a les qualités qui devaient plaire à son caractère sévère. Elle est sobre, d'une honnêteté extraordinaire, et d'une exécution impeccable. Brown ne pouvait ne pas s'en servir et, sciemment ou non, il s'en inspira. Mais, dans la statue équestre, l'intimité de Houdon devint de la grandeur.

Voilà donc, en 1850, la statuaire américaine orientée dans la voie qu'elle devait suivre presque exclusivement : la statue portrait ou de caractère.

Brown eut un élève, John Quincy Adams Ward. Ward est né en 1830, dans l'Etat de l'Ohio. Comme influence artistique dans sa jeunesse il n'eut que celle du potier du village, et la première figure qu'il put voir fut l'Esclave grecque. Il m'a conté qu'il avait eu, tout jeune, le désir de faire de la sculpture, mais que l'exécution d'une statue lui paraissait être un mystère incompréhensible, presque un miracle, une chose à laquelle il ne pouvait pas aspirer. Ce n'est qu'à l'âge de dix-huit ans qu'il eut l'occasion de visiter l'atelier de Brown, et là, en voyant travailler les ouvriers, il s'aperçut que, dans l'élaboration d'une statue, il y avait des étapes, que dans ce mystère il y avait une méthode, et encouragé par cette découverte, il insista auprès de ses parents, et entra dans l'atelier de Brown. Il y resta sept ans, ce furent ses seules études. Il eut une part importante dans l'exécution de la statue équestre de Washington dont je viens de vous parler.

Les théories de vision directe de Brown s'accordèrent parfaitement avec le caractère ferme et austère du jeune Ward et Brown eut en lui un élève enthousiaste et complet. Ward n'eut aucune difficulté à mettre de côté les joliesses néo-grecques. Avec lui, la « statue portrait » prit tout son développement. Il en fit beaucoup et quelques-unes sont des tours de force.

Ainsi ! Prendre un homme gros, plutôt court, le camper sur ses jambes dans une pose presque figée, l'encombrer d'un pardessus énorme, et néanmoins nous donner une impression d'exaltation et de majesté incomparables, c'est quelque chose ! et il le fit ! Je parle de sa statue d'Henry Ward Beecher, à Brooklyn.

Prendre une autre figure humaine qui serait pour nous une collection de caractères frisant le ridicule, et en faire une des œuvres les plus intéressantes et les plus curieuses de son temps, il le fit. C'est sa statue de Horace Greeley.

Il trouva pour son Washington, si connu à New-York, une interprétation nouvelle et en fit une statue d'une dignité, d'une noblesse, et d'une distinction rares.

Il réussit, souvent, là où tout autre aurait échoué. Le laid ne le rebutait pas ; il avait la faculté de l'ennoblir. Il ne faut pas lui demander la *grâce*, le *charme*, ou la pure phrase sculpturale. Mais la *noblesse*, la *dignité*, la *virilité*, — il en avait, et à revendre.

Ses figures sont plus que des statues de caractère — se sont des statues psychologiques, d'une acuité de perception, d'une causticité d'exécution géniales.

Sa personnalité était sympathique et autoritaire : lorsqu'on l'approchait on sentait que l'on était devant « quelqu'un » et quelqu'un qu'il ne fallait pas essayer de tromper. Il avait tous les encouragements et toutes les bienveillances pour ce qui était honnête et sincère. Il méprisait tout ce qui ressemblait à de la réclame ou de la grosse caisse, et, dédaignant toute concession au goût public, il haïssait tout ce qui était bluff, faux et vil.

Il eut une influence prépondérante, toute faite de probité et de mâle droiture.

D'une volonté inlassable, il se dévoua tout entier à son art, au développement d'une sculpture saine, à la culture, et à l'avancement des jeunes. Toujours luttant pour l'honneur de notre profession, la mort le trouva à quatre-vingts ans sur le champ de bataille.

Ce fut véritablement une belle figure, à allure antique, et nous en sommes tous fiers. C'est un de ceux dont le nom grandit avec l'éloignement.

Je suis très heureux d'avoir l'occasion de rendre ce petit hommage public à cet homme vraiment grand et presque inconnu en France.

Saint-Gaudens !.. vous le connaissez aussi bien que moi ! Il est né de parents français et irlandais, et fut, tout d'abord, graveur en camées et élève d'un graveur français établi à New-York. Il vint à Paris un peu avant ou après la guerre de 1870, et il eut, pendant quelque temps, son tour de graveur dans l'atelier de mon père. Je me rappelle très vaguement avoir joué avec ses outils.

Il était de dix-huit ans plus jeune que Ward. Il arriva au moment où Ward était en plein succès, et dut suivre le courant.

Sa première statue de caractère est celle de l'amiral Farragut, et Ward usa de son influence pour que ce travail fût confié à son jeune rival.

Saint-Gaudens exécuta cette statue à Paris. Elle eut un succès retentissant, et ce fut le commencement de sa brillante carrière. On ne peut pas parler de Saint-Gaudens sans penser à Ward. Ils eurent les mêmes modèles, les mêmes types, les mêmes mentalités à exprimer, et quelquefois, les mêmes sujets. Tous deux firent des puritains, des généraux, et les portraits des hommes célèbres de leur époque.

Ward avait l'avantage d'être puritain, et de mieux connaître l'âme puritaine. Saint-Gaudens avait, comme atouts, sa descendance latine et une plus grande facilité. Ses statues ont plus de souplesse d'exécution, et plus de charme.

Chez Ward, l'âpre observateur domine. Chez Saint-Gaudens, il y a plus de poésie, plus de sentiment, et quelquefois de l'humour. Il est aussi plus ingénieux. Il aimait à présenter ses statues avec une mise en scène un peu théâtrale, et ne détestait pas le sentimentalisme, mais en fin de compte, ce ne fut pas un mal, car ainsi il fit battre plus d'un cœur de la Nouvelle Angleterre.

Un homme du métier retrouve dans ses grandes statues le travail du graveur en camées, et souvent la surface est plus forte que le fond. Il aimait ses médailles, et malgré ses grands travaux, il continua à en faire jusqu'à la fin de sa vie.

Ward et Saint-Gaudens furent deux grandes forces aux Etats-Unis. Ils se respectaient, mais ils étaient trop dissemblables pour s'aimer.

Ils sont réunis dans notre souvenir et le seront dans l'histoire. Depuis la mort de Ward, qui fut notre doyen pendant de longues années, ce poste d'honneur est dévolu à M. Daniel C. French, l'auteur de la statue équestre de Washington, place d'Iéna. De par ses talents, son expérience et son âge, il sait le remplir avec autorité.

Brown, Ward, Saint-Gaudens, French, voilà donc les pères de la sculpture américaine ! avec Houdon comme aïeul. Les aïeux ! *on les oublie souvent, mais on ne s'en débarrasse jamais !*

Dans ce développement d'art, il y a un *fait étrange* et qui lui est tout particulier : Tous ces maîtres ignorèrent le nu, comme expression de beauté.

Mais il en est un autre, tout différent, dont je veux dire quelques mots. Il est peu connu, étant mort encore jeune, des suites d'un accident, et précisément au moment où il allait prendre tout son essor. Il s'appelait Olin Warner.

Warner n'avait pas la virilité de Ward ni l'énergie de Saint-Gaudens. Mais il était poète. Il aimait la nature, la forme, le nu. Il aimait la phrase sculpturale, qui était innée chez lui. Pour lui, la beauté et la poésie étaient le but véritable de la sculpture, et l'exécution d'une « statue portrait » lui paraissait être une besogne de forçat.

Ses tendances naturelles se développèrent à Paris où il passa plusieurs années.

Il fut, à l'Ecole des Beaux-Arts, élève de Jouffroy, mais il préférait le calme d'un atelier dans le quartier Montparnasse aux luttes de l'Ecole. A son retour à New-York, ses débuts furent bien pénibles. Ses amis finirent par lui faire avoir une commande, une statue portrait ! Quel supplice pour Warner que d'être obligé de modeler un gros bonhomme en redingote avec un « policeman » comme modèle !

Il fut constamment soutenu et défendu par Ward et par un littérateur remarquable, William Brownell ; et au moment de sa mort, toutes ses misères n'étaient plus que des souvenirs. Les quelques œuvres qu'il nous a laissées ont un charme pénétrant et subtil. Ce sont les bijoux de notre sculpture.

Aujourd'hui il y a aux Etats-Unis trois grandes influences en sculpture, l'influence française, l'influence allemande, et l'influence commerciale.

Nous venons chercher la tradition française en France et nos meilleurs statuaires, que je cite au hasard, et j'en passe : Mac Monnies, O. Connor, Brooks, Mac Niel, Adams, Grafly, Bernard, Flanagan, Lorado Taft, sont tous des élèves de maîtres français — ce qui ne les empêche pas d'avoir une originalité personnelle ; et ils sont, de par leurs talents variés, leur savoir et leur sincérité, l'espoir de la statuaire américaine. Ils ont, tous, profité de l'hospitalité si large et si généreuse que la France offre sans compter aux étrangers. Ils ont vu leurs efforts encouragés et récompensés dans vos salons ; ils ont pu jouir non seulement des conseils, mais de l'amitié de leurs maîtres et de leurs camarades.

Certains d'entre eux ont été comblés d'honneurs, et il est presque inutile de dire qu'ils conservent pour la France et les Français la plus vive reconnaissance, et qu'ils savent que c'est à vous qu'ils doivent d'être ce qu'ils sont.

L'influence française se manifeste aussi par des œuvres, et nous sommes heureux de posséder quelques monuments publics bien français. A Richmond, en plus des œuvres de Houdon, nous avons une belle statue équestre du général Lee, qui est due à Mercié... A Baltimore, il y a des œuvres de Marqueste et de Mercié. A Washington, en face de la Maison-Blanche se dresse le monument de Lafayette par Falguière et Mercié... Philadelphie a son Fremiet, une Jeanne d'Arc, la dernière !... New-York a ses Bartholdis grands et petits, et possède une œuvre d'Injalbert, et bientôt un grand fronton de Coutan sera mis en place sur la façade monumentale de la nouvelle gare de notre ami Warren.

Il y a, en outre, beaucoup d'œuvres françaises dans les collections particulières et dans les musées. Le temple de Barye est à Baltimore, c'est la collection Walters. Le Musée Métropolitain de New-York accumule les Rodins. Les musées de Boston et de Chicago sont aussi bourrés de moulages, surtout d'œuvres de la Renaissance. Nous avons aussi quelques monuments qui viennent d'Allemagne, mais moins. L'influence germanique vient à nous sous la forme de sculpteurs allemands, viennois, hongrois et autres. Il y a aussi des Italiens, des Belges, des Russes, et quelques Français, — c'est une véritable invasion — mais de cela je ne me plains pas. Tout le monde sait que la race anglo-saxonne n'a jamais produit beaucoup de statuaires.

Aussi devons-nous accueillir avec joie tous les éléments, qui, bien amalgamés, peuvent nous donner des résultats intéressants. Heureusement que parmi ces étrangers, il y en a qui ont du talent et qui sont travailleurs et sincères. Carl Bitter est le chef du groupe allemand. Ses mérites, comme sculpteur et comme homme, commandent notre respect, et il dirige avec intelligence les travaux de ses compatriotes. L'amalgame de tous ces talents n'est pas encore fait ; aujourd'hui il y a à New-York, centre de l'activité artistique, un enchevêtrement insensé de tendances, de convictions, et d'intérêts, dont il est difficile de suivre les fils. A New-York, en sculpture, on fait de tout : du classique grec, anglais et allemand, de la sculpture réaliste, anarchiste, et photographique ! C'est une lutte acharnée pour avoir la prépondérance ; ce n'est que bruits, cris et clameurs, et parmi toutes ces rumeurs, un cri domine. Nous voulons un art national ! — Nous voulons une sculpture nationale ! — Et, de ce cri, jaillit la lumière ! En effet, nous n'avons pas encore d'art national. La nation a changé depuis Washington ; les treize Etats ont plus que triplé et bourdonnent d'âmes nouvelles.

Et pour ces âmes jeunes et avides il faut une expression artistique, vibrante et neuve. Jusqu'à présent nous n'avons eu en réalité que des essais, *que des personnalités.* Et c'est de cette mêlée fantastique contemporaine, unique dans l'histoire de l'art — c'est de cette émulation extraordinaire, et de la fusion intensive de ces éléments si divers — que doit sortir la *véritable statuaire américaine.* Ce qu'elle sera ? On ne saurait faire que des conjectures. Mais il n'y a pas de mal à en chercher la formule. Je la voudrais saine et claire, je voudrais qu'elle ait la noblesse et la virilité de Ward, la sensibilité et la souplesse de Saint-Gaudens, et la poésie et le charme de Warner.

Je la voudrais exempte d'*hystérie, de pornographie, de réalisme morbide.*

J'espère qu'elle sera grande et belle — digne de la patrie. Et avec elle j'espère que viendra aussi la compréhension et l'amour de l'art et le respect pour ses apôtres.

En attendant, on se chamaille, et cette mêlée pour un résultat grandiose a ses petits côtés. Chaque groupe travaille à capter et à réserver les travaux pour les siens. On emploie tous les moyens — quelques-uns sont amusants.

Dernièrement il y eut un concours. L'élimination fut presque complète. Pour concourir il fallait être sculpteur, Irlandais, et né en Amérique, et, j'allais presque dire, avoir des cheveux rouges ; toujours est-il qu'un de mes amis qui était sculpteur, Irlandais, et né en Amérique, mais qui avait des cheveux noirs, eut toutes les peines du monde à se faire admettre au concours.

La troisième influence est néfaste — c'est l'écueil contre lequel se heurte le développement rationnel de la sculpture en Amérique — je parle de l'influence commerciale...

Le commerce de la sculpture *en gros* a commencé peu de temps après la fin de la guerre de 1860 et la mort de Lincoln. Toutes les villes, tous les villages voulurent avoir leur monument aux braves, *Aux soldats et aux matelots*.

Les compagnies d'exploitation de granit ne virent dans ce désir de glorification de l'héroïsme militaire qu'un débouché nouveau, et les trop naïfs clients furent indignement trompés. Les monuments militaires furent fabriqués par centaines — il y en avait pour toutes les bourses — un soldat et un socle pour la petite bourse ; un socle, une colonne et un soldat pour la bourse moyenne, un grand monument pour les grosses bourses. Le tout en granit, les épées en plomb, les numéros des régiments se mettaient à la demande, et les formules pouvaient varier.

Comme sculpture monumentale, c'est plutôt faible, mais on s'en contentait, parce que *les symboles d'exaltation semblent toujours beaux aux esprits convaincus.* Une de ces statues en granit avec l'épée en plomb ornait (?) il n'y a pas encore si longtemps, le grand jardin public de Boston (et Dieu sait si Boston se pique de culture et d'art !) ; mais on a, tout de même, fini par l'enlever, et elle a été remplacée par une belle figure en bronze, œuvre de notre ami Brooks, et que vous avez tous vue au Salon.

Cette exploitation continue. Les « débits » de granit existent toujours. Et, du simple granit, on en est passé au marbre et au bronze. Et d'autres ateliers se sont organisés, tout comme ces maisons de commerce, où il y a caissier, dactylographe, commis voyageurs, etc. Leurs produits sont maintenant de qualité supérieure. Le travail est conduit méthodiquement. Les ouvriers ont leur spécialité, l'un fait les esquisses, les autres l'exécution en terre et en marbre. On vous pastichera tout ce que vous voudrez. De plus, ils ont des capitaux, peuvent entreprendre de grands ouvrages sans demander d'acompte, les faire vite, et arriver à l'heure. Qualités primordiales pour tout Américain !

Au point de vue art, les clients sont volés, mais contents ! C'est si commode et sans ennuis. Et le métrage et le cubage, et le poids, y sont. Et le poids, c'est important ! dernièrement quelqu'un me disait : « Mais vos bronzes sont creux, je ne comprends pas que vous puissiez les vendre si chers !! »

L'artiste véritable voit ainsi ses chances de travail se réduire au minimum. Et quelques-uns de nos meilleurs statuaires ont été, ou sont encore, obligés d'enseigner pour vivre ! Avouez que c'est un comble pour un pays qui a tant besoin de bonne sculpture, et où il y a tant d'occasions d'en faire !

Malheureusement, il est fatal que certains artistes soient entraînés de gré ou de force dans ce mouvement commercial. Dernièrement un de mes amis avait en vue un fronton. Il demandait trois ans pour le faire. C'est peu, pour se mesurer avec Phidias ! Le Comité le fit venir, et le président lui dit : « Vous nous demandez trois ans ! C'est trop ; nous vous donnons trois mois. C'est à prendre ou à laisser !! »

Une des fabriques de New-York a récemment exécuté six frontons en six mois !

Voici un autre cas : et ici, c'est l'artiste qui est coupable. Un marchand de granit faisait ses offres de service à un statuaire qui exécutait un monument qui devait coûter près d'un million. La réponse fut celle-ci : « Vous fournirez la pierre, vous ferez mon piédestal si vous êtes le moins cher. Si je fais ce monument, c'est pour gagner le plus d'argent possible ! »

Cette situation est aggravée par un sentiment presque général, dont voici l'exemple. Cet été, un de mes amis de New-York se plaignait de certains grands lions en marbre qui déparent la façade fort belle de notre nouvelle bibliothèque. « Eh bien ! il faut les enlever », lui dis-je, « s'ils sont si laids ! » « On ne peut pas », dit-il, « ils sont payés ! » Ainsi, grâce à l'ignorance et à toutes ces complicités diverses, notre pays s'encombre de plus en plus de sculpture indifférente et de magots sans noms !

Et tout cela parce que nous n'arrivons pas à faire comprendre à notre génération fiévreuse que, dans toute belle chose, il y a de l'inspiration, que l'inspiration est fugitive et capricieuse, et que, pour la saisir et la capter, il faut l'aide du temps !

Que l'on n'ait pas encore compris cela, ce n'est peut-être pas si étonnant; mais ce qui est extraordinaire, c'est qu'avec le sens pratique américain, tout le monde ne se soit pas aperçu que les belles œuvres augmentent de valeur en vieillissant, qu'elles constituent pour une nation (les intérêts moraux mis à part) un véritable placement de père de famille, et pour la postérité *un patrimoine sans égal.*

Pour avoir des vieux maîtres, il faut en avoir des jeunes, et pour avoir des jeunes, il faut les encourager.

Et maintenant, puisque je suis en train de vous parler à cœur ouvert, laissez-moi vous dire que l'on est très ému, dans certains milieux aux Etats-Unis, par les tendances subversives du mouvement d'art moderne en France.

Nous avons peur ! non pas pour vous, grands dieux ! Nous savons bien que ces folies et ces neurasthénies ne seront que momentanées, et pour vous, un prétexte pour réagir, et que vous réapparaîtrez devant le monde avec un art plus frais et plus vivant qu'auparavant. C'est toutefois un jeu dangereux, et pour le jouer sans déchoir, il faut avoir comme vous des *ancêtres de bonne famille.*

Si nous avons peur, c'est pour nos élèves ! Nous sommes indignés de voir certains de nos jeunes gens revenir, après quelques années passées en France, sans savoir le premier mot de leur métier, et avec des mentalités épileptiques. Après enquête, on apprend qu'ils ont été attirés dans les cénacles où l'on cultive *l'aberration mentale* sous différentes formes, où l'impuissance passe pour du génie, et où les théories remplacent le talent. On apprend qu'ils ont fréquenté des ateliers où l'on desssine les yeux fermés pour mieux exprimer l'âme, où la peinture n'est qu'un barbouillage vicieux, et où les déformations, les trous et les bosses passent pour être de la sculpture.

On n'a pas idée de la rapidité de propagation et de la force de pénétration des sophismes artistiques, lorsqu'ils titillent la fatuité humaine.

Il y a quelques semaines un jeune compatriote est venu me trouver, très exalté ! Il me dit : « Je suis arrivé à Paris ce matin. Je suis de l'Ouest. Je veux faire de la sculpture. Je veux commencer tout de suite. Où faut-il travailler ? » Je lui demande s'il dessine. « Non, Monsieur, je ne dessine pas ; le dessin n'est pas de la sculpture ! » Alors, je lui conseille d'aller au Louvre voir ce qui s'est fait, les antiques par exemple. A ces mots de Louvre et d'antiques, il bondit et me dit : « Je ne veux pas aller au Louvre. Je ne veux pas voir les antiques. *Je ne veux pas me gâter les idées !* »

Comme c'est commode de pouvoir renier les anciens, le dessin, le génie antique ! Comme il est facile, alors, de croire que l'on a des idées, des idées comme personne n'en a jamais eues et que l'on va faire dans sa pauvre petite vie plus que les maîtres n'ont pu faire après des siècles d'efforts continus !

C'est d'autant plus inquiétant pour nous, que l'artiste américain est en général primesautier. Il s'adapte avec une rapidité remarquable aux tendances et aux modes d'une époque, et se laisse trop souvent vivre sur ses facilités naturelles, au lieu de chercher à augmenter sa valeur propre par des études incessantes. Il y en a beaucoup qui brillent pendant quelque temps, et disparaissent.

L'artiste patient et chercheur, qui reste toute sa vie élève inquiet et épris de la nature, est de plus en plus clairsemé.

Certains de nos élèves rentrent donc complètement dévoyés, et les résultats en sont lamentables ! le dernier suicide date de trois mois !

En présence de faits si graves, nous ne restons pas inactifs. Maîtres et professeurs s'agitent et s'ingénient à garder les élèves le plus longtemps possible. Et cela leur est facile. Nous avons fait beaucoup de progrès comme écoles, qui sont, aujourd'hui, aussi bien agencées qu'ailleurs.

Et lorsque les élèves veulent partir, et ce n'est pas toujours le cas, on ne les laisse s'en aller qu'à regret ; on leur conseille de voyager, et surtout de ne pas s'arrêter trop longtemps à Paris.

Les résultats de cette campagne ne se sont pas fait attendre ! Un de mes compatriotes, qui s'occupe de statistique, m'a affirmé que, depuis près de cinq ans, le nombre d'élèves américains en sculpture et en peinture diminue sensiblement et progressivement. Pour ma part, je connais certain atelier de maître célèbre, où il y avait, il y a une dizaine d'années, quinze à vingt élèves américains. Cet hiver il y en a deux ! C'est en ami que je parle et que je jette ce cri d'alarme !

Heureusement, il y a une autre influence qui prend de jour en jour plus d'importance. J'ai attendu la fin pour en parler, parce qu'elle est bienfaisante et réconfortante.

Je parle de l'influence des femmes. Elles ont, par l'effet moral de la progagande qu'elles font constamment pour l'idéal, une belle part dans le développement aux Etats-Unis des idées nobles.

Les femmes ont plus de loisirs que les hommes, trop occupés par le travail et les soucis commerciaux, et elles les consacrent généralement, et dans la mesure du possible, à la culture de leur esprit, naturellement sensitif.

Lorsque nous voulons voir réussir une œuvre de bonté et de beauté, nous nous adressons aux femmes ; et nous sommes certains de la voir aboutir, si les femmes s'y intéressent. Elles s'y adonnent avec enthousiasme, et ne se découragent jamais.

Les femmes artistes deviennent de plus en plus nombreuses. Pour bien comprendre les femmes sculpteurs américaines, il faut savoir que la plupart sont originaires de petites villes de province, quelquefois très éloignées d'un grand centre. Elles ont travaillé là, comme elles ont pu, seules, ou avec quelque petit professeur, mais toujours avec plus d'espoirs que de facilités.

L'ignorance douée est, en sculpture, et jusqu'à un certain point, une force — *on ose*, et on arrive ainsi à des réussites qui, plus tard, sont très difficiles à recommencer. Cela leur arrive souvent. Leurs parents, leurs amis enthousiasmés les encouragent. Ce sont « les génies de la famille » ; et un jour on les envoie à Paris — ce Paris des rêves — pour se parfaire !

Elles y arrivent avec des espérances toujours jeunes, quel que soit l'âge ; elles travaillent avec plus d'acharnement que les hommes, et se fatiguent plus vite, et parfois, si les difficultés de travail sont devenues trop évidentes, si les progrès n'ont pas été assez rapides, elles écourtent leurs études et retournent chez elles trop tôt.

Ce n'est pas, néanmoins, du temps perdu. L'expérience et les connaissances acquises, même incomplètes, seront de la plus grande valeur, de la plus haute utilité. Elles les disséminent dans leur entourage et dans leur pays — ce sont des avocats sympathiques, et un des éléments les plus importants de l'éducation et de la culture artistiques aux Etats-Unis.

Les plus douées, les plus énergiques, résistent aux découragements, et plusieurs de nos Américaines sont *arrivées* et produisent des œuvres vraiment fortes et charmantes. Il y a quarante ans, Harriet Hosmer et Vinnie Ream — des néo-grecques — étaient aussi célèbres que les autres sculpteurs de leur temps. Aujourd'hui, Miss Janet Soudder est très connue chez nous pour ses jolies fontaines à groupes d'enfants. Miss Longman, Miss Hyatt, Mme Whitney, Mme Bourroughs, Mme Mac-Neil travaillent beaucoup, et sont aussi très en vue.

Le vieux maître Henner me donna une fois ce conseil : « Jeune homme, tâchez de découvrir ce que vous pouvez faire le mieux, et faites-le tout le temps ! » Si j'avais un conseil à donner aux femmes, ce serait dans le genre de celui-là.

Elles ont des subtilités de sentiments inconnues à la plupart des hommes — et si éloignées des nôtres que, si elles s'en servaient dans leurs travaux d'art, elles auraient leur place à part, — comme dans la vie.

Nous avons une femme sculpteur qui l'a bien compris et qui a, dès son début, trouvé sa voie. Elle s'appelle Bessie Potter ; elle ne fait que des petites choses — figures ou groupes de femmes et d'enfants — mais qui sont d'une finesse de sentiments et de mouvements vraiment extraordinaire. On n'a jamais fait mieux dans ce genre.

Voici encore une histoire typique, la dernière.

Il y a quelques années, une dame, arrivant à New-York, prend à la gare une voiture. Arrivée chez elle, elle demande au cocher de lui descendre sa malle. Le cocher porte la malle dans la maison, aperçoit des statues en plâtre, et dit : « Madame aime beaucoup les statues ! » — « Oui, » dit-elle, « je suis sculpteur ». — « Ah », dit le cocher, « je suis bien content de savoir ça. Je suis le secrétaire général du syndicat des cochers. Nous avons 10.000 dollars pour une statue, et nous ne savons pas comment nous y prendre, mais si Madame veut ? » Résultat : statue.

Ainsi donc, l'artiste américain, homme ou femme, qui veut vraiment faire « œuvre d'art » a des problèmes très ardus à résoudre. Des difficultés nouvelles l'assaillent de tous côtés, et il doit être résolu à lutter, et à les vaincre.

Il a, en plus de ses devoirs professionnels, des devoirs d'éducateur, je dirai même, des devoirs d'apôtre, et il compte, pour s'en acquitter, sur l'appui de ses maîtres et de ses confrères français et sur le soutien moral de la France !

Tous les artistes américains qui ont vécu et étudié en France, qui en ont goûté la poésie et l'ambiance artistique, rêvent d'y revenir ; et, tôt ou tard, ils y reviennent, comme on va à Athènes ou à Rome, en pèlerinage, pour se retremper, s'imprégner de poésie et de lyrisme, et faire provision de courage et d'espérance pour les luttes quotidiennes !

Et là est encore, en vérité, la plus belle part de l'influence française !

VI

LA SOCIÉTÉ AMÉRICAINE

ET LA SOCIÉTÉ FRANÇAISE

PAR

WALTER V. R. BERRY

HÔTEL VANDERBILT A NEW-YORK, 5° AV.

(Par Richard Morris Hunt.)

CHATEAU DE BILTMORE

(Par Richard Morris Hunt.)

Planche VII.

LA SOCIÉTÉ AMÉRICAINE
ET LA SOCIÉTÉ FRANÇAISE

Une des définitions les plus complètes du terme « Société » est celle donnée par Guizot : « la Société, c'est la relation qui unit l'homme à l'homme ».

Les conditions générales de cette « relation » dépendent non seulement du lieu et de la race, mais de certains traits inhérents de caractère et de tempérament, ainsi que du sentiment religieux, des tendances artistiques et littéraires, etc. — bref, de l'ensemble des intérêts et buts communs de toute la communauté. Ces caractéristiques, et plus particulièrement celles qui sont propres à l'Amérique, formeront la base de cette conférence quelque peu décousue.

C'est un lieu commun en histoire de dire qu'une société ancienne atteint une certaine stabilité d'équilibre ; elle devient statique. Dans les nouvelles sociétés, tout est dynamique, tout est en fermentation ; partout des forces inconnues sont en mouvement. Les conditions ressemblent à celles qui existent dans ce que les biologistes appellent « Mutation » — la nouvelle théorie de l'origine des espèces — d'après laquelle la sélection naturelle n'existe pas et d'étranges croissances se développent brusquement, produits d'une tige parentale à peine reconnaissable. Dans ces métamorphoses convulsives, toutes conditions sont renversées ; rien ne paraît normal que la mobilité imprévue. La « Philosophie de la Mobilité » est le nom donné à la théorie que M. Bergson, le métaphysicien en vogue du Collège de France, interprète devant des auditoires enthousiastes, et qu'il vient d'exporter à New-York pour l'édification des spiritualistes américains. Il y a plus de deux mille ans une théorie à peu près analogue fut émise par le philosophe grec Heraclitus, mais, au lieu d'en remplir de gros volumes, il la résuma en deux mots : « πάντα ρεῖ », — qui se traduiraient : « tout *devient* » ; ou, plus littéralement : « tout est en flux ».

« Tout est en flux » aux Etats-Unis. Les transformations persistantes, les incessantes redistributions d'effets, qui ont eu lieu et qui ont lieu encore dans la société américaine, peuvent être comparées à ce qui se passa sur la surface de la terre pendant certaines périodes géologiques, il y a des millions d'années, quand, chaque jour, se produisaient de telles convulsions, de tels soulèvements et affaissements, que personne n'aurait pu prédire, même s'il y avait eu un être vivant pour le constater, quels seraient le lendemain les contours des côtes et la configuration terrestre.

Cette irrésistible marche en avant de ce peuple changeant a été exprimée par le plus grand des poètes américains, Walt Whitman, en ces mots : « Here is what moves in magnificent masses, careless of particulars ». (Ici apparaît ce qui se meut en masses magnifiques, sans souci des détails.)

Et, passant de la masse à ses parties, à l'individu, il s'écrie : « Who has gone farthest ? I would go farther ! » (Quel est celui qui est allé le plus loin ? J'irais plus loin encore !)

Tout le caractère américain se résume dans cette ligne.

Il y a près d'un siècle, cette passion de mobilité et l'état de fièvre en résultant avaient été observés par de Tocqueville qui les décrivit dans son style à la fois imagé et précis : « Un homme, aux Etats-Unis, bâtit avec soin une demeure pour y passer ses vieux jours, et il la vend pendant qu'on en pose le faîte ; il plante un jardin et il le loue comme il allait en goûter les fruits ; il défriche un champ, et il laisse à d'autres le soin d'en récolter les moissons. Il embrasse une profession, et la quitte. Il se fixe dans un lieu dont il part peu après pour aller porter ailleurs ses changeants désirs... La mort survient enfin et elle l'arrête avant qu'il se soit lassé de cette poursuite inutile d'une félicité complète qui fuit toujours. »

De Tocqueville ajoute que si pareille agitation a été observée chez des individus, jamais dans l'histoire du Monde elle ne s'est développée à tel point dans une nation tout entière.

Cette impulsion de mobilité qui date du jour où les Puritains, tournant le dos à la mer, se frayèrent un chemin à travers les forêts du Massachusetts, est encore vivace. C'est un instinct irrésistible qui rappelle les impulsions aveugles que les naturalistes attribuent à un rongeur de Scandinavie, le lemming. Périodiquement, la fièvre de migration s'empare de ces animaux qui, en grandes hordes, traversant lacs, rivières et montagnes, se dirigent, comme poussés par une force irrésistible, vers l'Atlantique. Enfin, réduits en nombre par les attaques des loups et des renards, harcelés par les éperviers et les aigles, ces multitudes encore vastes, atteignent le rivage, plongent dans l'Océan et périssent, faisant toujours face à l'Ouest magnétique. On a émis une explication curieuse de ce phénomène : Il y a des milliers d'années, le continent perdu d'Atlante était relié par une étroite langue de terre ou par une suite d'îles à ce qui était alors l'Europe. Les lemmings y émigraient à des époques régulières et, aujourd'hui, y chercheraient encore le lieu de leur migration, englouti depuis si longtemps par la mer.

Immanquablement les Puritains, si Atlante n'avait pas été submergé, auraient fondé Boston sur sa côte orientale !

L'instinct de la liberté du mouvement a été de pair, chez l'Américain, avec l'instinct de la liberté d'action et la liberté de pensée. Une expérience aiguë lui avait appris que tout clergé, de n'importe quelle confession, qui peut se saisir du pouvoir politique, profite de ce pouvoir pour persécuter ou opprimer. Calvin fut aussi despotique et intolérant que le pape Hildebrand et le Français de Genève aurait savouré par-dessus tout la joie d'être le chef d'une Inquisition protestante et de présider aux autodafés.

Une courte digression sur les conditions religieuses au XVIIe siècle ne sera pas inutile, car la religion a toujours été et forme encore la base de la société en Amérique.

En 1620, Louis XIII, surnommé le Juste, aiguillonné par les prêtres, conduisit son armée dans le Béarn et y rétablit le clergé catholique. La messe fut célébrée pour la première fois depuis soixante ans dans la grande église de Pau. Une assemblée générale des Huguenots ayant été convoquée, le roi déclara que ceux qui y assisteraient se rendraient coupables de haute trahison. Mais l'assemblée eut lieu, — et la guerre éclata. Bien que les malheureux Huguenots résistassent vaillamment, il n'y avait pour eux qu'une seule issue. Ils succombèrent et ils vécurent traqués jusqu'à la Révocation de l'Edit de Nantes qui les chassa définitivement du pays.

Aujourd'hui même, moins de deux pour cent de la population de la France est protestante.

En cette même année, 1620, pendant que Louis XIII s'occupait dévotement à pourchasser les hérétiques, la bande historique des Non-Conformistes de Leyde, qui s'était exilée pour échapper à la persécution du gouvernement anglais, fit voile du port de Delft. En septembre, après maints retards, la « Mayflower » quittait enfin l'Angleterre et, trois mois plus tard, opérait son fameux débarquement à Plymouth Rock. Bien que ce fait eût lieu une douzaine d'années après l'établissement des premières colonies dans le Sud, l'origine et le développement des Etats-Unis datent réellement de ce jour. Ce fut dans le Massachusetts que l'esprit de la nation évolua.

Les Puritains et les Huguenots avaient des professions de foi analogues, les mêmes doctrines calvinistes : une moralité stricte et formelle. Mais les Huguenots échouèrent alors que les Puritains triomphèrent. Les Etats-Unis, aujourd'hui, sont en somme puritains.

Le puritanisme est la manifestation de l'esprit individuel, c'est la plus formidable des démocraties individualistes ; le catholicisme est la soumission de cet esprit à la domination d'une force centrale, à une autorité collective organisée ; et ces types d'esprit caractérisent les organismes sociaux des deux pays.

La forme exagérée du calvinisme, telle qu'elle exista dans les premiers temps de la Nouvelle-Angleterre, a fini son temps, a disparu ; mais ses idées fondamentales sont encore tenaces et vigoureuses. Comme de Tocqueville l'a observé : « L'homme tout entier apparaît dans le berceau de l'enfant ; il en est de même des nations ».

Après avoir repoussé quelque peu les Indiens et construit des enceintes fortifiées, toute l'activité sociale des colons se concentra autour de l'église. Dans son grand roman, « The Scarlet Letter », Hawthorne fait ressortir l'austérité, la sombre tristesse de leur vie. Toutes leurs pensées, toutes leurs actions étaient obsédées par la hantise du péché ancestral, par le cauchemar de la damnation éternelle. Mais même en matière religieuse, le peuple déclarait son indépendance. Le premier président de l'Université de Harvard fut forcé de donner sa démission parce qu'il soutenait le principe du baptême par immersion. Beaucoup de pasteurs durent se démettre de leurs fonctions parce que leurs idées différaient de celles de leurs congrégations.

Le plus grand d'entre eux, Jonathan Edwards, fut publiquement congédié parce qu'il refusa à certains individus le droit de sacrement.

Peu à peu la tension religieuse se relâcha, la vie triompha de l'obsession de l'idée de la mort. Dans ses célèbres Mémoires (1675 à 1730), comparables à ceux de Pepys et d'Evelyn, Samuel Sewell nous a laissé un admirable registre personnel de cette vie timidement émergente. Sewell ne peut s'empêcher de noter en termes religieux des incidents ordinaires de la vie quotidienne. C'est ainsi que pour décrire le froid rigoureux d'un jour de janvier, il dit : « Ce matin on trouva le pain de la Communion gelé sur la Sainte-Table ». A son époque, les amusements étaient encore réglés et impitoyablement réprimés. L'arrêt suivant du Tribunal Provincial (dont Sewell devint plus tard le Juge-Président) est typique : « Attendu qu'il a été constaté que l'on dansait dans les tavernes à l'occasion du mariage de certaines personnes, ce tribunal, statuant, arrête qu'à l'avenir il est interdit de danser dans les tavernes en ces occasions ou en tous autres temps sous peine d'une amende de cinq schellings ».

Cela se passait en 1661. C'était dans la même année qu'en France, Nicolas Fouquet, l'homme qui, suivant le récit d'un de ses contemporains, « adora les lettres, les arts, les poètes, les femmes, les tableaux, les tapisseries, les livres, les antiques, tous les luxes et toutes les élégances », offrait à Louis XIV, dans le magnifique château de Vaux-le-Vicomte, cette fête historique qui coûta dix-huit millions de livres et qui précipita la chute et la ruine du fastueux surhomme des finances.

Même cinquante ans plus tard, l'austère tribunal de Massachusetts faisait de son mieux pour supprimer les esprits novateurs. Sewell raconte qu'en 1703, lors d'une réception dans une des principales tavernes de Boston, pour célébrer l'anniversaire de la naissance de la reine Anne, une amende fut imposée à nombre de citoyens fort respectables pour avoir prolongé la fête au delà de l'heure anormale de neuf heures du soir !

Saisissant contraste que celui de cette vie morne des Bostoniens et de ce qu'on a appelé « le luxe monstrueux et incurable de Versailles » !

Ce ne fut qu'après la Révolution, après les deux Révolutions — 1776 et 1789 — que l'étude des us et coutumes des habitants des nouveaux Etats commença à revêtir la forme littéraire déjà si hautement développée en France, — celle du roman de mœurs.

Le premier romancier, Brockden Browne, dans « Arthur Mervyn », que l'on appelle le plus ancien roman américain, fait un tableau admirable de la vie à Philadelphie dans les dix dernières années du XVIIIe siècle.

Ce fut aussi vers cette époque que les voyageurs étrangers commencèrent à affluer aux Etats-Unis pour écrire leurs « Impressions d'Amérique ». Chateaubriand fut un des premiers. Les moyens de transport étant difficiles et son imagination fertile, il est probable, même cela a été assez bien démontré, que bon nombre de ses plus merveilleuses descriptions furent écrites sans qu'il eût le désagrément de se transporter sur les lieux. Quoi qu'il en soit, après avoir débarqué sur les bords du Chesapeake (« une esclave me souhaita la bienvenue sur le sol de la liberté », s'écrie-t-il dramatiquement !), il traversa les principales villes de l'Est et ses observations sur les mœurs du temps, le récit de sa visite au général Washington à Philadelphie (visite qui lui suggéra la célèbre comparaison entre Washington et Napoléon), de même que ses prophéties et ses éloquences philosophiques resteront mémorables. Dans ses mémoires d'outre-tombe, il dit :

« En Amérique, l'énorme inégalité des fortunes menace sérieusement de tuer l'esprit l'égalité... Une aristocratie *chrysogène* est prête à naître. » Ce mot chrysogène (né dans l'or) pourrait bien être ressuscité pour désigner les plutocrates actuels. Il répète plusieurs fois : « La littérature est chose inconnue dans la nouvelle république ». Ses prophéties, parfois, sont d'une exactitude surprenante. Il prédit qu'en 1880 la population des Etats-Unis dépasserait cinquante millions. Le premier juin 1880, le recensement accusait 50.445.000 habitants.

Dix ans après Chateaubriand, en 1803, Tom Moore, le poète anglais, brava les cinq pénibles semaines de traversée de l'Atlantique. La société américaine et son avenir ne lui apparurent pas sous de riantes couleurs. Toutefois son opinion fut partagée par beaucoup d'hommes distingués. Fauchet, le Ministre de France à Philadelphie, dans sa fameuses dépêche qui fut interceptée par un des croiseurs américains, disait : « Que sera la vieillesse de ce pays, si, dans son adolescence, il est déjà caduc ? » Il est curieux de constater que Moore écrivait ses impressions pessimistes sur les Etats-Unis au cours de l'année même (1803) où la France, par la cession de la Louisiane, leur transférait cette vaste étendue de territoire située entre le Mississipi et les Montagnes Rocheuses, la base de leur future grandeur.

Dans l'un de ses poèmes sur l'Amérique, Moore nous en donne cette description qui diffère assez de celle de Châteaubriand :

While yet upon Columbia's rising brow
The shadowy smile of young presumption plays,
Her bloom is poisoned and her heart decays.
Even now in dawn of life, her sickly breath
Burns with the taint of empires near their death ;
And like the nymphs of her own withering clime
She's old in youth, she's blasted in her prime [1].

L'esquisse suivante de Washington ne manque pas d'intérêt, cette ville ayant maintenant la réputation d'être une des plus belles capitales du monde :

« Etre obligé de parcourir une distance de un à deux milles dans un bois épais, pour visiter son plus proche voisin dans la même ville, est chose curieuse, et, je crois, nouvelle. La construction de la plupart des édifices publics a été entièrement suspendue. L'hôtel est déjà en ruines. La maison du président Jefferson ne convient nullement à l'humilité philosophique de son possesseur actuel, qui n'habite qu'un coin de la demeure et laisse le reste dans un état de désolation malpropre. L'édifice est entouré d'une palissade grossière, percée d'une barrière par laquelle on introduit les visiteurs du premier homme d'Amérique. Les quelques rangées de maisons particulières commencées, il y a quelques années, sont demeurées si longtemps sans usage et sans être terminées, qu'elles sont aujourd'hui pour la plupart délabrées. »

La sensibilité aiguë qu'excitait, chez les Américains, avant la guerre de Sécession, les critiques par les étrangers de leurs mœurs et coutumes, de leurs façons de vivre, atteignit le comble quand parurent deux livres d'« Impressions », les « Voyages dans l'Amérique du Nord » du capitaine Basil Hall, et les « Manières domestiques des Américains » de Mme Trollope, qui furent publiés vers 1830. Un orage ou plutôt une tempête d'indignation se déchaîna sur le pays tout entier. Si le capitaine Hall s'était risqué de revenir, il aurait pu recueillir en personne des données pour un chapitre

1. Pendant que sur le front de la Colombie grandissante se joue un sourire arrogant, son éclat est empoisonné et son cœur dépérit. Déjà, au seuil de la vie, son souffle maladif brûle, corrompu, comme celui des empires agonisants ; et, comme les nymphes de son climat desséché, jeune, elle est déjà vieille ; à la fleur de l'âge, elle est déjà flétrie.

additionnel sur ce qui fut appelé plus tard la « loi de lynch » ! Toutefois ces livres ont une valeur réelle en raison des descriptions fidèles qu'ils nous donnent de cette époque de transition. Mme Trollope habita les Etats-Unis pendant plusieurs années et vécut deux ans à Cincinnati. Son point de vue diffère donc de celui du voyageur ordinaire, d'allure précipitée. Elle observa toutes les phases de la vie domestique et décrivit avec maints détails les habitudes et coutumes de l'Américain qu'elle résume ainsi : « Pendant les deux années que j'habitai Cincinnati, jamais je n'ai vu un mendiant ni un homme qui se trouvât assez riche pour vouloir cesser d'augmenter sa fortune ; ainsi chaque abeille dans la ruche s'emploie activement à rechercher ce miel d'Hybla, vulgairement appelé argent ; ni les arts, ni les sciences, ni les études, ni les plaisirs ne peuvent la détourner de cette poursuite irrésistible. »

Malgré son sentiment de répulsion pour ce type d'hommes, elle reconnaît qu'il en existe d'autres de qualité toute différente, lesquels, dit-elle, « ne peuvent pas davantage être donnés comme échantillons du peuple américain que la tête de lord Byron ne peut l'être des têtes des autres pairs de la Grande-Bretagne ».

D'autres voyageurs se suivirent de près. Le plus intéressant, au point de vue franco-américain, est M. de Bacourt, le Ministre de France à Washington en 1840, qui, dans ses « Souvenirs d'un diplomate », exhale ses regrets d'être exilé loin de ses chers boulevards. Il décrit avec mélancolie sa réception, le 4 juillet 1840, à ce qu'il appelle « Execution Mansion », par le président Van Buren, et, après un séjour de quelques semaines à Washington, il s'écrie : « Quelles mœurs ! Mon Dieu, qu'ai-je donc fait pour être obligé de vivre avec de telles gens ! »

Des incidents qui se produisirent pendant la campagne présidentielle Harrison-Van Buren lui inspirèrent ces réflexions : « La société américaine est soumise au principe de l'individualisme. Le profit, tel est le but poursuivi de toute leur ambition... Tout prouve que la démocratie est impuissante à gouverner... Aussi je crois que si on a raison de dire en Europe que les rois s'en vont, on pourra dire, un jour, qu'en Amérique les républiques s'en iront aussi ».

Le malheureux diplomate, dans sa nostalgie, était incapable de se rendre compte du fait élémentaire que les pionniers, les frayeurs de chemins, sont rarement des poètes ou des hommes du monde ; il lui était impossible de comprendre, comme l'avait fait de Tocqueville quelques années auparavant, que c'était une époque de commencements infinis, illimités ; que ce vaste pays, vibrant sous les activités concentrées d'hommes vigoureux et infatigables, était le creuset d'où sortirait une Nation, — une Nation à laquelle, avant peu, la France enverrait le symbole de la « Liberté éclairant le Monde ».

En attendant, la France envoyait en Amérique les théories de ses Utopistes pour la régénération de la société. Des systèmes idéalistes, de vagues idées de communisme, de perfectionnisme, envahirent le pays. Un phalanstère organisé sur les plans de Fourier, le grand socialiste français, fut établi par les transcendantalistes de Boston à Brook Farm. Cabet, dont les communautés icariennes étaient très en vogue en France, expédia une bande d'enthousiastes sur les bords de la Rivière Rouge au Texas et, plus tard, alla lui-même en Amérique, pour fonder la célèbre communauté de Nauvoo. Mais la société ne pouvait être réformée par les perfectibilités utopistes. Les expériences furent mort-nées ; les communautés se dispersèrent, non seulement en raison de leur faiblesse inhérente, mais à cause des nuages menaçants qui commençaient à obscurcir l'horizon de tous côtés, nuages annonçant l'orage qui se déchaîna sur la terre et faillit détruire l'Union désunie. Il fallait la plus sanglante et la plus désespérée des guerres pour former à nouveau ce que le préambule de la Constitution appelle « une Union plus parfaite ».

Quoique, dans les premières années du siècle, des hommes clairvoyants comme Chateaubriand et de Tocqueville eussent prévu, dans une certaine mesure, la grandeur future des Etats-Unis, on s'étonnera peu que, même en 1865, la plus vive imagination n'ait pu concevoir l'expansion prodigieuse et le développement du XXe siècle, — en richesse, en puissance, en population. A la fin de la guerre, le recensement accusait une population de trente-cinq millions ; aujourd'hui elle atteint presque les cent millions.

Des autorités sérieuses soutiennent que l'accroissement continu de population démontre la force et la vigueur d'une nation et devient essentiel à sa durée permanente et à son progrès. Chateaubriand a dit quelque part : « D'une société qui se décompose, les flancs sont inféconds ». Les conditions en France et aux Etats-Unis sont, évidemment, totalement différentes.

Les Etats-Unis, avec leurs trois millions de milles carrés, avec leurs quarante-huit Etats (dont l'un, le Texas, pourrait contenir à l'aise la France, la Suisse, la Belgique, la Hollande et le Danemark), sont encore loin d'être peuplés démesurément. En France, c'est tout le contraire. Elle n'a que deux cent mille milles carrés et sa population de quarante millions comprime, jusqu'à un certain point, les moyens d'existence. Il s'ensuit que le chiffre de sa population est devenu stationnaire. Par conséquent la théorie de « décomposition » de Chateaubriand a été prise au sérieux. A l'étranger, on se plaît à parler du « suicide de la race », en jetant à la France le mot de « décadence » ; et la France, émue, nomme des Commissions pour faire des enquêtes et proposer des remèdes. Cette attitude étonnerait feu M. Malthus !

Autrefois une population grouillante suffisait à peine pour fournir aux rois de la chair à canon. Aujourd'hui, la démocratie vise à la qualité plutôt qu'à la quantité et plus les classes sociales ont progressé, moins marquée a été la tendance de suivre les idées surannées de la propagation aveugle de l'espèce. Une diminution des naissances implique une meilleure éducation, un bien-être plus répandu, une amélioration générale. La démocratie ne désire pas que la vie soit prodiguée au point d'en enlever la valeur. Elle exige que chaque enfant ait la possibilité de vivre pleinement sa vie.

Il y a, aujourd'hui, peu de pays civilisés où le chiffre des naissances ne diminue pas. En Chine, c'est le contraire : le taux des naissances y est énorme. Cela tient au culte des ancêtres ; car le bonheur de l'homme, après sa mort, est censé être en proportion du nombre des descendants mâles qui prieront sur sa tombe. M. Bland, un des auteurs les plus compétents sur la question chinoise, émet l'opinion que cette énorme population est un obstacle insurmontable contre le progrès, la civilisation et toute forme libérale de gouvernement.

Dans les pays civilisés et déjà populeux, c'est donc la famille moyenne qui commence à prévaloir dans toutes les classes. Il est probable que cette restriction servira à mesurer les forces de la société de l'avenir. Cette force est mesurée aussi par la valeur de ce qu'on a appelé « les élites qu'elle a su former ». M. Poincaré, M. Roosevelt, valent cent mille hommes.

Mais la commission sur la dépopulation devant poursuivre son enquête et présenter un rapport, elle peut, si elle le désire, recueillir au moins une donnée utile aux Etats-Unis. L'Américain ne place pas ses économies en rentes et valeurs étrangères. Il les place là où il habite et, en grande partie, dans les industries locales, qu'il développe ainsi. Chaque petite ville a une banque nationale dont les dépôts ne sont jamais envoyés à l'étranger. Si un individu veut lancer une affaire ou monter une fabrique, il lui est facile d'obtenir de cette banque un prêt pour former le capital nécessaire à son entreprise. La fabrique, une fois construite, non seulement produit des souliers ou des machines à coudre, mais, nécessairement, elle produit des *hommes*. Ainsi de New-York à San Francisco des industries naissent, la main-d'œuvre pour les opérer est en demande et la population va toujours grandissant.

En France, le bas classique est vidé, en échange de titres, dans les coffres des gouvernements de la Turquie, de la Russie, du Mexique ; ou bien, ce qui revient au même, dans les caisses du Crédit Lyonnais ou de la Société Générale ; et de vastes sommes sont prêtées par ces établissements, même aux moments de graves crises internationales, aux banques de Berlin et de Vienne. Il résulte de tout cela qu'un emprunt pour une entreprise industrielle locale devient difficile, souvent impossible. On se rend mal compte à quel point de pareils faits paralysent les projets industriels en France, et, par suite, l'accroissement de la population.

Emerson a dit : « America is Opportunity », — opportunité de temps, de conjoncture, de lieu. Dans ces conditions, on ne peut s'étonner que l'énergie soit la caractéristique dominante de l'Américain. Il se rend compte instinctivement que le moyen souverain de conserver, de retremper son énergie est de la dépenser incessamment. Débordant de vitalité, de volonté de puissance, aiguillonné par la lutte aiguë, il emploie son activité tout entière à organiser et à diriger ses entreprises illimitées. La concentration sur un but unique, la pression inexorable exercée de tous côtés forcent chacun, qu'il soit millionnaire ou le plus minime des employés, à dépenser le maximum d'effort. La force d'impulsion est irrésistible. Les usines, poussées par la concurrence, ont recours à des stimulations anormales. En voici un exemple dont on fait grand usage et auquel on a donné le nom de « speeding-up ». Quand une usine battait un record, la main-d'œuvre était félicitée, applaudie, tandis que les chefs d'équipe des autres usines raillaient leurs ouvriers de s'être laissé battre. Ces derniers, talonnés, redoublaient leurs efforts et établissaient un nouveau record de production. On continuait ainsi à forcer le pas jusqu'à la limite d'effort. Alors les contremaîtres annonçaient à leurs hommes qu'ayant démontré leur capacité de produire telle quantité, ils seraient tenus, à l'avenir, de la fournir. De cette façon, on oppose surintendant à surintendant, contremaître à contremaître, usine à usine.

Le résultat de ce système fut résumé comme suit par un économiste politique distingué : « La masse ouvrière de l'industrie de l'acier est conduite comme jamais auparavant, dans l'histoire de l'humanité, n'a été conduit un grand nombre de travailleurs, qu'ils fussent libres ou esclaves ».

Naturellement le « speeding-up » s'applique sur toute la ligne. Dans les fabriques, le chef de chaque rayon présente au bureau du surintendant un état hebdomadaire, d'après lequel on peut calculer le coût par unité de ce qui est sorti de ce rayon. Le surintendant compare le résultat de la semaine avec celui de la semaine précédente. Si la comparaison est défavorable, le chef est prévenu ; si cet état de choses continue, il risque de perdre sa place. Le surintendant est responsable vis-à-vis de la direction ; les administrateurs eux-mêmes ont les yeux fixés avec inquiétude sur les rapports et les relevés de comptes des établissements rivaux...

Ainsi cela va, sans relâche, impitoyablement ; et, passant à travers ces villes industrielles grondantes, pleines de déchirantes clameurs, de lueurs étranges, on croit se trouver sous la griffe d'un cauchemar monstrueux ; ou que tout cela n'est qu'un infernal cinématographe, un film vibrant, trépidant, se déroulant sans fin, viré dans quelque « bolgia » de flammes éternelles.

L'intensité de l'effort est apparent non seulement dans les centres industriels, mais également dans le monde commercial, financier et professionnel. Ici, assurément, l'effort paraît simulé, parfois ; on dirait un battement d'ailes, un geste ayant pour but d'attirer l'attention sur la fougue de l'allure ; néanmoins, le fait est que la vie, en général, est chargée jusqu'à la limite du rendement. Il en résulte un type d'homme facilement reconnaissable. Partout se trouve en évidence ce que l'on appelle « the business man's face ». L'image de Mme Trollope, « le miel d'Hybla », est toujours vraie : la préoccupation incessante du gain persiste toujours.

Sans doute le revers de la médaille existe : le côté du progrès intellectuel, esthétique, artistique ; mais ces tendances sombrent devant la poursuite effrénée de la richesse matérielle. Ce dont l'Américain a le plus besoin aujourd'hui, ce n'est pas la vie intense, mais la vie spacieuse. Il a besoin d'amplifier ses humanités, de multiplier ses contacts intellectuels, d'enrichir son esprit, — et pour cela, il lui faut, par-dessus tout, du loisir.

Comme le dit si bien M. Henry James, dans la « Scène Américaine » : « Il faut une quantité infinie d'histoire pour faire un peu de tradition, une quantité infinie de tradition pour créer un peu de goût et une quantité infinie de goût pour donner seulement un peu de tranquillité ».

Sans tranquillité, sans loisir, peu de rayons peuvent pénétrer dans les cases obscures de l'esprit. Que sont à l'esprit les sons, les couleurs, les perspectives, les appréciations, les évaluations, si l'homme ne trouve son bonheur que dans une routine quotidienne invariable ?

Stevenson a dit : « the dull man is made, not by nature, but by the degree of his immersion in a single business », — et cette immersion, aux Etats-Unis, atteint des profondeurs surprenantes. Il n'y a pas de mal à désirer gagner de l'argent, il y a beaucoup de mal à ne rien désirer au delà. L'Américain doit non seulement acquérir des loisirs, mais aussi la capacité d'en profiter, car le plus grand fardeau de la vie est celui de n'avoir rien à porter. L'ambiance intellectuelle lui manque dans une grande mesure. Pour le génie, cette ambiance est peut-être une valeur négligeable. Emerson produisait ses œuvres dans un village, Carlyle dans un désert ; mais, même pour l'homme de talent, les contacts intellectuels sont indispensables. Sans ces contacts il ne peut faire valoir pleinement ses aptitudes. Des gens pratiques peuvent douter qu'un Keats, qu'un Verlaine, qu'un Leopardi soient aussi nécessaires à l'organisme social entier que l'inventeur de la machine à additionner ou de la caisse à enregistrer, mais il est clair que l'organisme complet a besoin des deux types d'esprit, de tous types d'esprit. Il faut que l'Américain ait des stimulations intellectuelles plus larges, des sensations artistiques plus vives, des connaissances plus profondes des choses de l'esprit ; pour employer une expression astronomique, il doit trianguler de la base la plus étendue jusqu'à l'étoile la plus éloignée.

L'affirmation généralement acceptée, qu'il n'existe pas aux Etats-Unis de milieu favorable à la production artistique, est, certes, exagéré ; mais le fait est que, jusqu'à présent, les plus grands artistes américains ont émigré. Copley, qui naquit à Boston, alla à l'étranger et y vécut la plus grande partie de sa vie ; Whistler et Sargent firent comme lui. En littérature, dans les belles-lettres en général, il paraît y avoir aujourd'hui moins de « contagion intellectuelle » que du temps de Hawthorne et d'Emerson. Sans doute il y a des lettrés comme Furness, le grand Shakespearien, comme Lee, l'auteur de l'histoire monumentale sur l'Inquisition ; il y a des critiques comme Brownell, des historiens, des publicistes ; il y a surtout des hommes de science comme Loeb et comme Carrel, l'éminent Français de l'Institut

Rockefeller de New-York, auquel vient d'être attribué le prix Nobel ; et il y en a beaucoup d'autres encore ; mais en comparaison de l'intelligence utilisée pour la production matérielle, le total des efforts de l'esprit est infinitésimal. C'est ce total qu'il faudrait augmenter, et la question n'est pas seulement de savoir comment l'accroître, mais comment obtenir la juste proportion, une résultante entre le « commercialisme » et la culture, — une culture qui ne sera pas inefficace, efféminée, mais pleine de vitalité et qui portera non seulement sur le passé, mais sur le présent et, surtout, sur l'avenir. Dans son roman, « The Portrait of a Lady », M. James a tracé de main de maître le type d'un Américain qui, transplanté en Europe, par suite d'excès de culture et de manque d'énergie, s'est raffiné à un point de stérilité médiocre, et, comme le fruit tombé prématurément de l'arbre, est vert d'un côté et trop mûr de l'autre.

La qualité dont l'Américain a besoin, et que le Français possède au plus haut degré, c'est la qualité *sophrosyne* des Grecs, la sage modération. L'esprit français possède instinctivement cette mesure, l'esprit américain est instinctivement avide de l'outre-mesure. Le Français a l'esprit primesautier, mais il a le sens de la discipline, de l'ordre, de la précision. Il a en horreur la confusion mentale ; toujours on sent l'équilibre. Il est plutôt intelligent qu'imaginatif, mais c'est une intelligence compréhensive et pénétrante qui fait de la France la grande puissance civilisatrice du monde.

M. Gustave Lanson, de la Sorbonne, a fait un résumé admirable de ces influences en ces termes : « Nous n'avons peut-être pas plus de grands artistes que d'autres peuples modernes, mais nous avons une moyenne meilleure, une tradition plus forte et plus longue. La culture est plus diffuse chez nous ; le sens et le goût artistique plus innés ; notre vie se déroule, si je puis dire, dans une atmosphère d'élégance sobre. Notre art est le plus humain, le plus clair, le plus accessible, le plus vulgarisable. Il ne lasse pas, parce qu'il a ce don si rare, la mesure : seul, il a surpris ce secret des Grecs. C'est chez nous qu'on peut s'initier à l'art, faire l'éducation du goût, s'habituer à faire une part, sans pédantisme ni caricature, à la grâce, à la beauté, dans toutes les circonstances de la vie et dans toutes les formes d'activité intellectuelles... Nous sommes une nation idéaliste ; nous avons une tradition de rationalisme, de libéralisme, d'inquiétudes généreuses et d'enthousiasmes désintéressés qui nous recommande à tous les peuples... Notre littérature, depuis la Renaissance, a vécu de l'expression des plus hautes idées de progrès, de justice et d'humanité. Nous parlons la langue des idées claires et des idées universelles. Tout ce qui s'est, en aucun endroit du monde, pensé de vrai, d'utile ou de grand, acquiert, filtré par notre esprit et notre langage, une intelligibilité supérieure qui en accroît la force d'attraction et d'expansion. De là vient notre puissance civilisatrice. »

Mais ce ne sont pas seulement ses qualités artistiques et sa culture qui ont rendu l'influence de la France universelle ; elle doit cette influence surtout à son rôle de propagatrice de la démocratie, de régénératrice de la Société. Les philosophes et les penseurs d'avant la Révolution croyaient en des principes absolus. Toujours la Raison dominait dans leur esprit. Ils ne reculaient jamais devant la plus extrême logique de leur rationalisme. Ils n'auraient pas hésité à détruire la Société, convaincus qu'ils pourraient la reconstituer en trois jours. La différence entre le peuple français de 1789 et le peuple américain en 1776 consiste en ce que celui-là était la victime d'une oppression sociale écrasante qui l'avait broyé pendant des siècles, tandis que celui-ci subissait seulement une tyrannie politique irritante. Les auteurs de ce magnifique document — mais néanmoins document de compromis — la Constitution des Etats-Unis, n'avaient pas la superbe confiance des Encyclopédistes ; ils avaient des doutes sérieux au sujet de la stabilité, de la permanence d'une démocratie. Inquiets, ils voyaient d'un côté le règne de la populace et de l'autre la dictature militaire. Ils prirent un moyen terme, et c'est en partie pour cela que la Démocratie en Amérique est aujourd'hui si loin de bien fonctionner. C'est pour cette raison que l'un des plus clairvoyants observateurs de notre époque s'est trouvé obligé de dire : « Le Gouvernement national est dans le marasme ; il est entortillé de nœuds en guise de sauvegardes ; il est devenu tout à fait impuissant. Le fait est que le Congrès, constitué comme il l'est à présent, est de tous les Gouvernements civilisés à l'ouest de la Russie le plus faible, le moins accessible et le plus inefficace. »

Aux Etats-Unis, il est de plus en plus clair que seul le Gouvernement Fédéral peut résoudre d'une façon complète les grands problèmes de la Société moderne. Les projets qui, en France et en Allemagne, deviennent, dans un temps relativement court, la loi du pays, doivent, en Amérique, être adoptés par chaque Etat séparément, et, après, devenant souvent le sujet de conflits d'autorité entre les juridictions fédérales et celles de l'Etat particulier, ces lois peuvent être déclarées inconstitutionnelles et nulles.

C'est surtout à cause de cette inefficacité fédérale qu'il est difficile de faire progresser certaines idées sociales, de développer pleinement les conceptions démocratiques.

Il y a quatre-vingts ans, de Tocqueville déclarait que les yeux du monde étaient tournés vers les nouveaux Etats qui lui apprendraient ce qu'est un Gouvernement par le peuple, ce qu'est une Société parfaite. Aujourd'hui, les Etats-Unis, distancés, tournent leurs regards vers la France et surtout vers la Suisse qui a été appelée « le laboratoire de la démocratie et de la société », parce que ses constitutions fédérale et cantonales expriment la volonté réelle de la majorité et rendent faciles les modifications radicales que réclament les conditions changeantes et progressives. C'est en Suisse que la liberté fondamentale, l'égalité d'opportunité — politique, industrielle, sociale — ont été le plus entièrement garanties. « C'est là qu'existe le libre exercice de l'esprit démocratique s'exprimant en des formes sociales. »

Mais les Etats de l'Union, après une longue léthargie, s'agitent et commencent à discuter, à adopter, lentement, mais sûrement, les méthodes d'une Démocratie, d'une Société progressive, que la France et beaucoup d'autres pays ont inaugurés depuis bien des années, — non seulement en politique, sous la forme d'initiative, de référendum, de représentation proportionnelle, etc., mais dans le champ plus vaste du socialisme moderne, — sous la forme de responsabilité des patrons, indemnités des ouvriers, pensions de vieillesse, assurance contre les accidents du travail, conservation des ressources nationales, etc., etc.

C'est pendant cette longue léthargie des Etats que les condottières de la politique, des chemins de fer, des trusts, de la haute finance véreuse, que les lanceurs d'affaires louches, que les pillards en général, avaient, comme les Lilliputiens, lié, garotté de leurs lacets le corps sans résistance de la Société. Aujourd'hui, les Etats, stupéfaits, s'étonnent qu'ils aient pu supporter les longues oppressions, — les fraudes de l'Erie et autres chemins de fer, les illégalités de la « Standard Oil Company », les organisations frauduleuses d'innombrables affaires de tous genres, — toutes les infamies financières imaginables. Les surhommes du brigandage avaient resserré les liens avec lesquels ils avaient lié le corps de la Société à l'aide de ces forces mêmes qui auraient dû le protéger, à l'aide des journaux, des tribunaux,

ERRATUM

Le lecteur de " **LES ETATS-UNIS ET LA FRANCE** " rectifiera de lui-même une erreur qui s'est produite au cours du tirage et qui a fait intervertir les figures I des planches VIII et IX. C'est donc à la figure I de la planche VIII que s'applique la notice insérée planche IX et à la figure I de la planche IX que s'applique la notice insérée planche VIII.

Mais les Etats de l'Union, après une longue léthargie, s'agitent et commencent à discuter, à adopter, lentement, mais sûrement, les méthodes d'une Démocratie, d'une Société progressive, que la France et beaucoup d'autres pays ont inaugurés depuis bien des années, — non seulement en politique, sous la forme d'initiative, de référendum, de représentation proportionnelle, etc., mais dans le champ plus vaste du socialisme moderne, — sous la forme de responsabilité des patrons, indemnités des ouvriers, pensions de vieillesse, assurance contre les accidents du travail, conservation des ressources nationales, etc., etc.

C'est pendant cette longue léthargie des Etats que les condottières de la politique, des chemins de fer, des trusts, de la haute finance véreuse, que les lanceurs d'affaires louches, que les pillards en général, avaient, comme les Lilliputiens, lié, garotté de leurs lacets le corps sans résistance de la Société. Aujourd'hui, les Etats, stupéfaits, s'étonnent qu'ils aient pu supporter les longues oppressions, — les fraudes de l'Erie et autres chemins de fer, les illégalités de la « Standard Oil Company », les organisations frauduleuses d'innombrables affaires de tous genres, — toutes les infamies financières imaginables. Les surhommes du brigandage avaient resserré les liens avec lesquels ils avaient lié le corps de la Société à l'aide de ces forces mêmes qui auraient dû le protéger, à l'aide des journaux, des tribunaux,

BUILDING A NEW-YORK, 5e AV.

(Par Mac-Kim, Mead et White.)

BIBLIOTHÈQUE DE M. PIERPONT-MORGAN, A NEW-YORK

(Par Mac-Kim, Mead et White.)

Planche VIII.

qu'ils avaient achetés ou qu'ils avaient mis en leur pouvoir ; et surtout à l'aide de la politique où ils avaient semé la corruption dans une proportion gigantesque.

Un économiste a résumé la situation comme suit : « Pendant les années qui suivirent la Guerre Civile, les tarifs de faveur, les concessions de terrains aux chemins de fer du Pacifique, le rapprochement du Trésor et des puissances financières du pays, introduisirent le Privilège dans le Gouvernement. Ces intérêts financiers étendirent leur influence dans les Etats. Ils s'intéressèrent aux chartes concédant des franchises aux villes, aux chemins de fer et aux autres compagnies concessionnaires de services publics, qui sollicitaient toujours des privilèges des Etats. Ils s'emparèrent des ressorts du gouvernement. Ils imaginèrent tous les trucs pour jeter la confusion dans l'esprit de l'électeur. Ils perfectionnèrent le système de « caucus » et de « convention ». Ils combattirent le scrutin australien. Ils multiplièrent le nombre de fonctionnaires électifs, à tel point qu'il devint impossible de voter avec intelligence. Ils créèrent des lois contre les nominations indépendantes dans le but de protéger la « machine » des partisans. Ils imposèrent aux villes des chartes inexécutoires, distribuant tellement les responsabilités que toute réclamation devait rester sans effet. Aucun pays dans le monde occidental n'a ouvert la porte à la corruption résultant de privilèges spéciaux, comme l'Amérique. Dans aucun pays les ressorts du gouvernement ne sont aussi complexes en théorie, aussi compliqués en pratique. »

Par ces moyens les intérêts privilégiés se sont créés une puissance inimaginable. Cela a eu pour effet de décourager l'initiative, d'atrophier l'effort, d'augmenter l'inertie du peuple et d'empêcher son évolution. Il en résulte aussi d'énormes inégalités de fortune ; de tous côtés de vastes accroissements de richesse, des fortunes démesurées se sont multipliées. Les statistiques révèlent le fait effrayant que *un* p. 100 de la population possède plus de 60 p. 100 de la richesse des Etats-Unis. Même, dans un document lu récemment à l'Association américaine pour l'Avancement de la Science, à l'Université de Columbia, se trouvent des chiffres établissant que *un* p. 100 de la population ne possède pas moins de 90 p. 100 de la richesse totale.

Un système qui permet, grâce à de telles méthodes, de pareilles accumulations énormes dans les mains de quelques individus, doit, à moins qu'il ne soit restreint, provoquer une convulsion de la Société, et en fait on commence déjà à imposer ces restrictions. L'opinion publique s'est émue. La nouvelle Démocratie est née. Cette nouvelle Démocratie demande l'utilisation des richesses nationales dans le sens le plus large. « Elle comprend par utilisation, une production, une distribution, un emploi de la richesse qui donnera le plus grand excédent de plaisir économique sur la peine économique au plus grand nombre pendant le plus long temps possible. Vers ce but se porte tout l'idéal industriel, politique, social et éthique de la Démocratie. »

Nécessairement, il sera difficile de prendre d'assaut les places fortes et les citadelles du Privilège, car, pendant cinquante ans, elles ont été si bien fortifiées qu'elles semblent imprenables. La souveraineté de la propriété privée a usurpé la place de la souveraineté de l'Etat. Les premiers vrais assauts furent livrés, les premières victoires furent gagnées par l'Orégon et le Wisconsin ; et ce dernier Etat peut, certes, être appelé le modèle, le type que devront imiter tous les autres dans la reconstitution d'une société économique.

Il y a vingt-cinq ans, le Wisconsin était tout autant sous la domination des intérêts privilégiés, de la richesse organisée, que beaucoup d'Etats le sont encore. Le premier pas vers l'affranchissement fut l'abolition des « conventions », des« caucus » et la création d'une loi rendant obligatoire les réunions primaires. Aujourd'hui le délégué est mort ; chaque fonctionnaire dans l'Etat, depuis le moindre magistrat jusqu'au Gouverneur, est élu directement par le peuple. Tous intermédiaires politiques sont ainsi supprimés. La puissance du « boss », de la « machine » politique et de la ploutocratie vénale a été balayée. Le résultat principal de ces lois, ainsi que de l'Initiative et du Référendum qui les suivirent de près, fut la suppression presque totale de la corruption politique et l'éducation des votants. Le peuple, ayant le pouvoir de légiférer, de créer ou d'abroger n'importe quelles lois, est responsable de celles qui existent. Cette responsabilité fait qu'il s'occupe plus vigoureusement de son gouvernement et prend un vif intérêt dans l'administration des affaires publiques. Le Référendum est aussi le coup de mort de la corruption politique. Il est peu encourageant de verser de grosses sommes pour suborner une législature quand la loi inique, obtenue à grands frais, peut être abrogée peu de temps après par le vote du peuple.

Mais le Wisconsin ne s'est pas arrêté en route. Après s'être débarrassé de la « machine » en politique, cet Etat a perfectionné les rouages du gouvernement ; il a réglementé les chemins de fer et les compagnies quasi publiques ; il a aboli le système des dépouilles au vainqueur, ne laissant au Gouverneur, aux Maires, etc., aucunes charges publiques à distribuer à leurs amis et partisans ; il s'est prononcé en faveur d'un programme industriel étendu, comprenant l'assurance et les indemnités des ouvriers, des mesures efficaces prescrivant les heures de travail pour femmes et enfants, l'inspection des fabriques, les soins aux indigents, la réhabilitation des criminels ; il a pris des mesures pour la préservation et le développement des eaux et forêts, des routes de l'Etat ; il a créé un impôt sur le revenu, une loi pour le Rappel de tout fonctionnaire électif, — et une quantité innombrable de statuts sur le travail en général, sur la santé et le bien-être publics ; et peut-être la plus importante et la plus riche en conséquences de toutes les autres lois, celle qui créa l'Université de l'Etat de Wisconsin.

Le système d'éducation du Wisconsin est aujourd'hui le plus démocratique du monde entier.

L'Université, entièrement subventionnée par l'Etat et gratuite pour tous ses étudiants, est dirigée suivant les principes de la maxime de Lord Bacon : « le savoir de quelques-uns, c'est le despotisme ; le savoir d'un grand nombre, c'est la liberté ». Le but est que l'Université soit utile à l'Etat et à *tous* ses habitants ; qu'elle soit une institution pour chaque individu et non pas seulement pour les quelques personnes qui pourraient venir à elle. Pour atteindre ce but, l'Etat a créé l'University-Extension la plus parfaitement pratique qui existe. C'est le lien qui unit chaque partie de l'Université à chaque individu dans l'Etat. Elle fait pénétrer son enseignement dans chaque foyer. Des professeurs du plus grand mérite sont envoyés dans les villages, dans les ateliers, dans les fabriques, en qualité de maîtres-voyageurs. Les étudiants dans les campagnes sont mis en contact avec l'Université au moyen de leçons qui leur sont données par correspondance. De nombreux sous-centres ont été établis d'où l'œuvre rayonne aux alentours. Des milliers de jeunes gens qui ne peuvent quitter leur travail prennent ces cours par correspondance, surveillés par des professeurs compétents. Une importance toute spéciale est attachée au département du Civisme et des conférenciers sont fréquemment envoyés dans chaque communauté. Des articles et brochures sont distribués partout. Le comité de la bibliothèque gratuite expédie des caisses de livres dans chaque partie de l'Etat, disséminant ainsi dans les plus petits centres la meilleure littérature. Des bureaux de renseignements ont été établis dans les municipalités pour répondre à toutes questions qui pourraient leur être adressées sur tous sujets. Ces bureaux ont beaucoup contribué à accroître l'intérêt civique et à répandre des connaissances pratiques en agriculture, assainissement, etc. Les questions publiques du jour sont discutées dans des séries de débats gratuits par des hommes éminents. Le département de l'hygiène est l'un des plus efficaces. Par exemple, dans une seule année, on a fait dans les grandes villes une série de conférences contre la tuberculose auxquelles ont assisté plus de 100.000 personnes. Le département de la Politique est l'une des branches les plus originales. Son bureau est installé à la Chambre des Députés et sa mission est de venir en aide aux législateurs pour la rédaction de leurs projets de lois. Les codes des autres Etats, des pays étrangers, sont étudiés par des experts et les projets sont ainsi rendus aussi efficaces que possible. Dans les Arts et les Lettres des cours très complets ont été institués, et l'Etat établit des impôts spéciaux permanents pour la création de musées, de bibliothèques et d'amphithéâtres publics. Mais c'est surtout dans le département de l'Agriculture que l'Université a rendu les services les plus précieux, et c'est à elle certainement que le Wisconsin est redevable en grande partie de la prospérité de ses agriculteurs. On peut affirmer qu'il n'y a pas un fermier ou un éleveur dans l'Etat qui n'ait tiré profit de ses beaux travaux sur toutes les questions imaginables.

C'est l'Etat et non des particuliers qui subvient aux frais de l'Université. Un impôt permanent lui fournit les fonds nécessaires à son existence. Au début, il fut difficile de prélever cet impôt (et la Constitution ne permet pas à l'Etat d'emprunter), mais aujourd'hui les citoyens, les fermiers surtout, considèrent leur université comme le meilleur des placements.

En un mot, cette remarquable institution est la base de ce qui est aujourd'hui l'Etat le plus intelligent et le plus indépendant, la société la plus prospère et la plus progressive de l'Amérique, sinon du monde.

Naturellement, la législation du Wisconsin et ses méthodes se sont propagées d'Etat en Etat, et cette station d'expérimentation en politique, en éducation, est devenue le modèle que les autres s'efforcent d'égaler. Le système des réunions primaires a été adopté par une douzaine d'Etats, et il est probable que, lors de la prochaine élection présidentielle, c'est cette méthode qui sera employée par la République tout entière pour obtenir l'expression de la volonté du Peuple. L'adoption générale des primaires présidentielles empêchera désormais que l'élection à la plus haute magistrature du pays soit entre les mains des fonctionnaires fédéraux tout puissants ou des capitalistes organisés. Il est intéressant de noter que les principales « planches » (déclarations des principes politiques) de la plateforme du Parti progressiste sont des mesures qui ont été mises à l'épreuve avec succès dans l'Etat de Wisconsin. On pourrait même dire que le principe du Rappel des décisions judiciaires (un principe qui fait frémir les conservateurs) a été récemment appliqué avec succès par la Nation entière à une décision de la Cour suprême des Etats-Unis. Il y a quelques années cette haute Cour décida qu'un impôt fédéral sur le revenu était inconstitutionnel. Un projet de loi ayant pour objet d'amender la Constitution des Etats-Unis sur ce point fut voté par le Congrès fédéral et, le 3 février 1913 (il y a trois semaines à peine), le trente-sixième Etat (complétant les trois quarts des Etats votants requis) vota en faveur de l'amendement, de sorte qu'aujourd'hui ce projet fait partie de la Constitution fédérale. Ainsi, en même temps, il y a pour ainsi dire un Rappel d'une décision de la Cour Suprême des Etats-Unis et un amendement de la Constitution des Etats-Unis, — le premier amendement depuis quarante-cinq ans.

On a beaucoup fait, mais il reste encore beaucoup à faire. Ni la politique purifiée, ni l'éducation ne sont des panacées. Seule cette Société durera dont chaque citoyen accomplira honnêtement, intelligemment et infatigablement ses devoirs civiques. Il ne peut y avoir d'Utopie, car la théorie des Utopistes est basée sur la perfection, et il est inhérent à la nature de toute Société que de nouvelles circonstances rendent de nouveaux efforts nécessaires. Mais comme M. Poincaré l'a dit dans son Message présidentiel : « Sans se faire l'illusion que la Société puisse entièrement triompher de la nature... la République voit indéfiniment ouvert devant elle le champ des espérances et des améliorations sociales ».

Ainsi les deux Républiques voient devant elles les mêmes espérances et s'efforcent de les réaliser.

Qu'en résultera-t-il aux Etats-Unis ? Vers quel point les forces actuelles emportent la société nul ne peut prévoir, mais pour l'Américain il est au moins encourageant d'entendre la prédiction de l'un des esprits les plus clairs parmi les socialistes anglais, de M. Wells qui, dans son ouvrage « l'Avenir en Amérique », dit : « J'ai déjà parlé de la littérature économique et sociale aux Etats-Unis. C'est dans son ensemble une imposante illumination. Aucun développement social n'a jamais été aussi clair et vu. Les choses se font au grand jour, de plus en plus elles se font au grand jour. Le monde perçoit et pense. Somme toute, mon esprit est porté à croire qu'il y aura dans les affaires humaines un progrès continu, accéléré ; et malgré mes préférences patriotiques il me semble qu'en vertu même de sa dimension, de ses traditions de liberté, de l'habitude d'initiative de ses citoyens, le pays qui sera définitivement à la tête du progrès, c'est l'Amérique ».

VII

LA VIE PUBLIQUE ET SOCIALE
AUX ÉTATS-UNIS

PAR

Le BARON D'ESTOURNELLES DE CONSTANT,

SÉNATEUR, MEMBRE DE LA COUR DE LA HAYE.

LA VIE PUBLIQUE ET SOCIALE AUX ÉTATS-UNIS

MESDAMES, MESSIEURS,

Je ne sais vraiment pas encore si je vais parler français ou anglais ; si je me décide pour l'anglais, c'est bien pour faire plaisir à mes amis du Comité France-Amérique. Il n'est déjà pas facile à un Français de parler anglais dans la Société, même à Londres, à plus forte raison à Paris. A Londres, c'est à qui, parmi les Anglais et surtout parmi les Anglaises, veut profiter de l'occasion pour « pratiquer son français » ; et, quant à Paris, tous les étrangers parlent français et surtout les Américains. J'ai été huit ans à Londres sans, pour ainsi dire, avoir l'occasion de parler l'anglais que je savais pourtant plus ou moins et c'est l'Amérique qui a vraiment été mon point de départ. J'ai été entraîné par l'énergie des Américains qui m'ont appelé, en 1902, à faire en anglais les conférences que je poursuivais en Europe depuis plusieurs années. Ils m'ont rendu un très grand service ; ils ont doublé mes moyens d'action.

Aujourd'hui, je vais tâcher de leur témoigner ma reconnaissance en parlant de leur pays, non pas en complaisant, mais en ami. Je voudrais faire ressortir quelques-unes des différences et des ressemblances qui existent dans la vie publique et dans la vie privée des deux pays. Je m'en rendais compte encore, ces jours derniers, lors de notre élection présidentielle. J'étais au Congrès de Versailles pour voter avec mes collègues et je constatais, comme tout le monde, que l'opinion était singulièrement surexcitée par cette élection, non seulement au Parlement, mais dans la presse, dans la société, dans le pays. Je regardais avec une certaine confusion dans la tribune diplomatique mes anciens collègues témoins de notre excitation et je me demandais ce qu'ils en pensaient quand je rencontrai au retour de Versailles votre honorable ambassadeur, mon ami M. Myron Herrick, de Cleveland.

« Oh ! quelle intéressante journée, s'écria-t-il. Mais comme vous êtes « calmes ! Je croyais les Français plus excitables, plus enthousiastes. « Si vous aviez vu notre Convention de Chicago vous sauriez ce que c'est « qu'une élection présidentielle mouvementée. »

En effet, je me rappelais que plusieurs de mes amis américains étaient venus me voir l'été dernier, en France, au retour de la Convention de Chicago et m'avaient fait part de leurs impressions. L'un d'eux, qui n'est pourtant pas suspect d'agitation, me confia qu'il avait été tellement absorbé que, pendant quatre jours et quatre nuits, il ne s'était pas couché !

Si nous regardons du côté de nos anciens Présidents, dans les deux pays, une observation analogue se présente à notre esprit. Voyez avec quelle tranquillité M. Loubet a quitté, il y aura bientôt sept ans, le Palais de l'Elysée pour rentrer dans la vie privée. M. Fallières se prépare à faire de même dans quelques jours. Il est impossible de trouver plus de sérénité dans la retraite et il est clair que notre honorable ami, le Président Roosevelt, a montré peut-être un peu moins de philosophie.

Tout cela s'explique : vous êtes une nation plus jeune que la nôtre. Et puis, il y a tout un atavisme qui diffère du vôtre dans notre pays. Voyez notre palais de l'Elysée, à Paris ; comparez-le avec votre Maison Blanche de Washington. Le Palais de l'Elysée est entouré de gardes, de factionnaires, de soldats, d'uniformes. On a le sentiment qu'il a été construit pour le prince Napoléon. Tandis que votre Maison Blanche est une très jolie villa coloniale, où la vie est encore aussi simple qu'à Mont-Vernon. Quand vous entrez, un nègre prend votre carte et vient vous dire si le Président est chez lui ou non : c'est la tradition de George Washington et des fondateurs des Etats-Unis encore vivante.

Ce qui est bien frappant à la Maison Blanche, pour les étrangers surtout, c'est l'hospitalité de vos Présidents. J'ai eu l'honneur d'être leur hôte à plusieurs reprises ; chaque fois j'ai été touché de leur cordial accueil, d'autant plus touché que cet accueil s'adressait à ma patrie plus qu'à moi-même, au souvenir des grands événements qui ont uni nos deux pays. Quand vous sortez de la Maison Blanche, vous apercevez tout d'abord le square La Fayette, avec deux monuments bien en évidence, à la plus belle place : celui de La Fayette et celui de Rochambeau. Mais la reconnaissance américaine ne se borne pas à des manifestations politiques ou publiques : elle est partout, elle est l'expression quotidienne de votre existence. Sur tous les points des Etats-Unis, dans toutes les villes, vous trouvez des parcs, des laboratoires, des monuments, donnés au pays par la générosité privée. Tout le monde connaît ces actes de générosité américaine, mais on ne songe pas assez à les relier tous ensemble pour en bien comprendre le caractère national. Cette générosité n'est pas égoïste, encore moins chauvine. Elle ne s'exerce pas seulement au profit des Etats-Unis ; elle est plus ambitieuse, plus noble. Prenez les dernières libéralités de M. Rockfeller. Je ne le connais pas, je ne l'ai jamais vu, mais je trouve admirable ce qu'il a fait pour venir en aide, moralement et matériellement, aux jeunes filles et aux femmes malheureuses de tous les pays. Quoi de plus délicat encore que son initiative auprès de la ville de Dôle. Cette ville était, paraît-il, trop pauvre pour acquérir la maison de Pasteur et cette maison allait être vendue, peut-être démolie. M. Rockfeller apprend la nouvelle et télégraphie qu'il achète la maison. Pourquoi ? Par ostentation ? Non ; pour la donner à la ville de Dôle et la sauver ainsi de la destruction. Ce que M. Andrew Carnegie a fait dans ce même ordre d'idées est non moins admirable et désintéressé. Sans compter tout ce qu'il a donné aux Etats-Unis, il a tenu à donner aussi à la France et à beaucoup d'autres pays, en commençant par son pays natal en Ecosse, la petite ville de Dumferline. Ce n'est pas assez. Quand les Gouvernements européens qui étaient arrivés, après tant de siècles, à répondre aux aspirations de l'humanité tout entière, en créant enfin une justice internationale, un tribunal, la Cour de La Haye, et à faire de cette Cour non pas un rêve, mais un moyen pratique déjà éprouvé de régler les conflits internationaux, quand ces mêmes Gouvernements refusèrent d'aller jusqu'au bout de leur œuvre et, sous prétexte qu'ils manquaient d'argent, ne voulurent pas se mettre d'accord pour contribuer chacun, dans une bien minime proportion, aux frais de la construction d'une maison pour la nouvelle Cour, Andrew Carnegie a été assez généreux pour offrir à cette nouvelle Cour, non pas une maison, mais un palais, et j'ai des raisons personnelles pour l'en remercier publiquement, ainsi que votre prédécesseur, Monsieur et cher Ambassadeur, M. le Général Porter, qui m'avait donné le conseil et le moyen de m'adresser à lui. Cette libéralité de M. Carnegie a été un grand exemple pour les Gouvernements, et c'est, en partie, grâce à l'initiative américaine que nous avons vu triompher la nouvelle justice internationale dans les graves affaires de Dogger Bank et de Casablanca. Un de ces jours, M. Pierpont Morgan, qui a tant fait pour les musées américains et pour les nôtres, nous rapportera la Joconde. M. Vanderbilt fonde à Paris les « gouttes de lait », M. Edward Tuck construit une bibliothèque à Concord, un collège à Darmouth, en même temps qu'un hôpital, et combien d'autres établissements de bienfaisance en France. Le duc de Loubat subventionne des fouilles archéologiques au Mexique et en Grèce des cours à la Faculté de Paris. Nous avons tous vu un jeune homme, qui devait avoir mille tentations d'employer son argent autrement à Paris, M. J. H. Hyde, le consacrer à cet admirable échange de conférences qui permettent à nos deux pays de se pénétrer et de se connaître. Je pourrais citer des milliers et des milliers d'autres exemples. C'est par ses initiatives, et non par ses erreurs ou ses scandales qu'il faut juger un pays, une institution.

Que n'entendons-nous pas dire contre le Parlement, en France et aux Etats-Unis : certes, j'ai assisté en France à de tristes séances, mais aussi à d'admirables débats qui marqueront dans notre Histoire. Faut-il ne parler que des mauvais jours ? J'ai assisté au Colorado à une séance du Parlement de Denver. C'était un spectacle dont il est facile de faire la critique : les électeurs, avec leur femme et leurs enfants, les journalistes mêlés aux députés et aux sénateurs, dans la salle, le secrétaire en manches de chemise, la pipe à la bouche, allant et venant d'un banc à un autre..... Est-ce une raison pour nous conseiller de retourner au despotisme et de supprimer les parlements ? Pour être équitable, tout le monde vous dira qu'on pouvait assister aux mêmes désordres, il y a quarante ans, au Parlement de Washington. Sans aller si loin, j'ai vu de bien fâcheuses séances au Parlement de Londres ; pire encore à celui de Vienne, véritable Tour de Babel ; pire encore à celui de Budapest. On nous propose comme panacée la réforme électorale. Prenez grade, j'y verrais plutôt une aggravation du mal. Au lieu de voter pour un candidat qu'il connaît, l'électeur votera dorénavant, si la réforme est faite, pour une liste de candidats qu'il connaîtra seulement par leur programme. Mais quel programme ! Rédigé par qui ? Par quel journal ou quelle banque ? Va-t-on demander la suppression des journaux ou quelque réforme qui les métamorphose en apparence, quand ce sont nos mœurs qu'il faut changer ? Vous avez, comme nous, de mauvais journaux à côté des bons. Votre Guerre d'Espagne a éclaté, malgré votre Gouvernement, par la conspiration de quelques journaux que vous connaissez. C'est depuis lors qu'on a pu dire : la prochaine guerre sera déclarée par la Presse.

Ce n'est pas les Gouvernements, ni les Parlements, ni les journaux qu'il faut changer : ce sont les mœurs, encore une fois. C'est l'éducation de l'opinion qu'il faut entreprendre ; l'éducation des électeurs et du public. Les Américains vont droit au but et recourent aux remèdes héroïques, à commencer par le suffrage des femmes que onze de vos Etats sur quarante-neuf ont déjà adopté. C'est énorme ; les bienfaits de cette innovation sont incalculables. Je n'étais pas féministe, mais je le suis devenu à la suite de mes voyages aux Etats-Unis. J'ai été littéralement converti, non sans résistance mais d'autant plus profondément, par ce que j'ai vu et entendu. Ce que les Etats-Unis doivent aux femmes dans le domaine de l'organisation municipale, de l'éducation, de la propreté morale et matérielle des rues, de la protection et du bien-être des enfants, je renonce à le définir, à l'énumérer. Ce que l'on appelle les « play-grounds » existe partout aux Etats-Unis ; c'est un véritable bienfait national, c'est le salut de la jeunesse, c'est une ère nouvelle qui s'ouvre pour le pays tout entier. Mais je dirai un mot seulement de l'action exercée par les femmes dans la lutte contre l'alcoolisme. Il m'est arrivé bien souvent, au cours de mes innombrables conférences, ayant derrière moi plusieurs nuits en chemin de fer et plusieurs autres nuits en expectative, il m'est arrivé, pendant les banquets que l'on m'offrait et où je devais prononcer de longs discours, de demander vainement soit un peu de vin, soit un peu de whisky pour le mélanger à mon eau. Je m'étonnais d'une discipline aussi rigoureuse interdisant à des jeunes gens de boire autre chose que de l'eau. On m'expliqua alors, et j'ai parfaitement compris, qu'il était nécessaire de commencer par établir la règle pour faire disparaître l'abus. Mais je n'arrivais pas à comprendre comment des villes entières, des districts même, avaient accepté comme un bienfait la prohibition absolue de toute boisson distillée ou fermentée. On m'a expliqué que ces résultats étaient dus exclusivement et entièrement à l'action des femmes, plus courageuses que les hommes. Elles ont gagné là de véritables batailles morales et politiques ; il est impossible aujourd'hui de contester sérieusement le bienfait de leur action. Loin de diminuer ou d'affaiblir l'esprit public américain, elles l'ont fortifié, élevé, et c'est dans ce sens qu'elles ont joué et joueront de plus en plus un grand rôle dans les progrès de la vie publique aux Etats-Unis.

Le progrès de la vie publique a sa source dans le progrès de la vie privée. Partout j'ai trouvé que la vie privée américaine, le foyer, se développait de plus en plus. Partout il y a maintenant aux Etats-Unis une économie domestique, une bonne tenue de maison, qui accusent d'immenses progrès, même dans la cuisine ; et non seulement dans les familles, mais jusque dans les wagons, où les voyageurs fatigués par un long trajet trouvent des pommes cuites et de la crème fraîche à la frontière mexicaine, comme à celle du Canada, de l'Atlantique au Pacifique, partout en un mot. Essayez de demander de la crème fraîche sur les boulevards à Paris.....

Le principe de la vie de famille aux Etats-Unis, comme partout, c'est le dévouement, le dévouement poussé jusqu'au sacrifice du présent au profit de l'avenir, à commencer par le sacrifice des parents au profit des enfants. Rien n'est plus dévoué qu'un père ou un mari américain. Je citerai cette histoire qui résume mon observation : Un grand-père de mes amis était invité un jour à dîner dans l'intimité. La maîtresse de maison lui offre du poulet. « Voulez-vous l'aile ou la cuisse, dit-elle. » « Peu m'importe », répondit-il, et comme elle insiste en disant que sans doute il préfère l'aile, il répond : « Je ne sais pas, je n'en ai jamais goûté. Quand j'étais « enfant nous la laissions à nos parents et maintenant nous la donnons « à nos enfants. »

Nulle part plus qu'aux Etats-Unis on ne trouve de bons ménages. Un heureux couple est beaucoup plus fréquent qu'on ne pense et, là encore, on peut observer le dévouement de l'homme et sa douceur. Voici encore une histoire que m'a raconté à ce sujet une Américaine :

Vous êtes dans un restaurant, vous voyez entrer un couple, le mari et la femme. Vous pouvez savoir aussitôt quelle est leur nationalité. Comment ?

Si le mari entre le premier, la femme ensuite, c'est un ménage anglais. Si la femme passe d'abord, avant son mari, c'est un ménage américain.

Quant aux ménages français, ils entrent bras dessus bras dessous.

Mais je m'arrête ; vous m'avez si bien écouté que j'ai retrouvé mon anglais. Je me suis cru en Amérique. Parler ainsi devient un plaisir et la vraie difficulté c'est de s'arrêter. J'ai heureusement le mot de la fin, tout de circonstance.

Cette élection présidentielle dont je parlais nous apporte une preuve de plus que, dans nos deux pays, les tendances de nos deux démocraties s'améliorent et s'idéalisent. Où ont-elles pris, l'une et l'autre, leur président de demain ? Dans les cercles les plus riches, exclusivement politiques ? Non ; au cœur de la vie intellectuelle des deux pays. L'un M. Woodrow Wilson, dans l'Université, à la tête du Collège de Princeton ; l'autre parmi les membres les plus éminents de notre Académie Française.

BUREAU INTERNATIONAL DES RÉPUBLIQUES AMÉRICAINES
A WASHINGTON, PALAIS DES NATIONS
(Par M. Paul Crest.)

HÔTEL PRIVÉ A NEW-YORK
(Par Carrère et Hasting.)

Planche IX.

VIII

L'IDÉAL AMÉRICAIN
ET L'IDÉAL FRANÇAIS

PAR

J. MARK BALDWIN,

CORRESPONDANT DE L'INSTITUT.

L'IDÉAL AMÉRICAIN ET L'IDÉAL FRANÇAIS

L'idéal est chose très obscure. Il ne se révèle à nous que lentement et seulement par des faits et des événements. Voulons-nous savoir ce qu'un peuple chérit, ce en quoi il met sa foi, le but vers lequel tend son idéal, c'est l'histoire et les institutions existantes qu'il nous faut consulter ; ce sont elles qui nous dévoileront tout ce à quoi on donne de la valeur, tout ce qu'on considère comme bon. C'est dans la tradition et la culture d'un peuple qu'on découvre les tendances de la vie nationale. Une culture matérielle indique un effort purement matériel et un esprit trouvant satisfaction principalement dans les résultats matériels. De même une culture esthétique révèle un motif plus raffiné et une plus grande somme d'efforts intellectuels. La fin ou l'idéal se développe graduellement, il prend forme dans les phases successives du développement historique de la vie nationale.

Un idéal national est, de plus, chose très complexe, et les éléments qui le constituent sont toujours nombreux. Les motifs de la vie humaine sont variés ; chacun d'eux se développe rationnellement et arrive lentement à la perfection relative. Comparer un idéal avec un autre, c'est donc essayer de découvrir quel est celui de ces motifs, normaux et nécessaires, qui prime les autres et occupe la place d'honneur dans le cas en question. Tout idéal, qu'il soit commercial, pratique, religieux, esthétique, scientifique ou rationnel, est nécessaire bien qu'il ne soit que partie du tout. Lequel doit dominer les autres ? lequel donne plus de satisfaction ? quel est celui qui influence le plus la vie nationale ? telles sont les questions que la comparaison de l'idéal national français et de l'idéal national américain provoque.

Par conséquent, en comparant la France et les Etats-Unis, pour que de notre enquête jaillisse la lumière, il ne faut pas que nous cherchions chez l'un ce qui n'existe pas du tout chez l'autre, un don ou un talent national spécial qui n'a rien de général ni d'humain. Il nous faut examiner comment les motifs et les intérêts communs à l'humanité s'ajustent diversement dans les deux cultures nationales, comment une civilisation met au second plan ce que l'autre place au premier, comment chez un peuple les résultats les plus appréciés ont une tendance à jeter dans l'ombre d'autres résultats considérés comme de moindre valeur, tandis que chez un autre peuple le contraire est vrai ; comment les méthodes nationales peuvent varier, en poursuivant le même but ; quel est l'objet des plus grands efforts ; quel genre d'hommes est le plus honoré ; quels événements sont les plus fêtés ; ce qui est l'objet du plus d'indulgence ; quelles clameurs, quelles rumeurs, quelles actions font tressaillir la nation et remuent son sang.

Envisageant ainsi notre tâche, nous voyons clairement certains grands côtés de la vie sous lesquels classer nos observations : les côtés commercial, politique, moral, esthétique, intellectuel ou philosophique. Notre recherche de l'idéal en France et en Amérique se trouvera récompensée par les contrastes, les différences d'emphase et de méthode que chacun nous présentera ; et qui, tous, font ressortir le grand contraste que je me propose de vous faire observer.

I

Je ne puis m'arrêter longtemps aux questions et aux méthodes du commerce et de l'industrie ; je ne dispose que de peu de temps et, en réalité, elles diffèrent peu dans les deux pays. Les méthodes d'économie pratique non moins que les méthodes théoriques d'économie politique sont maintenant si universalisées, si internationalisées, que les différences nationales ne sont plus profondes. L'union et le syndicat, du côté du travail ; le trust et la combinaison, du côté du capital, sont les phénomènes qui apparaissent dans le monde entier. L'idéal industriel consiste uniquement dans les profits matériels, le bien-être économique. Partout, le désir de l'homme est de le modifier et le transformer dans le sens de la morale, de l'humanité et de l'esthétique. De même qu'en France et aux Etats-Unis, les motifs économiques ont le champ le plus libre, de même ici, sous un Gouvernement républicain la volonté nationale affirme sa liberté par le contrôle et la direction qu'elle en prend. La demande que fait le peuple d'une plus grande liberté personnelle pour l'ouvrier, de plus d'humanité et de justice dans les règlements du travail par le patron, se fait entendre en des termes ne laissant aucun doute sur leur signification. De remarquables progrès s'opèrent aux Etats-Unis, témoins les mesures qui reconnaissent et respectent la dignité morale, le respect de soi-même en même temps que le bien-être matériel de l'ouvrier. Leurs détails sont de nature à encourager le plus grand optimisme chez l'idéaliste humanitaire. Suivant un rapport récent « The United States Steel Corporation » le « Steel Trust » dépense annuellement cinq millions et demi de dollars (vingt-sept millions et demi de francs) dans un but charitable et humanitaire, pour le bien-être, l'éducation, l'amusement et la culture de ses employés. Par des actes législatifs récents, le travail de l'enfant, les pensions de la vieillesse, la réduction des heures de travail, l'assurance des ouvriers, etc., toutes ces questions qui font partie de l'idéal commun à tous les hommes, sont en bonne voie de progrès.

Cependant les moyens employés dans les deux pays, pour atteindre le même but, diffèrent. Aux Etats-Unis on fait un appel direct à la législation pour la mise en vigueur immédiate de toutes sortes de projets progressifs. C'est la caractéristique de la méthode américaine d'incorporer dans une loi une réforme désirable, bien que peut être mal définie ou impossible. Le mouvement « progressif » du moment est le résultat d'un élan spontané de la part du peuple qui agit avec une entière bonne foi morale ; mais, dans certains cas, il est visiblement mal informé et mal dirigé. C'est à tel point que, trop souvent, l'appel fait en son nom à la moralité publique devient un instrument entre les mains des politiciens, et une pose que prend l'hypocrisie sociale. Depuis les projets mal élaborés d'un ancien Président, projets que jusqu'à ces derniers temps le pays avait, tout au moins, cru honnêtement conçus, bien que déclarés impraticables et superficiels par les personnes compétentes et les tribunaux, jusqu'aux excès des « muck-rakers » et aux boniments pour la galerie des Comités du Congrès, le véritable esprit de progrès a été lamentalement trahi. Le petit groupe « d'insurgents » au Congrès qui, pour se mettre en vue, eurent recours à des tactiques d'obstruction, fit preuve d'un tel manque de sincérité et de désintéressement personnel que la chaleur morale de la nation en fut, en quelque sorte, refroidie. Mais le cas est si typique qu'il valait la peine d'être cité. La disposition du peuple américain de se laisser tromper par le charlatan moral tient en partie, sans doute, à la naïveté de ses sentiments mais plus encore à son manque d'habitude de réfléchir aux questions morales. Et ce défaut provient lui-même de l'habitude qu'il a de compter que le gouvernement définira et protégera la morale par des actes législatifs. On a plutôt recours à des mesures collectives et sociales qu'à la réflection individuelle. Le « Beveredge child-labor bill » en est un exemple dans la récente législation américaine ; c'était une mesure dont les termes étaient manifestement extrêmes et inconstitutionnels mais qui souleva l'enthousiasme moral des amis de l'enfance.

Les « fiascos » moraux auxquels ont abouti nombre de propositions posées en ce moment aux Etats-Unis du titre de « progressives », ont porté atteinte aux droits de la liberté individuelle et à la discipline de caractère en en réduisant la vigueur et la profondeur. Dans le domaine social et éthique il y a progrès : obtenu, non pas avec l'aide mais malgré les « soi-disant progressifs » de tous les partis qui ne sont occupés qu'à soumettre aux législatures des projets de réforme à moitié élaborés. Ce qu'il faut à l'idéal tant industriel qu'éthique de l'Amérique, c'est une plus grande et plus nette connaissance de soi-même, c'est la faculté d'analyser plus complètement les questions morales, dons que possède le Français, plus de l'honnêteté personnelle et de la sincérité de jugement de ce dernier — au risque même d'aller à l'encontre de ce qui est en soi humain et de valeur morale, quand on veut le lui imposer sous une forme qui le rend injuste, illégal ou malavisé.

II

Dans les choses de la politique proprement dite, l'idéal de la France et celui des Etats-Unis sont le plus près d'être identiques. Ce n'est pas une simple similarité et ce n'est pas un accident. Cela tient à la coïncidence actuelle et à l'influence réciproque de la pensée française et de la pensée américaine, l'une sur l'autre. C'est d'autant plus intéressant que, des trois grandes unités politiques — l'Angleterre, la France et les Etats-Unis —

où la liberté constitutionnelle est aujourd'hui la plus avancée, cette affiliation a été établie entre les deux peuples de race différente. Au nombre des droits inclus dans le nouvel héritage de liberté conquis par la Révolution américaine se trouvait celui d'accepter ou de rejeter les éléments de la tradition politique de la Grande-Bretagne. Dans le ressort de la jurisprudence, la pratique américaine est restée anglaise ; dans celui de la politique, l'Amérique s'est inspirée de la France. L'idée que l'évolution politique continue ne se fait que chez les peuples de même race, trouve ici une exception. Nous voyons le rôle qu'une philosophie politique raisonnée — la théorie des droits de l'homme comme elle a été enseignée en France et aux Etats-Unis — peut jouer dans la formation d'institutions du gouvernement.

Il restait encore la tradition morale britannique d'autorité, qui a toujours tempéré la manifestation de l'individualisme anglo-saxon. Le Léviathan social de Convention est une réalité dans les pays de langue anglaise. « Il existe et doit être employé pour nos fins éthiques », disent les partisans du collectivisme moral. En France, cette force fut détruite lors de la Révolution et ce n'est que lentement qu'elle se reconstitue dans les institutions françaises. Mais en Angleterre et en Amérique où le progrès de l'évolution a été lent, la société se contente d'utiliser la force conservatrice de la tradition, tout en la refondant dans des moules de forme politique récente. Ce contraste entre les deux nations est le plus intéressant qui existe dans tout l'ensemble de leurs affaires et dans l'idéal de chacun. Le collectivisme moral et le principe conservateur qui appartient à la culture anglo-saxonne sont utiles pour garder et augmenter certaines valeurs mais ils nuisent à d'autres et les détériorent. En France, où la sanction morale collective est étonnamment moins forte, nous trouvons l'épanouissement des causes d'un individualisme sans entrave, dans une profonde conscience personnelle, dans la clarté et la vigueur de l'expression personnelle et la fertilité inégalée d'inventions esthétiques.

III

Abordant avec cette pensée en tête l'idéal purement moral, nous trouvons immédiatement des contrastes frappants, à la fois dans les règlements sociaux et l'éducation morale de l'individu. Ils ressortent des méthodes contrastées de contrôle dans la vie pratique. Du système français on peut dire que c'en est un de laisser faire social sujet à la restriction personnelle, tandis que la méthode américaine est celle du laisser faire personnel sous la surveillance des règles sociales. En termes plus généraux, nous pouvons dire qu'en Amérique, l'on conserve le moral à l'aide des règlements sociaux et collectifs donnant à l'individu la plus grande liberté dans la limite établie par ce contrôle social. En France, au contraire, l'idée sociale est traduite par l'expression « à bas les mains », pas d'ingérence n'est admise, bien qu'en revanche, l'individu se trouve sous le coup de restrictions conventionnelles et personnelles de famille auxquelles les Américains ne voudraient pas se soumettre.

En France, pour donner des exemples de ce qui précède, nous remarquons la plus grande liberté accordée aux publications. A Paris, circulent librement des écrits frivoles qui, aux Américains, semblent inconvenants. Les contes ou courts récits que publient quelques journaux quotidiens parisiens ne seraient pas tolérés aux Etats-Unis. Et il y a des publications spéciales, une par exemple, dont le titre a rapport à la vie militaire, qui scandaliserait le public new-yorkais. De même en fiction. Une liberté de sujet et de développement existe qui choque le lecteur américain qui de prime abord s'imagine que ces livres circulent dans toutes les classes de la société. De même des pièces de théâtre, des scènes dans la rue, des annonces, des conversations, en un mot, de toute la gamme d'influences sociales au milieu desquelles l'enfant grandit. Il en résulte que la pureté d'esprit des jeunes garçons et filles doit être protégée et défendue contre la société elle-même. Il faut empêcher au garçon de savoir, de lire, d'entendre certaines choses, d'aller ici ou là. La jeune fille doit toujours être accompagnée, conduite seulement à certains théâtres et à des pièces choisies ; on ne doit lui donner à lire que des livres choisis. Chaperonnée et surveillée partout, elle ne peut jamais se mêler librement à la foule. Le romancier écrit pour une classe spéciale de lecteurs et non pour tout le monde.

Aux Etats-Unis, au contraire, l'individu n'est pas ainsi surveillé et gouverné, il est soumis aux règles générales de la société. L'idée est d'éloigner la tentation, d'assainir les environs, d'assurer un milieu social dans lequel l'individu, vieux ou jeune, masculin ou féminin, se trouve à l'abri de suggestions impures.

Cette différence peut être montrée par beaucoup d'autres contrastes familiers : les décrets sociaux concernant le jeu, le duel, le sport, l'observation du dimanche, etc. Dans l'Etat de New-York, les lois contre le jeu et les courses ont donné lieu aux poursuites criminelles les plus remarquables de l'époque. La prétention est que le vice de parier pour de l'argent — si toutefois c'est un vice — doit être contrôlé par la société. De même pour la réglementation du commerce des spiritueux, le contrôle et la vente de poisons et narcotiques, la poursuite des vices sociaux, l'interdiction de sports brutaux, l'imposition des « blue laws » à l'individu. Si tant est que tout ceci en Amérique résulte d'une théorie, c'est de celle du Puritanisme de moralité personnelle jointe au collectivisme pour la théorie de sanction et de méthode d'exécution. L'*Academy* de Londres a récemment publié la lettre d'un étudiant anglais à l'Université d'Oxford qui se plaint de la moralité des « American Rhodes Scholars » qu'il trouve trop « puritaine ». Les étudiants d'Oxford sont d'avis qu'une moralité aussi rigide manque de variété et d'intérêt. Et en effet, c'est vrai. J'ai moi-même professé dans une Université où il était interdit de fumer et où une partie de golf ou une promenade à cheval, le dimanche, causait presque un scandale. Dans beaucoup de bonnes familles, la lecture des journaux séculiers est défendue le dimanche ; dans ma jeunesse passée dans une famille de la Nouvelle-Angleterre, les journaux quotidiens n'étaient jamais ouverts le dimanche. Aujourd'hui, ce n'est pas dans la Nouvelle-Angleterre, mais dans les Etats du Centre-Ouest qu'on attache autant d'importance à ces dehors triviaux de la morale. Néanmoins on ne saurait concevoir de moyen plus efficace de civilisation pour les nouvelles sociétés en formation ainsi que les Puritains de la Nouvelle-Angleterre l'ont prouvé en leur temps.

Cette déférence à l'autorité est en réalité le grand défaut du tempérament moral de l'Américain. Nous avons les défauts de nos qualités. Sagace, clairvoyant et inventif en toutes choses, le citoyen américain est, en général, un enfant crédule quant à ses enthousiasmes moraux les plus superficiels. Bien que vous ne puissiez « les tromper tous tout le temps » vous pouvez en tromper beaucoup la plupart du temps et la plupart d'entre eux trop souvent. Et ceci, malgré le fait que les questions fondamentales de moralité qui sont soumises au jugement de la société sont généralement bien décidées. Les Américains sont généralement fidèles à leur idéal, mais leur idéal n'est pas toujours tourné dans la bonne direction ; l'agitateur politique et le démagogue le savent et en profitent. Le commun des mortels trop souvent craint d'être soupçonné de favoriser le mal s'il n'approuve pas les mesures proposées pour le corriger. Il possède aussi le travers « d'arriver » dans les questions de bien social et moral, sans se soucier de la permanence, de la validité, de la constitutionalité des mesures adoptées pour « arriver ». Il oublie qu'il y a dans le monde des constitutions qui ne peuvent pas être révisées, des décrets qui ne peuvent pas être rapportés, des juges qui ne peuvent pas être rappelés. Pensez un moment à ce que signifierait et ce qui pourrait résulter de la tolérance accordée à des hommes dans la vie publique, d'insulter ouvertement les membres des plus hautes Cours de justice du pays et de conseiller le rappel des décisions judiciaires qui ne sont pas conformes aux désirs momentanés et passagers du peuple, ou bien qui gênent les desseins des meneurs qui excitent et trompent le peuple. Pensez à la facilité que cela donnerait au dupeur politique et au saltimbanque moral de créer le désordre et la confusion au nom du « progrès ». On se rappelle avec tristesse après quelles douleurs d'enfantement la liberté constitutionnelle a reçu le jour, et les cataclysmes qui ont menacé le progrès humain quand la vision de ses principes a été aveuglée par la poussière de la passion et obscurcie par le brouillard des sophismes moraux.

Un autre bon exemple de la façon employée par les Américains pour accomplir des réformes morales par des moyens collectifs et politiques consiste dans le mouvement suscité pour l'interdiction des boissons alcooliques. Pendant le cours d'une génération entière, les législatures des Etats et le Congrès National de Washington ont été suppliés d'interdire la vente et l'emploi de l'alcool. Le « National Prohibition Party » (parti national de tempérance) reçoit lors de chaque élection un nombre modéré de votes et les lois en faveur de la « prohibition » (interdiction) passées par les Etats, séparément, ont eu, ces derniers temps, l'apparence d'une extraordinaire contagion. Mais un grand nombre de réformateurs sont d'avis et les résultats semblent leur donner raison — que ce succès tient au retrait de cette question du domaine de la politique et à sa considération au simple point de vue moral et social. Il ne demeure cependant pas moins vrai que c'est par la législation qu'elle est réglée ; sa solution n'est pas, comme dans d'autres pays, laissée au choix et à la discrétion de l'individu.

En dehors de la question de savoir si les deux pays attachent la plus grande valeur aux mêmes qualités, à celles qui représentent la moralité la plus élevée de l'individu, cette différence de méthodes l'amène à envisager la vie sous des aspects bien dissemblables. L'Américain se soumet aux plus grandes restrictions sociales alors qu'il se révolte si l'on restreint sa liberté personnelle. Il renonce à la loterie en tant qu'institution sociale, pour le bien général, mais il ressent vivement la surveillance exercée sur sa vie privée et continue à jouer à des jeux de hasard pour un enjeu. Quand il est à Londres ou à Paris, il déplore le besoin d'avoir toujours une personne auprès de sa fille, ne se rendant pas compte que cette nécessité provient de ce que la législation en Europe est, dans les intérêts de la liberté en général, moins exigeante. Il est moins frappé de la quantité de courage, d'énergie et d'opiniâtreté morale qu'il a fallu à l'individu pour lutter et triompher que du prix payé en vertu et en caractère, de la perte d'hommes et de femmes qui tournent mal, faute de discipline sociale et d'appui collectif. Il lui semble, en théorie, que le laisser faire avec la sélection naturelle dans l'ordre moral coûte trop cher et est trop individuel. Le corps social, selon lui, a qualité pour faire des règles générales pour le gouvernement de la vie morale de la communauté et pour le plus grand bien de l'individu.

Dans les méthodes des deux pays de contracter mariage nous trouvons un intéressant effet de la même cause : c'est, dans l'un, le mariage de convenance et dans l'autre le mariage d'inclination. Tout le monde connaît cette différence qui, selon moi, résulte de la différence générale de la ligne de conduite sociale dont nous avons parlé. Quand l'individu est à ce point entouré qu'il n'a pas le moyen de choisir pour lui-même, les parents sont forcés de choisir pour lui. C'est le résultat d'un système qui obtient une plus grande liberté pour les relations des adultes des deux sexes au prix de plus grandes restrictions pour celles des jeunes gens. En Amérique, au contraire, les jeunes gens se rencontrent le plus librement possible parce que tout danger à ce rapprochement est écarté par l'extrême exigence et contrainte des plus grandes restrictions et conventions sociales. Les jeunes gens des deux sexes ont toute latitude de choisir leur consort pour la vie et pour cet acte ils ont déjà eu une certaine discipline sociale. Cette liberté personnelle du jeune homme le rend plus indépendant au point de vue de la dot et il a plus conscience de la responsabilité qu'il assume pour l'entretien de sa famille. Il est encore vrai que le plus souvent dans la Société américaine, le jeune homme non seulement demeure dans l'ignorance de la fortune de son futur beau-père, au delà de ce que les apparences lui révèlent, mais encore il considérerait comme indigne de lui de se renseigner à ce sujet ; opinion que certes partagerait le père de la jeune fille. Tout ce qui ressemble à un contrat de mariage, à une donation, à une dot d'une part ou d'autre est tout à fait étranger aux trois quarts de la population ; la seule allusion qui soit faite à la question d'argent se trouve dans la formule employée par le marié à la cérémonie religieuse : « je te dote de tous mes biens sur cette terre ». Un homme qui rejetterait la jeune fille de son choix parce que la fortune ou l'aisance de celle-ci aurait, pour une cause ou une autre, été plus ou moins atteinte, serait considéré comme une brute. Et c'est pour cette raison que les mariages internationaux ayant l'argent pour but sont l'objet d'une telle dérision aux Etats-Unis ; un homme qui cherche une femme à épouser pour réparer sa fortune est considéré comme un aventurier ou un farceur. En pratique, la seule question de finance qu'il paraît utile de considérer est celle du pouvoir du marié de subvenir aux besoins de sa femme et de ses enfants. La possibilité de legs, d'héritages ou d'autres espérances, dont on s'occupe tant dans les romans en France, sont autant de points dont aucun compte n'est tenu dans la discussion. La plupart des parents n'informent pas leurs enfants, avant ou après leur mariage, des dispositions testamentaires qu'ils ont pu prendre. Au point de vue idéal, tout au moins, le mariage est une affaire d'inclination.

La rigueur des règles sociales aux Etats-Unis, attribuable sans aucun doute au puritanisme des premiers colons, produit chez l'individu une réaction aboutissant à un puritanisme plus conventionnel mais moins sincère. Il y a évidemment une teinte d'hypocrisie dans la moralité de la bourgeoisie américaine, une exagération dans son attitude conformiste aux règles extrêmes. Ce n'est pas un manque conscient de sincérité ou du Pharisaïsme, mais une affectation, une pureté et une « respectabilité » outrée qui apparaissent sous un jour très défavorable en contraste avec la franchise et la sincérité des discussions françaises. La distinction entre les nécessités sociales de moralité qui, naturellement, sont et doivent être utilitaires, et les règles essentielles de conduite morale reposant sur la conscience et le droit fondamental, n'est pas bien établie aux Etats-Unis. En France, la société peut permettre plus que le sens individuel de droit moral n'approuve ; le jugement personnel devance les règles sociales. En Amérique, au contraire, la société définit si minutieusement ce que doit être la conduite personnelle que l'individu n'ose pas se montrer plus tolérant ou plus charitable et se laisser aller à excuser de moindres péchés ; tant il a peur des punitions sociales dont il aurait à souffrir. Je dis qu'il n'ose pas, il serait plus vrai de dire qu'il ne peut pas ; car son éducation et le pli de son esprit l'enferment complètement dans le moule conventionnel. Quand il discute mariage, divorce, jeu, courses, « prize fighting », art, les limites des sujets littéraires et beaucoup d'autres sujets moraux ou quasi-moraux, ses idées sont mesquines et bornées pour la simple raison que la voix de Mme Grundy résonne à ses oreilles depuis son enfance de condamnations sociales générales. La punition sociale devient trop sévère pour la faute. La société confond la faute avec le vice et tous deux avec le crime, elle assimile le jeu à l'homicide, la défalcation et la fraude : tout est crime. L'augmentation effrayante de crimes sanguinaires et de violences dans les grandes villes de l'Union, ainsi qu'il résulte des statistiques récentes, ou les tripotages des émetteurs d'actions minières et autres lanceurs de soi-disant entreprises financières n'émeuvent pas beaucoup le citoyen américain, mais en dénonçant les violations des lois en faveur de la pureté des vivres et de la surveillance du travail de l'enfant il s'exalte jusqu'au paroxysme de l'indignation. Il trouve probablement, comme récemment le Gouverneur d'un de nos Etats, des circonstances atténuantes en faveur des lyncheurs alors qu'il condamne sans hésitation le ministre qui remarie un divorcé pénitent. Dans tout ceci la règle de la raison morale est trop souvent remplacée par la maxime de la convention courante.

Sans aucun doute, beaucoup de causes contribuent à ce contraste général. La vitalité de la sanction religieuse en Angleterre et en Amérique qui se manifeste encore dans les formules théologiques, y joue un grand rôle. En France, l'autorité a fait place à la raison ; l'église est devenue un instrument esthétique, un moyen de culture plutôt qu'un but en elle-même. Aux Etats-Unis la grande classe moyenne est non seulement religieuse mais théologienne jusqu'au cœur. C'est ainsi que les causes sémitiques de divorce données par l'Ancien Testament, prévalent sur celles de nature utilitaire ou strictement éthique. Le plus grand obstacle à l'abolition de l'esclavage aux Etats-Unis en 1860 — en dehors de la question des droits acquis de propriété — fut la défense de cette institution avec les textes de la Bible par le clergé des Etats du Sud. Tout « compromis avec le mal » que représenterait une loterie d'Etat ou la reconnaissance de vices sociaux qu'on isolerait, patenterait ou même restreindrait, tout système de laisser faire avec le seul caractère de l'individu pour suppléer au contrôle social et le remplacer, seraient immédiatement condamnés par les préjugés religieux et l'intolérance théologique. Au lieu de discuter ces questions avec franchise et en gens conscients de leur responsabilité, on a recours aux subterfuges de la cachotterie et aux subtilités du casuiste. Au moment où j'écris, un ministre éminent et très respecté de Washington éprouve la nécessité de protester devant une « Commission du Congrès » contre l'accusation d'avoir voulu faire « un compromis avec le péché » lorsqu'en réponse à des questions qui lui ont été posées il a donné son opinion sur les moyens qu'il fallait employer dans la lutte contre le vice social de la ville. Dans mon enfance, un « infidèle » — le sceptique religieux — était considéré pire qu'un simple pécheur, c'était un monstre moral. Le manque de foi était le plus odieux des crimes.

Qui plus est, de la confusion que l'on fait entre les prescriptions sociales et les devoirs individuels résulte une fausse conception de la responsabilité collective ; c'est ainsi, par exemple, que l'on confond le vice avec le crime, comme l'a récemment montré le Maire Gaynor de New-York en discutant (devant le « Forum » de l'Université de New-York) les réformes dans l'administration de la ville demandées par le peuple. On confond ce qui est moral avec ce qui est légal. Dans les pays militaires, de pareilles confusions proviennent du développement de ce que nous pourrions appeler une « moralité martiale » spéciale. Il est difficile de distinguer ce qu'il y a de réellement bon là où les actions les plus triviales sont rigoureusement défendues « strengst verboten » par l'absolutisme de l'autorité civile ou militaire [1]. Rien ne pousse à la révolte comme des défenses triviales. La lumière de la raison risque de s'obscurcir pour toujours quand les mêmes autorités nous disent avec le même sérieux de ne pas tuer et de ne pas jouer du piano après midi, de ne pas voler et de ne pas marcher sur le gazon et de ne pas rire bruyamment le dimanche.

En France, si les signes ne me trompent pas, le balancier commence à incliner vers une plus grande réglementation sociale. Sans doute, l'idée

1. Les nouveaux règlements de police que la presse nous apprend être en vigueur à Berlin défendent de siffler, d'agiter sa canne et de traverser diagonalement aux coins des rues !

de « paternalisme » qui fait partie des théories socialistes en est une des causes. Mais il y a d'autres raisons éthiques et pédagogiques tout à la fois qui y contribuent. Il ne conviendrait pas de pousser le « retour à la nature » de Rousseau jusqu'à un individualisme irresponsable vis-à-vis de la Société. L'appel, non plus, aux connaissances scientifiques, suivant la théorie de Comte, ne constitue pas une suffisante sanction morale à l'individu. Le fait de « tout savoir » ne devrait pas équivaloir à « tout pardonner » ; le savoir ne justifie pas tout, car en vérité il n'empêche pas tout ce que la morale réprouve. La faiblesse morale des êtres dont les facultés ne sont pas mûres, n'est pas une raison suffisante pour les abandonner à leur perte. La Société a la responsabilité de renseigner l'intelligence, de fortifier et confirmer la volonté ; le devoir d'encourager la jeunesse aux plus grands efforts et d'écarter les obstacles qui pourraient en empêcher le succès. La liberté donnée à l'homme de bien de repousser le mal est chèrement acquise par la chute de l'homme faible victime de la terrible tentation à laquelle la même liberté l'a exposé. La psychologie de suggestion physiologique et sociale montre la nécessité d'imposer des limites sévères à la théorie et à la pratique qui laissent le garçon et la fille, l'homme et la femme, seuls, aux prises avec les dangers sociaux.

En France, les écrivains se déclarent de plus en plus en faveur d'un recours à une réglementation sociale plus stricte partout où les lois existantes permettent à l'individu une conduite licencieuse. Je reviendrai, plus tard, sur ce point.

IV

Dans les choses touchant à l'idéal esthétique nous trouvons le même contraste mais avec des manifestations plus subtiles. Il est peut-être vrai, comme on le dit quelquefois, que le tempérament anglo-saxon soit essentiellement prosaïque, que les Anglais dont les Américains ont hérité leurs traditions de goût et de morale, manquent réellement d'imagination créatrice et de délicatesse de sensibilité. Peut-être y a-t-il quelque chose dans sa nature même qui ajoute à sa force morale un peu de rudesse, à la raideur de son caractère une sorte d'inflexibilité, à son courage une idée de brutalité, à ses appréciations esthétiques un semblant de grossièreté. Tels peuvent être les défauts des hautes qualités de l'Anglais, et c'est ce qui peut expliquer la torpeur apparente des sentiments britanniques et américains en matière esthétique et principalement en ce qui concerne l'art plastique et la musique. Il y a un manque relatif d'effervescence, de sentiment et de liberté d'inspiration. On ne peut raisonnablement contester la supériorité française dans les beaux-arts ; cette supériorité, nul doute, s'etend à tout ce qui constitue le goût. Il suffit de passer quelques mois à Londres ou New-York, après avoir résidé un temps à Paris, pour sentir le contraste ; il y a une différence dans la qualité esthétique de tout le milieu. Dans les villes moins importantes, les détails matériels de cette différence ressortent en « haut relief » et on peut dire de même des détails intellectuels et moraux quand on se met à considérer le cas de plus près.

En France, le côté esthétique des choses est partout en évidence : dans les décors des rues, dans la nature des monuments publics, dans les devantures de magasins, dans les vêtements des gens, dans la cuisine, dans la disposition des fleurs, etc. La « cravate » sur le gigot d'agneau dans l'étal du boucher en fait foi et la « pose » de la croquette sur l'assiette au restaurant et cette délicieuse tentation qu'offrent les bonbons par leur « mise en scène » ! Goût raffiné, agréable ; style simple et à effet ; façon discrète et atteignant le but ; beauté aussi bien dans l'insignifiant que l'important ! Le chef a ses inspirations comme le musicien ; les créations de la modiste sont aussi sérieuses que celles du sculpteur ; l'ébéniste a autant de respect pour les meubles anciens que l'architecte pour les monuments historiques. Chacun est considéré artiste, même dans les moindres détails de son métier.

L'Américain éprouve le contraire de tout cela quand il retourne aux Etats-Unis ou va en Angleterre ; plus encore, peut-être, à Londres qu'à New-York. Comparez les devantures de magasins du Strand avec celles de rues d'égale ou de moindre importance à Paris, le boulevard Haussmann, la rue Saint-Honoré, ou même d'une rue encore moins importante comme l'avenue de Wagram ou le boulevard Saint-Michel ; ou comparez la 7e Avenue à New-York avec une rue commerçante n'importe où à Paris. Le but de la devanture est de plaire, d'attirer ; c'est un baromètre de goût dans la façon dont elle est décorée, d'art dans sa disposition. L'étalage français est composé d'un groupe choisi d'articles arrangés de façon à former un harmonieux ensemble. La simplicité est la règle ; l'intuition

A LA GLOIRE DES ÉTATS-UNIS
(Projet de monument par M. D. Despradelle.)

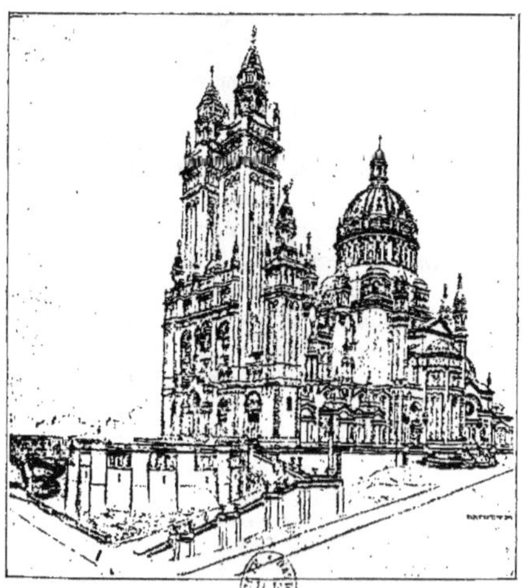

PROJET POUR LA CATHÉDRALE DE SAINT-JEAN L'ÉVANGÉLISTE, A NEW-YORK
(Par Carrère et Hasting.)

Planche X.

de la valeur esthétique des couleurs et des formes, le guide ; une émotion plaisante et en quelque sorte purifiée, le but. C'est une leçon de raffinement pour le passant. Mais dans les étalages du Strand ou de la 7e Avenue, on voit une quantité d'articles, la surface incohérente de choses empilées, de choses étalées et de choses suspendues en masse. Cela vous rappelle le domestique inexpérimenté qui essaie de plaire en apportant deux fourchettes au lieu d'une. Quantité, utilité, économie de place, quelle insouciance ! L'idée paraît être que les chances de vente augmentent avec le nombre d'objets exposés. Il ne semble pas frapper le boutiquier que des articles d'utilité peuvent faire un plus grand effet, s'ils sont joliment présentés. Mais en réalité la difficulté ne consiste pas en ce qu'il n'essaie pas ; il essaie, mais il ne peut faire mieux ! Et le passant ne frémit pas, il admire !

Il en est de même pour les vêtements. La France dicte la mode au monde, pour l'excellente raison que les modes françaises, alors même qu'elles sont extravagantes, n'offensent pas le goût. Dans d'autres choses de moindre importance, dans la disposition des couleurs, dans la courtoisie des rapports personnels, etc., de même que dans les choses les plus élevées de l'esprit et de l'art, c'est la France qui règne. A ce propos, la question suivante se pose, par rapport à l'idéal : cette différence tient-elle réellement à la race, aux dons naturels, au sang ; ou ne s'explique-t-elle pas partiellement ou totalement, par les différences de culture, de tradition, d'idéal de la vie ?

La discussion ici d'une pareille question est impossible ; elle est trop vaste. Mais je désire montrer que les différences de tradition et de règles morales en France et aux Etats-Unis, réagissant sur la vie en général, peuvent expliquer, en grande partie, les contrastes dans les choses de l'art, ou tout au moins résoudre certains cas les plus en vue.

La différence entre l'idée française de contrôle de soi-même et l'idée américaine de réglementation sociale ; la différence entre la culture qui a pour principes la liberté de l'individu et la culture basée sur des restrictions collectives dans les questions de conduite personnelle, ces différences sont de la plus grande importance en ce qui concerne la production et l'appréciation d'œuvres artistiques. La cause en est facile à voir. Entre toutes choses, l'Art exige la liberté ; l'absence de restrictions et de contraintes de l'extérieur, la disposition personnelle de ses procédés et le choix de ses sujets suivant sa propre inspiration. L'art est tout ce qu'il y a de plus autonome. Quelque concession que nous puissions faire au rôle moralisateur de l'art, à la place qu'il occupe dans la société, à sa plus grande utilité, nous devons dire après tout que, dans tout cela, il est autonome. Il est bon, utile et vrai, parce qu'il atteint son but spécial, la beauté. Aussitôt qu'une considération quelconque étrangère à l'élan même de l'art, assume de le diriger ou de le localiser, l'enveloppe de l'art est percée, la belle bulle éclate, sa pureté artistique est perdue. Il ne nous reste alors plus qu'une simple exposition, une prose ennuyeuse, un sermon, un traité ; toutes choses qui ont une valeur morale et de vérité, mais qui n'ont pas la valeur que possède l'idéal esthétique. L'artiste dépeint ce qui est beau et vrai dans une œuvre imaginative, se rapprochant le plus possible du réel, mais il est impuissant à enseigner le vrai ou appliquer le beau. Il dépeint ce qu'il lui plaît de dépeindre.

Quelle dissemblance entre cette impulsion esthétique, cette poursuite de l'idéal esthétique et cette habitude d'esprit de se courber constamment devant des conventions sociales et de faire appel à une autorité externe ! Le Puritain ne peut pas comprendre l'art, encore moins en faire ; le jugement de la convention morale empêche de voir en soi-même et enlève à l'imagination sa liberté. Il n'est pas habitué à la liberté de choisir ; et ne saurait que faire de cette liberté, s'il l'avait. En Anglais « libre-pensée » est une phrase dénotant une licence dangereuse et répréhensible. Et pourtant, sans la liberté de pensée, comment pourrait-il y avoir la plus grande liberté d'imagination artistique !

D'où l'intolérance si bien connue de l'attitude anglo-saxonne en matière d'art, la censure publique sous ses différentes formes, l'impertinence de prescrire à l'artiste ce qu'il peut ou ne peut pas faire, dans le même esprit que l'on réglemente la circulation dans les rues et la vente de l'alcool. Si l'artiste se soumet à cette prétention, il forfait à son droit de naissance, il manque à son mandat esthétique, parce qu'il se fait une fausse idée de sa propre mission ou la trahit volontairement. Son art peut se limiter lui-même d'une façon ou d'une autre, mais il ne peut permettre à aucune autre puissance d'en fixer les limites.

Vous direz peut-être que le véritable artiste, qu'il soit Américain ou Français, ne se laisse pas influencer par ces restrictions sociales ; mais, hélas, est-ce vrai ? Quel est l'artiste chargé de l'exécution d'une œuvre officielle, qui peut oublier que l'œuvre d'un autre sculpteur, par exemple, a été refusée parce qu'elle n'était pas assez drapée pour plaire au conseil municipal bourgeois, ou qu'en sortant du Salon son tableau n'aura aucune chance d'être vendu dans son pays natal, où tant de mécènes le jugeront superficiellement d'après l'idée morale qui s'en dégage. Avant qu'il puisse y avoir un art libre et productif, une éducation générale au point de vue esthétique, une espèce de renonciation à la question morale, sans quoi on ne peut être juge d'art, sont nécessaires. Et cela veut dire qu'il faut une grande tolérance et une autonomie personnelle, une libération complète de l'esprit.

S'il est vrai que la supériorité française dans les arts soit le résultat de la théorie et de la pratique nationales de l'individualité de pensée et d'autonomie de conduite, les différences de race et de sang seraient loin d'avoir l'importance qu'on leur attribue. La rigidité d'exécution, la pauvreté d'imagination, la raideur du portrait et la superficialité de conception que l'on remarque dans l'art primitif sont attribués à sa crudité et à son manque de développement. L'impulsion esthétique, disons-nous, ne s'est pas affranchie des entraves d'une imitation servile, de sa soumission aux conventions, du but de n'être qu'utile ; son inspiration n'est pas libre, elle n'a pas conscience de son domaine. Nous pouvons dire à peu près la même chose des cultures et des pays civilisés où les mêmes conditions existent mais à un moindre degré; où l'idéal est principalement pratique et utilitaire, ou « positif » et scientifique. Le goût esthétique n'est pas tout à fait mûr ; l'impulsion artistique ne se libère pas facilement.

Aux Etats-Unis on s'est fait un certain scrupule de conscience d'aimer ou de tolérer les beaux-arts. C'était de l'effémination, une faiblesse indigne d'un homme. Le poète était une personne frivole ou un cerveau dérangé ; le romancier un sot qui n'avait pas d'occupation sérieuse ; l'acteur un danger pour le bon ordre de la société. Récemment, une famille rougissait d'avouer qu'un des fils de la maison était un « artiste » et s'empressait d'expliquer qu'il était peintre en bâtiments et non pas peintre de tableaux. Tout ceci indique que l'obstacle au talent artistique est social et moral, ce qui ne prouve pas qu'il n'y ait pas de talent. Des génies artistiques sont peut-être nés en Amérique comme ailleurs, il est possible qu'ils aient été étouffés à leur naissance par la lourde atmosphère commerciale et sociale. Maintenant que la liberté est plus grande, ils commencent à se montrer.

Un changement remarquable s'est, en effet, opéré pendant les vingt dernières années, et s'opère encore à l'horizon artistique de l'Amérique, dû, en grande partie, à l'influence, à l'exemple et à l'instruction français. Les sociétés, les comités civiques, les conseils d'administration des écoles, cèdent à la requête des artistes et s'occupent de chercher le moyen de faire l'éducation du goût public. Quant aux villes, les récents projets d'embellissement ont, dans une très grande mesure, fait disparaître ce que beaucoup de villes américaines avaient auparavant de sordide et de laid.

V

Avec ce réveil esthétique, l'horizon moral s'est élargi ; il y paraît plus de raison et moins de pruderie. Le droit qu'a l'individu de juger par lui-même est plus généralement reconnu dans des questions qui étaient auparavant réglées par les conventions sociales. L'individu commence à faire de moins en moins cas de la critique, des préjugés étroits de la société, et à affronter courageusement cette espèce d'ostracisme social engendré par l'hypocrisie et l'intolérance morale. Telle est la conséquence du progrès remarquable qu'a fait la tolérance religieuse. Les Catholiques Romains et les Unitériens se consultent sur des questions sociales ; les Presbytériens et les Méthodistes se joignent aux Israélites pour la distribution de leurs charités, pour élaborer leurs plans philanthropiques et de bien public. Il y a un mouvement sur pied pour accorder au Juif et au laïque le droit d'employer le septième jour de la semaine suivant leur conscience. En ce moment une opposition active se propage contre le projet de loi prôné par l'Alliance du Sabbat, ayant pour objet d'appliquer au District de Colombie les lois drastiques du travail du dimanche qui, suivant le dire de l'Alliance, sont en vigueur dans tous les Etats excepté celui de la Californie. Un amendement au dernier projet de crédit dans le budget des Postes ayant pour but de diminuer considérablement le nombre des distributions du dimanche est l'objet d'une très chaude discussion. Ces conflits montrent combien s'accentue la divergence entre les partisans du jugement privé et ceux de la réglementation sociale.

Des faits comme ceux-ci et beaucoup d'autres qui pourraient être cités sont autant de symptômes du développement d'un esprit général de tolérance aux Etats-Unis. Il se révèle dans l'appui loyal que le public donne au système séculier des écoles, dans l'abandon des cris de combat religieux dans les élections, dans l'indépendance avec laquelle les hommes publics patronnent toutes sortes de réformes, dans l'égalité complète des races, des croyances, etc. Cela prouve que le point de vue américain subit un profond changement — une modification de son idéal en faveur d'une vision intellectuelle plus large et plus claire, une plus grande autonomie morale, l'émancipation graduelle de la conscience des réglementations sociales.

Il y a des indices, je pense (parlant avec la prudence qui convient à un observateur étranger) que le point de vue français se modifie en sens contraire. Dans la pratique de l'idéal français tout autant que de l'idéal américain, certains défauts des qualités de chacun se sont révélés. Le droit de jugement personnel peut, bien entendu, toujours être invoqué pour justifier la licence et l'illégalité en pratique ; les résultats de la science peuvent être asservis aux doctrines de la jouissance et de l'anarchie. L'esthétique peut fleurir dans une atmosphère de sentimentalité décadente ou s'allier à une sensualité avilissante. Ainsi, l'esprit d'individualité auquel sont dus les plus nobles produits de la culture humaine, montre qu'il contient aussi les germes de décadence sociale. De pareilles conséquences n'apparaissent qu'irrégulièrement en France, mais elles n'en sont pas moins les symptômes d'un danger.

Je pense que la diminution de la natalité prouve le progrès que fait l'hédonisme en France et ailleurs. C'est frappant partout mais surtout en France. Elle tient, suivant moi, en grande partie, à la prudence et à l'égoïsme aidés par la diffusion d'informations. En dehors de la question de savoir si une diminution de la population humaine, prise telle qu'elle est, serait absolument un mal, et je ne vois aucune raison à l'appui, le phénomène montre clairement la décadence de certains motifs humains qui jusqu'à présent avaient été assez forts. Il y a une décadence des sanctions d'un caractère social et collectif ; les sanctions d'orgueil de famille, de nom, de patriotisme civique et national, d'esprit de classe, en général. Et en même temps, il y a un manque de spontanéité de conduite dû à l'irruption des considérations de prudence.

Le moyen de détruire cet égoïsme est simple, il ne consiste que dans la rééducation ou la réintroduction des motifs de solidarité. Il faut un nouveau collectivisme, un nouveau but délibéré de procréer. Il doit être développé dans un individualisme éclairé et tempéré, suivant l'idéal de la vie en France. La tâche du collectivisme et du nationalisme modernes, dans les circonstances, n'est pas de combattre directement la prudence de l'individu, ce serait inutile ; mais de développer dans la limite de cette prudence, dans la prévision et le respect des conséquences, les intérêts de solidarité. Pour la solidarité sociale de l'avenir, les impulsions aveugles de la nature et l'ignorance naïve de l'homme naturel sont tout à fait insuffisantes. Les résultats sociaux qui, une fois, vinrent naturellement, dans une société non perfectionnée, doivent être, dans le nouvel ordre de choses, acquis par une raison consciente agissant sous l'influence de considérations de bien-être social. A l'impulsion doit succéder ce plus grand amour du bien et de l'homme qui nous vient du savoir et de la volonté.

La demande de revision de la loi interdisant la recherche de la paternité peut être considérée comme un indice du retour national à une plus stricte réglementation sociale dans les cas où l'individu se soustrait à ses hautes responsabilités.

En vérité, du nouveau se prépare en France, les présages abondent, ce sera comme une renaissance de la vie spirituelle. Elle se manifeste dans le nouvel esprit de modération et de fermeté qui guide la politique étrangère, dans ce désir nouveau de tempérance et de restriction, dans cet enthousiasme nouveau pour le triomphe de la moralité. Le véritable élan du caractère français se montre ici à nouveau. La France se forme de nouveau l'idéal où se révèlent un point de vue spirituel, une morale plus sévère et une impulsion artistique prenant les formes esthétiques les plus aptes à inspirer et élever l'âme. Les Américains acclament avec le monde entier cette renaissance spirituelle dans la vie nationale de la France, si résolue, si éclairée, si sûre d'elle-même. Vive la nouvelle France !

VI

Nous arrivons enfin à la question de l'idéal théorique que nous pouvons considérer avec l'aide des distinctions pratiques dont je viens de parler. La théorie américaine des droits individuels a été développée sur un fond de collectivisme pratique, une légalité dont le code moral est Puritain.

Elle se modifie maintenant rapidement dans le sens d'un individualisme plus libre où les restrictions imposées à la conduite personnelle deviennent moins grandes grâce à une plus grande tolérance ; résultat, je crois, d'une plus profonde compréhension de la vraie nature de l'obligation morale.

D'autre part, les Français, se basant aussi sur les droits de l'homme, ont laissé se développer une pratique de laisser faire dans la vie sociale qui a démontré la nécessité d'imposer, en certaines choses, des limites à la liberté personnelle qui risquait de devenir de la licence. Elle a par conséquent une tendance à se soumettre à un contrôle social plus général, à un collectivisme nouveau et raisonné. Il en résulte que les deux types de culture, que l'idéal de chacun, se rapprochent d'un terme commun et, avec le temps, auront plus en plus en commun. La différence que j'exprimerai dans un contraste de phrases résumant l'attitude du Français et de l'Américain dans la vie, existera néanmoins et naturellement toujours. La devise française est : « Liberté guidée par la conscience (« Freedom guided by insight ») et la devise américaine : « Liberté armée de la loi. » (« Liberty armed with law. »)

Aux Etats-Unis, les points de vue saillants et les plus forts motifs sont économiques et moraux ; leur force les met souvent en conflit. En France, aussi, ces motifs sont forts, mais ils ne créent pas entre eux les mêmes oppositions et interventions. En France les motifs pratiques sont moins exclusifs et ardents qu'en Amérique. C'est à croire que le plus grand développement du point de vue esthétique, l'empire de la beauté et la poursuite habituelle de l'art, agissent comme un dissolvant dans la pratique. L'art certainement atténue les aspérités d'un rigide puritanisme ; la liberté qui lui est nécessaire encourage un jugement plus distinctif et une plus grande tolérance. L'art aussi, dans une certaine mesure, émousse le motif économique, en diminuant la valeur relative des choses matérielles ; les richesses et le luxe sont subordonnés aux profits mentaux de l'inspiration et de l'imagination. L'économique cesse d'être le but, il devient le moyen. Et le véritable rapport des valeurs entre elles est trouvé quand on voit que les plus grands effets esthétiques sont souvent les plus simples et les moins dispendieux. Bref, l'art devient le révélateur des valeurs de l'esprit.

L'idéal français est tout d'abord une vision intellectuelle. Il chérit la clarté et la netteté dont le grand philosophe Descartes fit le critérium du savoir. Il essaie de s'analyser, de se justifier, de se prouver lui-même à l'intelligence, même dans les affaires pratiques de la vie et les intérêts moraux de conduite. La connaissance rationnelle, la « sagesse socratique » est la clé du devoir.

En discutant Descartes dans son admirable nouveau volume, *Etudes d'Histoire de la Philosophie*[1], l'éminent académicien, M. Emile Boutroux, que je suis fier d'appeler mon ami, décrit les Français ainsi qu'il suit :

« Dans l'ordre moral, nous avons aimé la raison d'un amour ardent, « enthousiaste, égaré parfois et contrastant avec son objet même ; mais « à travers nos fluctuations, il est clair que nous poursuivons un accord « de la liberté individuelle et de la loi rationnelle, où ni l'une ni l'autre « ne serait sacrifiée. Et en même temps que nous cherchons dans un es- « prit pratique ce qui convient à notre pays, il nous est impossible de « séparer dans notre pensée le bonheur des autres de notre bonheur propre, « et de vouloir le bien autrement que sous cette forme universelle que com- « mande la raison. »

Tout en approuvant entièrement cet exposé du maître, nous irons peut-être un peu plus loin et dirons que dans l'idéal français, cet accord de la raison et du bien, de la liberté et de la loi, se transforment en une vision de beauté. Dans ses formules mathématiques de vérité, dans sa merveilleuse clarté et souplesse d'expression littéraire[2], et dans son dévouement à l'art comme le plus élevé intermédiaire de ses aspirations, le génie français met à nu son intuition finale, l'amour de l'harmonie, d'unité, de perfection. Dans le génie national français comme dans aucun autre, se trouve cette union compréhensive dans l'art de toutes les parties de l'idéal de l'esprit, cette préoccupation « pan-caliste ». Il ne reste plus qu'à un penseur, à un philosophe français de donner à la philosophie appelée « pan-calisme » — tout pour la beauté et la beauté en tout — sa définition classique et littéraire. Ce penseur viendrait après Descartes en révélant au monde l'un des mobiles cachés de la vie nationale française.

L'idéal américain, au contraire, n'est pas celui d'une vision intellectuelle mais d'une vie pratique. Ce n'est certes pas, comme on le prétend

1. Article Descartes, p. 297.

2. Cette souplesse jointe à la vivacité et l'esprit donne une impression de légèreté à l'étranger dont le doigté est plus lourd. L'écrivain anglais prend ordinairement son sujet trop sérieusement, tandis que l'allemand se prend lui-même trop au sérieux !

quelquefois, un idéal d'ordre matériel, grand, coûteux, non spirituel. Il est moral et non pas matériel, son désir c'est ce qui est juste : la liberté, l'égalité, la fraternité dans un ordre moral et social. Le bien, c'est, comme le veut Kant, le bon vouloir.

Comme nous l'avons vu, les manifestations de cet idéal sont celles qui conviennent en les circonstances, il a été formé suivant les exigences des conditions particulières à l'Amérique. La loi morale et civile sont les instruments avec lesquels l'Américain a surmonté dans l'histoire beaucoup d'obstacles matériels, moraux et politiques et tenu devant le monde la torche éclatante d'une démocratie stable et progressive. La théorie est venue tardivement dans la vie américaine ; la justification a suivi l'accomplissement, la puissance de l'effort a précédé le savoir. La vision est la récompense, non le mobile. Ce n'est qu'en cherchant le bien que le génie américain a trouvé son but et à ce but il a découvert aussi le vrai et le beau.

Il ne peut y avoir aucun doute que la philosophie de Pragmatisme comme elle a été formulée par William James, à la supériorité duquel, comme penseur et comme homme, je suis heureux de rendre hommage, convient particulièrement à exprimer le génie national américain. C'est une philosophie d'achèvement, d'action, de résultats, de succès, de but spirituel. A l'instar du citoyen américain, elle manque de pondération, de qualité judiciaire et de patience, c'est un document précieux dans les annales de la vie tempestueuse d'une nation. La doctrine de James, comme celle de Descartes, fait voir, en termes raisonnés, la phase primordiale du caractère et de l'idéal de son peuple, l'absence de repos, la presse, la vigoureuse assertion de soi-même du Nouveau-Monde. Elle prouve que la sagesse mondaine de l'Almanach du Pauvre Richard est non seulement l'expression de convenance et de prudence, mais est capable d'une plus profonde justification ; qu'elle est fondée sur la prétention, faite dans un noble but spirituel et d'action morale, de dominer dans le monde des hommes et des choses.

Dire cependant que le Pragmatisme est l'expression finale et complète de l'idéal américain équivaudrait à dire que cet idéal est plus partiel qu'il ne l'est et qu'il est lui-même fixe et non progressif. La philosophie américaine doit acquérir la pondération et la sérénité de la saine pensée réflective, tout comme la vie américaine acquiert en pratique les habitudes d'une tradition sociale et politique établie. D'autres types de pensée sont aussi habilement poursuivis que le pragmatique aux Etats-Unis ; et les résultats, d'un commun accord, sont non moins distingués qu'érudits.

La comparaison de l'idéal américain et de l'idéal français dans leur ensemble et dans ce qu'ils ont de mieux devrait être prise dans la discussion d'un sujet comme celui de la paix internationale. Nos deux pays désirent tous deux assurer le maintien de la paix par tous les moyens honorables, par la diplomatie, les traités et l'arbitrage, mais les raisons invoquées pour ce vœu commun de paix ou pour la fondation de ce que, dans un autre discours, j'ai appelé « une ligue glorieuse de tout l'Atlantique » (« a glorious all-Atlantic Alliance ») composée des trois nations nommées dans les traités internationaux d'arbitrage du Président Taft, pourraient fort bien différer. L'Américain donnerait pour raison que la guerre est un mal, qu'elle est injuste, inhumaine, immorale. Il pourrait aussi ajouter qu'elle est sans effet, destructive et coûteuse, mais sa raison principale et finale serait qu'elle est un mal. Le Français de son côté conviendrait, il me semble, que la guerre est un mal, mais ce ne serait pas sa raison principale et finale pour désirer la paix ; il dirait aussi qu'elle est irraisonnable et stupide et de plus hideuse. La hideur de la guerre serait peut-être pour lui la raison la plus convaincante pour la condamner.

VII

La leçon de tout ceci n'est pas difficile à tirer. C'est une leçon qui justifie le but et les efforts d'organisations comme celles du Comité France-Amérique. Voici deux grandes civilisations présentant des éléments de contraste de ce que nous devons considérer être l'idéal complet de l'homme. L'une, celle des Etats-Unis, embrasse avec plus de ténacité les instruments pratiques et pédagogiques du progrès ; l'autre, celle de la France, admire davantage ses fruits intellectuels et esthétiques. Dans le passé, l'une a, dans une certaine mesure, exagéré et dépassé les moyens ; l'autre a, jusqu'à un certain point, oublié les moyens dans la joyeuse vision des résultats. Chacune devrait emprunter davantage à l'autre.

Il y a pour un idéal national deux méthodes importantes pour transmettre sa vertu à un autre idéal national et purifier ainsi et ensemble les sources de leur existence. L'une est physique ; c'est l'union actuelle des races par l'immigration, le mariage entre elles, l'hérédité physique. C'est la méthode en discussion en ce moment dans la théorie de l'eugénique national. Elle est représentée sur une grande échelle dans le creuset (« melting-pot ») de la vie sociale américaine. L'autre est la méthode morale, elle a recours aux renseignements, aux voyages, aux relations, à la tolérance internationale et l'étude sympathique. Pour les choses de l'esprit, pour celles qui ont rapport aux questions plus élevées de la vie, la dernière méthode est à notre portée. Les nations comme les individus peuvent s'ouvrir leurs portes et leurs cœurs, chacune peut ainsi apprendre les leçons que l'autre est à même d'enseigner ; elles peuvent ainsi mettre ensemble à profit les trésors de l'esprit qui font partie de notre commun héritage.

IX

LE CANAL DE PANAMA

ET

L'AVENIR DES RELATIONS

ENTRE LES ÉTATS-UNIS ET LA FRANCE

PAR

MORTON FULLERTON

LE CANAL DE PANAMA

ET

L'AVENIR DES RELATIONS ENTRE LES ÉTATS-UNIS ET LA FRANCE

MESDAMES, MESSIEURS,

Deux orateurs distingués, qui m'ont précédé à cette place, M. le Dr David Jayne Hill, l'éminent jurisconsulte, et M. James Hazen Hyde, qui fut l'incomparable organisateur d'un comité qui servît de trait d'union entre la France et les Etats-Unis, ont tracé devant vous, d'une manière lumineuse, les grandes lignes du développement parallèle de nos deux pays. Nous laissant juste au seuil de l'avenir, ils nous ont invités à reporter nos regards sur le chemin que nous avons parcouru ensemble. Au moment où ils vous quittent, j'ai l'honneur de me joindre à vous pour faire en votre compagnie l'ascension de ce « Pic de Darien » d'où Balboa et ses compagnons découvrirent l'océan Pacifique et, muets de surprise, entrevirent les problèmes de cet avenir qui s'ouvre maintenant devant nous.

I

L'Europe vient d'échapper à une guerre dangereuse. L'incident d'Agadir avait laissé après lui la sérénité d'une paix provisoire. Au milieu d'un grand calme, deux mois seulement après que la *Panthère* se fut éloignée du petit port marocain situé sur l'Atlantique, voici que soudain a sonné l'heure fatale de ce que M. Victor Bérard a appelé : « Le jour du dernier jugement balkanique ». La bataille de Kirk-Kilissé, qui marque la fin d'une époque, a été livrée sans provoquer une conflagration européenne. Pour un moment de nouveau, le ciel s'est éclairci ; sans doute y a-t-il encore des nuages à l'horizon, mais le baromètre est au « beau ». Le monde est fatigué et dégoûté de la guerre. Rois, princes et chefs d'Etats saluent par des télégrammes de cordiales félicitations l'accession à la présidence de la République Française d'un homme d'Etat qui a travaillé avec succès au maintien de la paix. Le Sénat des Etats-Unis vote un crédit de cent mille dollars pour la célébration du centenaire du traité de Gand, conclusion de la paix entre la Grande-Bretagne et les Etats-Unis. Les indices du bon vouloir international abondent et cependant aucun marin expérimenté n'a encore osé quitter le pont. Les nations jettent leurs ancres au vent en vue d'un retour possible de la tempête. Elles prennent avec une hâte presque fiévreuse leurs précautions contre les coups de vent qui pourraient inopinément s'élever et surtout contre la forte brise, qui, à une date prévue, devra forcément souffler à travers la grande tranchée de Culebra.

M. le Dr Hill vous a excellemment rappelé comment en 1822, lorsque, au Congrès de Vérone, la Sainte-Alliance semblait se proposer de renverser le gouvernement constitutionnel dans l'Amérique du Sud, les légitimes appréhensions des libres citoyens des Etats-Unis qui faisaient avec succès l'essai du principe du gouvernement démocratique, se formulèrent dans la célèbre doctrine de Monroe, qui est devenue le principe dominant, et le plus caractéristique, de la politique étrangère des Etats-Unis. Et ce même conférencier, dans un passage capital de son exposé, vous faisait remarquer de quelle singulière façon les conditions géographiques influent sur l'évolution de la vie politique de toute nation, combien il importe de ne jamais oublier que les Etats-Unis, par exemple, se sont développés dans une région de la planète que la mer isolait et éloignait de l'Europe, tandis que la France, par suite de la pression dissolvante qui se produisait constamment sur ses frontières, avait dû travailler à son salut national au moyen de la centralisation. Différence, en vérité, d'une importance extraordinaire, que seule je vous prie de vous rappeler constamment au cours de cette causerie ! Fait qui explique quelques-uns des plus difficiles problèmes de l'histoire ! Mais ce que ni M. le Dr Hill, ni M. Hyde n'ont pas cru devoir vous dire, ce qui du reste était étranger au sujet de leurs conférences, c'est que dans l'avenir, et dans un avenir indubitablement très proche, les conditions géographiques qui contribuent à former cette civilisation particulière, politique, sociale, économique que nous appelons la civilisation française, vont se trouver exactement reproduites sur le continent de l'Amérique du Nord, au grand étonnement sans doute de beaucoup d'Américains eux-mêmes. Les Etats-Unis sont devenus non pas seulement une des grandes puissances du monde, mais aussi, ce qui est bien différent, une des grandes puissances mondiales. Les problèmes des Etats-Unis ne peuvent pas, plus longtemps, n'intéresser qu'eux seuls ; il sera de moins en moins possible aux Etats-Unis de ne s'occuper que de leurs propres affaires. Et en entrant davantage en contact multiple et inattendu avec les autres nations, les Etats-Unis trouveront probablement dans le principe fédératif une moindre efficacité pour le maintien de l'unité nationale. Il se peut que les Etats-Unis, comme la France, sentent bientôt la nécessité de se concentrer, d'adopter des méthodes de centralisation à beaucoup d'égards étrangères à leur passé. Il est de plus assez curieux que précisément ces grandes forces économiques, scientifiques et financières du monde moderne, que beaucoup d'Américains comptaient monopoliser pour dominer le monde, les aient entraînés en plein courant des intérêts internationaux. Le choc de ces forces devait forcément modifier la politique nationale et la politique étrangère des Etats-Unis. Ainsi donc l'un des problèmes de l'heure qui va sonner se formule ainsi : que va-t-il advenir de la doctrine de Monroe, car il est certain qu'elle devra être modifiée suivant les nécessités des temps nouveaux. Devrons-nous l'abandonner ou la renforcer ? Il se trouve que l'achèvement du canal de Panama va avoir lieu au moment précis où ces conditions nouvelles éveillent la conscience nationale américaine. Il y a vingt-cinq ans, vingt ans même, les Etats-Unis étaient à peine visibles au-dessus de la mer, sauf pour les regards perçants de quelques vigies qui n'avaient jamais perdu de vue le continent américain. Aujourd'hui le mirage de l'Amérique se dessine constamment à l'horizon de tous les points de l'Atlantique ou du Pacifique. Mais, — fait encore plus important, — la tour d'Ivoire dans laquelle les diplomates américains, il n'y a pas si longtemps, vivaient comme de tranquilles observateurs Parsis, dans une contemplation indifférente aux mouvements des astres européens, cette tour d'Ivoire va bientôt devenir un des observatoires les mieux outillés et les mieux placés pour l'étude de la politique mondiale.

Ce qui pourrait en réalité surprendre, ce n'est pas que les Etats-Unis soient devenus si rapidement une puissance mondiale, mais plutôt qu'ils aient mis tant de temps à la devenir. Peut-être un de mes auditeurs arrive-t-il de la rive gauche de la Seine et vient-il, pour gagner le théâtre Michel, de traverser le pont Notre-Dame. Peut-être son retour par le même chemin lui paraîtra-t-il moins monotone si je lui rappelle que l'architecte par qui ce pont fut construit, en 1499 et 1506, était le mathématicien et cosmographe Joconde de Vérone, le Dominicain qui, en 1503, a publié à Paris — et en latin, afin que tout le monde pût la lire, — la lettre adressée par Americ-Vespuce à Laurent de Médicis, lors de son troisième voyage vers l'Ouest. Cette publication fut le clou de la saison parisienne, je puis même dire européenne ; elle causa une sensation énorme. C'était la révélation d'un nouveau monde. Lorsque l'idéaliste satirique, Thomas Morus, écrivit ses curieuses rêveries relatives à une société meilleure, vivant dans une terre n'appartenant à personne (No Man's Land) qu'il dénomma Utopie, il lui fallut certainement exiger de son imagination un effort. Quatre ans plus tard, en 1507, le récit de tous les voyages d'Americ était imprimé à Saint-Dié, dans les Vosges, et il était expressément indiqué que le nouveau monde devrait porter le nom de cet explorateur. Sir Thomas voyageait à cette époque sur le Continent, moins pour le bien de sa santé que pour éviter d'avoir la tête coupée. Ce nouveau livre fut une aubaine pour l'auteur d'Utopie, qui plus d'une fois s'en inspira [1]. Ainsi — et voici où je veux en venir — la découverte de l'Atlantide autrefois perdue, qui remonte à plus de quatre cents ans, a enflammé l'imagination de l'Europe. Pendant plus d'un siècle, de hardis navigateurs allèrent à l'Occident et rentrèrent dans leur pays avec un merveilleux butin, avec des plans qu'ils soumettaient à leurs princes et à leurs protecteurs et qui tendaient à la fondation de riches empires s'étendant sur la terre entière. L'un des plus remarquables de ces navigateurs, Champlain, traversa, dans sa jeunesse, le Mexique et l'Isthme de Panama et prophétisa le percement du canal qui réunirait un jour les deux océans. Le même Champlain, devançant la grandiose conception qu'eut M. Roosevelt, quand il créa

1. Voir la *Revue Bleue*, article par M. Jacques Flach « Thomas Morus et l'île d'Utopie », 30 novembre 1912, pages 681-682.

l' « Inland Waterways Commission » (la Commission des cours d'eau de l'intérieur) rêva de joindre la baie de Hudson à la mer des Antilles en établissant la domination française sur toute la vallée du Mississipi [1]. Il n'y a pas eu en vérité un seul moment, depuis la découverte de l'Amérique, où les esprits les plus curieux et les plus perspicaces de l'Europe n'aient pas soupçonné qu'une destinée mondiale dût être réservée aux communautés qui s'établiraient sur le continent de l'Amérique du Nord, mais il a fallu plus longtemps aux Américains eux-mêmes pour apprendre qu'une politique nationale d'isolement ne pouvait être que provisoire. Lorsque Canning « fit appel au Nouveau Monde pour rétablir l'équilibre du Vieux Monde » contre l'empiètement possible de la Sainte-Alliance, il donna naissance à la doctrine de Monroe. Mais les Américains ne se doutèrent pas que cette formule, vaine comme les paroles du roi Canut défendant à la mer d'avancer, sonnerait creux un jour dans la brise passant sur la mer des Antilles. En réalité, elle n'a été qu'une illusion d'optique, la croyance qui, jusqu'à ces derniers temps, a toujours fait partie de la foi religieuse de l'Américain, que les Etats-Unis pouvaient se désintéresser de la politique européenne. Il devient enfin évident, même au plus indifférent, que l'indifférence n'est plus de mise. On avait déjà commencé à s'en rendre compte même avant que le Sénat des Etats-Unis, sous la pression de M. Philippe Bunau-Varilla, eût renoncé au projet du canal de Nicaragua pour reprendre l'idée française du canal de Panama. Aujourd'hui, quand, en prévision de la réunion de l'Atlantique et du Pacifique, les puissances se pressent dans la mer des Antilles, le peuple des Etats-Unis se rend compte que l'isolement national est un idéal impossible.

Or si l'isolement national est devenu impossible pour les Etats-Unis, quelles modifications en découle-t-il pour leur politique nationale ? Quel effet cette nouvelle attitude américaine aura-t-elle sur la politique des puissances européennes ? Et, surtout, — puisque tel est notre sujet — quel

1. « L'achèvement du canal de Panama et celui du lac Michigan, la canalisation de la rivière Illinois, l'amélioration du lit de Mississipi lui-même et les travaux d'approfondissement et d'autres natures que nécessiteront les lits de ses principaux tributaires constitueront le but essentiel du grand projet de conservation. De la sorte, en ce qui concerne les transports, les navires d'Honolulu et de Yokohama pourront charger leur frêt à Duluth et à Fort-William, à Toronto ou à Buffalo, et leurs marchandises pourront être transportées directement des quais de Minneapolis ou de Chicago, de Pittsburg ou d'Omaha jusqu'à Bombay, Liverpool ou Hongkong ».

Theodore Roosevelt. Dynamic Geographer, par Frank Buffington Vrooman, F. R. G. S. (Imprimerie de l'Université d'Oxford, 1909), p. 49.

effet aura-t-elle sur la politique de la France ? Quelle sera probablement la nature des relations futures entre la France et les Etats-Unis, par suite de l'ouverture du canal de Panama ?

Toutes ces questions se résument en une seule, car nous ne discutons pas en l'air mais nous nous appuyons sur des faits et sur les réalités des relations internationales actuelles. L'action de l'entente cordiale existant entre la France et l'Angleterre s'étendra-t-elle à l'hémisphère occidental ou, pour mieux dire, devra-t-elle être étendue ? La sphère d'influence de la Triple Entente comprendra-t-elle la mer des Antilles et même le Pacifique ?

II

Si, pour répondre à cette question nous devions nous borner à des considérations purement commerciales et financières, nous n'hésiterions sans aucun doute pas à répondre négativement. Dans les Amériques du Sud et du Centre, l'Angleterre est pour les Etats-Unis une rivale redoutable. Les Etats-Unis ne possèdent pas de marine marchande digne de ce nom naviguant sous leur propre pavillon. Ce sont des navires étrangers et principalement des navires anglais qui transportent les marchandises américaines, et la perspective de ce qui pourrait résulter, au cas d'une guerre européenne, d'une telle situation devrait faire frémir les membres de toutes les Chambres de commerce américaines. Depuis six ans, une compagnie anglaise travaille à construire à Para, à l'embouchure de l'Amazone, à l'extrémité du plus grand réseau fluvial navigable qui soit au monde, un port qui, à la fin de cette année même, mettra l'hinterland du nord du Brésil en étroit contact avec les marchés du monde. Le gouvernement de l'Uruguay vient de signer avec le Syndicat Farquhar un contrat pour l'achèvement du chemin de fer international qui abrégera la distance séparant Buenos-Ayres de Rio-de-Janeiro et de l'Europe [1]. Les réseaux ferrés de la Colombie, du Nicaragua et de l'Equateur sont, pour la plupart, anglais ou allemands. La maison anglaise Pearson and Son vient de signer

1. Il y a eu toutefois un accroc à cette négociation. Bien que le gouvernement ait signé, en octobre 1912, un contrat *ad referendum* avec le groupe Farquhar, il y soumit en décembre une autre proposition plus vaste encore qui lui fut offerte par une puissante maison française, la Régie générale des chemins de fer et travaux publics. La proposition française qui est, paraît-il, plus avantageuse pour l'Etat, est maintenant devant les Chambres.

un contrat de 37.557.480 dollars pour la construction dans la baie de Valparaiso de docks et de quais où pourront accoster les plus grands steamers. Et les grands bassins de pétrole du Mexique, qui auraient été d'une valeur incalculable pour la marine américaine, sont aujourd'hui ou vont devenir un monopole de la même colossale maison anglaise. Quant à la France bien qu'en général son commerce ne fait que complémenter celui des Etats-Unis et ne le menace pas d'une concurrence aussi formidable que celui de l'Angleterre, elle ne sera probablement, pas plus que l'Angleterre, entraînée à se lier plus étroitement avec les Etats-Unis pour des motifs fournis par des traités de commerce. Si la Triple Entente est jamais étendue à l'hémisphère occidental, ce sera pour de tout autres causes. Existe-t-il actuellement des raisons de cette nature ?

Tracez sur un globe terrestre, de l'un quelconque des grands ports français de la Manche une ligne suivant l'arc de cercle qui unit ces ports à Colon. Elle passera à 148 milles au nord de la Martinique et à 95 milles au nord de la Guadeloupe et à une distance presque égale d'autres stations plus favorisées appartenant à des puissances amies ou rivales. Cette simple constatation a récemment été faite par une mission officielle du gouvernement français et elle a causé quelque étonnement. Plus surprenante encore, cependant, a été la conclusion tirée du rapport de cette délégation officielle, une conclusion reconnue généralement comme si claire qu'elle ne souffre aucune contradiction. Il est impossible, ou du moins tout à fait improbable, que l'importance commerciale de la Martinique et de la Guadeloupe, comme escales pour les navires passant par le canal de Panama, devienne beaucoup plus grande par suite de l'ouverture de ce canal. Les navires n'interrompent leurs voyages que pour l'une des quatre raisons suivantes : pour prendre ou pour décharger des marchandises ; pour faire du charbon ; pour débarquer des passagers ou à la suite d'un accident sérieux pour cause d'avaries. Quant à la première raison, la Martinique et la Guadeloupe paraissent déjà pourvues de tout le nécessaire, et les trois autres raisons ne peuvent pas toucher les Antilles françaises, parce que, nous l'avons dit, elles ne sont pas sur les routes commerciales qui seront certainement suivies par la majorité des navires européens se dirigeant sur Colon, et au contraire des îles plus considérables, possédant d'excellents ports prêts à recevoir le nouveau trafic probable, se trouvent directement sur ces routes. Il n'y a donc pas d'avenir possible pour la

Guadeloupe et la Martinique comme dépôts de charbon et le gouvernement français ne peut invoquer aucune raison commerciale pour créer, à frais énormes, un port important aux Antilles françaises. Cette conclusion, qui est celle de la Mission officielle française, confirme l'opinion que l'on s'était faite depuis longtemps dans les sphères gouvernementales.

Il n'y a pas deux mois, un ambassadeur français me disait :

« L'ouverture du canal n'aura pas pour notre commerce une importance de premier ordre, pour la raison que ce qui importe avant tout pour une navigation profitable, ce sont de fructueuses escales, ce que nous offre la voie de Suez, tandis que l'autre nous ferait traverser, pour gagner l'Extrême-Orient, deux vastes océans quasi-déserts. Nous profiterons néanmoins, sans doute, de la nouvelle voie, soit pour des relations à développer avec l'Ouest américain (Nord et Sud), soit pour des services continus autour du monde. Mais il ne semble pas qu'il puisse s'agir pour nous d'une transformation complète, ou même profonde, de nos voies actuelles de navigation commerciale. »

Convenons donc tous qu' « il ne semble pas qu'il puisse s'agir pour la France d'une transformation complète, ou même profonde, de ses voies actuelles de navigation commerciale ». Mais s'ensuit-il, parce que les deux ports français de la mer des Antilles ne réaliseront probablement pas leurs espérances d'un grand développement commercial par suite de l'ouverture du canal de Panama (la ligne Marseille-Tanger-Colon passe d'ailleurs à peu près entre les îles françaises) s'ensuit-il que la France doive négliger de préparer ces ports en vue d'autres possibilités qui se dessinent déjà vaguement à l'horizon de la mer des Antilles ? Ne peut-on concevoir un jour où la France pourra avoir besoin de ports plus sûrs et mieux outillés que ne le sont actuellement ceux de Pointe-à-Pitre et de Port-de-France ?

Pour répondre à ces questions, il faut recourir à des considérations de politique générale et non pas à de simples questions de commerce. Que nous le voulions ou non, en tant que nations conscientes, nous faisons tous partie d'un vaste système mondial. Des groupes principaux et secondaires de nations tournent étrangement les uns autour des autres, dans des cercles et avec des mouvements giratoires qui rappellent le système de cycles et d'épicycles imaginé par les anciens astronomes. La force de leurs attractions réciproques a créé une condition connue sous le nom d'*équilibre*. Cet équilibre, cette balance des puissances n'est jamais stable parce que la dimension et la direction des différentes entités nationales ne restent jamais constantes. Envisage-t-on la situation générale sous cet angle, que devient le problème des relations anglo-franco-américaines ?

En vérité, je ne me soucierais pas de répondre scientifiquement à cette question, et je ne promettrais point de marcher au bûcher dans le cas où mes efforts pour y répondre n'aboutiraient qu'à une conclusion quelque peu hâtive. Mais j'ai eu la témérité de vous entretenir précisément de ce sujet ; et je suis donc tenu de soumettre à vos méditations et aussi à vos critiques les idées qui me paraissent le mieux concorder avec les faits. En tous cas, vous conviendrez qu'il est impossible même de commencer à deviner quel changement l'ouverture du canal de Panama apportera aux relations de la France et des Etats-Unis sans connaître d'abord les dispositions que les autres nations se disposent à prendre à cet égard ; sans se rappeler, par exemple, que les *croiseurs* de la nouvelle marine allemande, long-courriers, n'ont pas de bons ports d'escale, ni de dépôts de charbon à eux dans la mer des Caraïbes et que l'Allemagne a besoin d'une petite île dans les Antilles pour ses navires de guerre. Il faudra noter que les nouveaux navires de guerre américains, bien que jaugeant 31.000 tonnes et possédant une longueur de 630 pieds devront, comme leurs prédécesseurs, l'*Oklahoma* et le *Nevada*, n'avoir que 95 1/4 pieds de largeur, parce que les écluses du canal de Panama ne peuvent recevoir en toute sécurité des navires ayant un bau excédant 100 pieds ; il faudra se souvenir que l'attitude des Etats-Unis, en 1912, lors de la révolution du Nicaragua, montre que le Gouvernement de Washington n'entend plus tolérer de révolutions futiles dans l'Amérique Centrale, et, qu'en fait, la politique des Etats-Unis consistera dorénavant à policer l'Amérique Centrale, en prenant Panama pour base ; il faudra comprendre le sens exact des paroles du Président Taft, qui, en 1910, assura la République du Panama que les Etats-Unis ne l'annexeraient pas, mais que « comme garants de l'intégrité de la République de Panama, et, partant, comme les gardiens, pour ainsi dire, des libertés de son peuple », ils étaient responsables du Gouvernement de Panama et, par conséquent, étaient tenus « de surveiller de près les agissements des autorités de ce pays et d'insister pour qu'elles fussent choisies conformément aux lois [1] ; enfin et surtout,

1. Discours au banquet offert au Président Taft, le 16 novembre 1910, par le Président Pablo Arosemena. Voir le *New-York Sun* du 17 novembre 1910.

il faudra ne pas oublier que l'alliance actuelle de la France et de l'Angleterre, une des grandes puissances a fait vœu de la détruire, et que, ni la France, ni l'Angleterre ne peuvent en ce moment agir tout à fait indépendamment l'une de l'autre, dans aucune partie du monde.

De ces considérations brièvement énumérées, qu'il ne faut jamais perdre de vue en examinant la question qui nous occupe, la dernière est importante, sans doute ; mais non moins digne d'attention, est le fait que les Etats-Unis entendent faire la police dans l'Amérique Centrale et espèrent et veulent maintenir la paix dans la mer des Antilles. Mais faire la police dans l'Amérique Centrale est tout autre chose que de maintenir la paix en haute mer ou même à l'intérieur de ce *mare clausum* qu'est la Méditerranée américaine.

La nouvelle Administration de Washington hésitera peut-être à voir les faits tels qu'ils sont. Déjà une violente campagne a commencé contre ce qu'on appelle avec mépris « la diplomatie des dollars ». Mais, quelque effort que tente l'un ou l'autre des partis politiques pour se soustraire aux responsabilités et pour résister temporairement à la force des choses, le bon sens du peuple américain exigera éventuellement que les intérêts de la nation soient maintenus au-dessus de la politique des partis. Vous vous souvenez tous de la fameuse parole dite à Lille, par Gambetta : « Quand la France aura fait entendre sa voix souveraine, il faudra se soumettre ou se démettre. » Lorsque, dans la pleine conscience des réalités qui, bon gré, mal gré, détermineront la politique nationale de leur pays, les Américains feront entendre leur voix souveraine, tout parti politique — démocratique, progressiste ou républicain — qui ne l'écoutera pas, devra se soumettre ou se démettre.

Il y avait récemment dans l'isthme de Panama environ 500 soldats du corps de la marine et 1.000 hommes du 10e régiment d'infanterie des Etats-Unis. L'année dernière, on annonça qu'il y aurait *ultimately*, en dernier lieu, 1.000 hommes de la marine à Balboa et environ 3.000 soldats à Culebra. Mais il y a quelques semaines, le colonel Goethals informa son gouvernement que ce nombre ne suffirait pas. Pour la protection du canal, disait-il, 25.000 hommes seraient nécessaires au cas où les Etats-Unis perdraient le contrôle de la mer. Les Etats-Unis songent-ils donc réellement à essayer de conserver le contrôle de la mer, et non pas seulement à faire la police de l'Amérique Centrale ? Evidemment, car aux indications que je viens de fournir doit s'ajouter le fait de l'accord récemment conclu avec le Gouvernement cubain pour prendre possession des hauteurs dominant Guantanamo. Mais le maintien de la paix dans la mer des Antilles, quelque tentante que soit cette responsabilité, n'est pas chose aussi facile qu'elle le paraît, même si toutes les puissances des Antilles saisissaient l'occasion de se débarrasser de la part effective de ce devoir qui revient à chacune d'elles. D'abord pour le faire, les Etats-Unis ont besoin d'une flotte beaucoup plus puissante que celle qu'ils possèdent actuellement, et qu'ils semblent capables d'avoir d'ici un certain nombre d'années. Puis, même si, malgré une forte opposition du Sénat, ils obtenaient cette marine, ils ne pourraient pas en limiter l'emploi à la seule mer des Antilles. Ils ont d'autres intérêts dans les eaux qui s'étendent à l'Ouest de Panama. Ils doivent aider au maintien de la paix dans les deux hémisphères et non pas seulement sur leurs propres côtes.

Dans la *National Review*, l'auteur d'un excellent article [1], avec lequel je suis presque complètement d'accord, plaide pour la neutralisation de la mer des Antilles. Son programme est trop grandiose pour être pratique. La Belgique est neutralisée, mais rien n'empêchera quelqu'une des trois grandes puissances qui seront en lutte en cas de guerre entre l'Allemagne et l'Angleterre, de déchirer le traité de 1839 et d'utiliser le territoire belge pour leurs mouvements stratégiques, rien, si ce n'est la façon dont les Belges eux-mêmes protégeront leurs frontières. La Belgique s'en est peu à peu rendue compte, et la voici qui augmente son armée avec une hâte patriotique qui devrait bien servir de leçon aux Américains. Une neutralisation théorique de la mer des Antilles n'est donc que pure fantasmagorie ; une véritable neutralisation de cette mer, dans le seul sens où le mot commence à présenter quelque intérêt pour le monde et surtout pour Washington, implique le droit d'y faire la police ; et les Etats-Unis ne peuvent y faire seuls la police. Ils ont besoin d'aides.

L'idéal serait qu'une Union pan-américaine, comprenant les Etats-Unis et tous les Etats de l'Amérique du Sud, imposât une *Pax americana* à l'hémisphère occidental. C'est là le rêve de M. John Barrett, le directeur général de l'Union pan-américaine. Mais c'est un rêve pour la réalisation duquel l'activité diplomatique des Etats-Unis, pendant les dernières an-

1. *Les Etats-Unis et la rivalité anglo-allemande*, par Washington (*National Review*, janvier 1913).

nées, n'a, en somme, fait que peu de chose. Le ton de la presse sud-américaine montre de plus en plus qu'elle considère les intérêts de Washington comme opposés à ceux de Bogota, de Caracas, de Rio-de-Janeiro, de Montevideo, de Buenos-Ayres, de Valparaiso, de Lima et de Quito. Rêve encore, et même davantage, qu'une *Pax americana* que l'ouverture du canal de Panama, en ne faisant qu'un de l'Est et de l'Ouest, rendra aussi difficile que peut l'être une *Pax europeana !* Tous les Etats des Amériques devront prendre pour idéal le principe positif qui dirige maintenant la politique universelle, le principe de l'équilibre ; et, de tous les Etats américains, celui des Etats-Unis de l'Amérique du Nord devra le premier reconnaître ce principe.

La question pour eux est aujourd'hui de savoir qui, de la Triple Alliance ou de la Triple Entente l'aidera à faire la police de la mer des Antilles. Poser la question, c'est la résoudre. Développer devant un public comme celui-ci les raisons pour lesquelles les Etats-Unis, quand ils auront à agir et à choisir, seront obligés de faire de la Triple Entente une Entente quadruple, me mettrait dans la ridicule posture du marchand classique cherchant à vendre ses hiboux à Athènes.

Permettez-moi, par exemple, de vous rappeler les vérités si clairement vues et récemment énoncées par M. Hanotaux, le distingué président du Comité France-Amérique. Avec cette remarquable faculté de divination qu'il doit à sa longue expérience de la politique et à sa vaste connaissance de l'histoire, M. Hanotaux a fait l'autre jour dans un essai suggestif sur « l'Amérique du Nord et la France » cette remarque, « qu'il est permis de penser qu'entre les diverses civilisations européennes et chrétiennes le conflit est clos en Amérique. Mais la paix, ajouta-t-il, ne dépend pas uniquement de la volonté des hommes, elle est à la merci de leurs passions et pour les contenir l'équilibre des forces est nécessaire. Les démocraties américaines, dit-il, seront aux âges prochains les puissances d'équilibre par excellence ». Il soutint éloquemment cette thèse. « Selon le rêve des anciens navigateurs, continua-t-il, les routes américaines ont porté l'Europe vers l'Asie ; l'Extrême-Orient et l'Extrême-Occident sont un. Le nouveau continent les unit et en même temps, il les arbitre. L'axe de la terre s'est déplacé. L'horizon s'est élargi et sur cet horizon toute puissance conquérante apercevra désormais le sommet sourcilleux de la grandeur américaine. » Mais cela, Mesdames et Messieurs, n'est que la moitié de la vérité.

L'autre moitié est aussi importante et c'est principalement sur cette dernière que notre sujet nous oblige aujourd'hui à insister. Les Etats-Unis devront contribuer à l'équilibre du monde, mais c'est un privilège qui revient également à la France. La France est un isthme. Depuis 3.000 ans et probablement davantage sa vallée du Rhône a été la grande route des nations entre la vaste Méditerranée latine et les îles septentrionales de l'Ultima Thulé. Marseille plus ancienne que Rome est la porte de l'Extrême-Orient, tandis que le Jutland français, appelé Cotentin, a arrêté pendant des siècles les Vikings normands et danois dans leurs courses du côté de l'Ouest vers les vignobles de Norumbega, sur cette partie de la côte de la Nouvelle-France qui était destinée à devenir la Nouvelle-Angleterre. C'est seulement à une époque relativement récente que l'Angleterre a poursuivi la politique qui a eu sa glorieuse apogée à Waterloo ; et cette politique qu'elle n'a pas encore abandonnée, l'a, malgré Waterloo, unie à la France par un lien indissoluble. La France, d'autre part, a été pendant des milliers d'années une puissance d'équilibre européen. Son existence même en tant que nation, elle la doit à la résistance opiniâtre qu'elle a toujours opposée aux invasions venues du Nord, du Sud, de l'Est et du Sud-Ouest. La responsabilité que l'Amérique, que les Etats-Unis sont sur le point d'assumer en pleine connaissance de cause, en unissant les deux mondes de l'Est et de l'Ouest, cette même responsabilité est imposée à la France, par le pur accident de sa position géographique, depuis des siècles et des siècles. Si la France a percé le canal de Suez et donné le premier coup de pioche à Panama, ce n'est pas l'effet d'un pur hasard décidant de compléter le travail des Français en unissant l'Atlantique et le Pacifique. Les Américains sont devenus les coadjuteurs, les associés, les continuateurs des Français dans leur tendance remarquable et invétérée à toujours entreprendre une tâche mondiale. Ces deux pays sont en effet souvent prédestinés à travailler pour d'autres intérêts que les leurs. C'est une part de leur destinée particulière que d'avoir à vivre, non seulement pour eux-mêmes, mais pour l'humanité.

Tels sont les aspects moraux de la géographie. Il y a certainement une sorte d'éthique isthmique, exactement comme il y a une sorte de moralité insulaire. Un peuple sur qui, par suite de sa situation, ne pèsera aucune obligation particulière de cultiver la sociabilité, l'urbanité et la courtoisie internationale, un tel peuple doutera du désintéressement des actes d'une nation établie au centre de la tradition. L'origine naturelle de tout un ensemble d'impulsions du tempérament français, de la générosité française, de ses tendances révolutionnaires, sauf la notion anarchique de fraternité, restera une énigme pour les hommes d'une autre race, habitant en dehors des routes de l'histoire ou vivant éloignés artificiellement des foyers et des carrefours de la civilisation. Le seul peuple au monde, à l'heure actuelle, capable de saisir quelque chose du sens exact du mot « humanité », tel que l'emploient les Français, est peut-être celui de l'Amérique du Nord. Pour un Anglais, le mot « Humanity » signifie tout autre chose. C'est la bonté pour les animaux et les inférieurs, ou bien une vague notion semi-métaphysique, synonyme de l'expression « human race » (genre humain). Pour le Français, le mot signifie quelque chose de plus riche, de plus vieux, quelque chose de catholique et de latin. Ce qu'il exprime ne peut, en réalité, être entièrement compris que par les héritiers d'une civilisation très spéciale et d'une tradition idéaliste particulière, par les habitants d'un certain territoire où les idées de famille, de société et de devoir social ont revêtu des formes particulières. L'humanitarisme grandiloquent de Victor Hugo, de Lamartine ou de Michelet sonne aux oreilles de beaucoup d'Anglais et d'Allemands comme un galimatias puéril. C'est une règle utile de ne jamais établir de comparaisons entre les traits particuliers des différentes nations ; s'efforcer de les comprendre, voilà la seule attitude raisonnable qu'il convienne d'adopter et, si l'on ne les comprend pas, on devrait tenir pour acquis que des différences entre nations elles-mêmes qui paraissent les plus incompréhensibles et les plus absurdes ont, lorsqu'elles sont générales, une raison d'être et possèdent, non pas seulement une origine traditionnelle et intéressante, mais une signification et une utilité positives. Lorsque, par conséquent, le Français affirme que c'est la gloire de son pays de travailler avec désintéressement au bien de l'humanité, sa prétention n'est pas nécessairement absurde et l'Américain n'est pas non plus un hypocrite, cherchant à jeter de la poudre aux yeux des nations, quand il soutient être allé à Cuba dans l'intérêt des Cubains, ou occuper Panama « en qualité de mandataire de l'humanité ». L'esprit manifesté par la France au Congrès de Berlin lorsqu'elle défendit le principe de l'article 62 du traité de Berlin, qui assurait à tous les sujets macédoniens de l'Empire ottoman, la liberté du culte, l'égalité devant la loi et l'identité des droits civils et religieux ;

le rôle de la France comme intermédiaire dans les négociations de paix mettant fin à la guerre hispano-américaine ; la manière dont elle a empêché, lors de l'incident de Hull, un commencement d'hostilités entre l'Angleterre et la Russie ; enfin sa politique calme et habile résolument pacifique, écartant, pendant ces derniers mois, toute friction entre les grandes puissances, voilà autant d'indices d'une méthode internationale et d'une attitude nationale purement désintéressées. Les Etats-Unis, qui sont intervenus à Algésiras pour empêcher une agression allemande, après avoir mis fin à Portsmouth à la guerre russo-japonaise, comprennent parfaitement bien cette attitude ; ils le montreront bientôt encore en se rendant à l'appel de M. Root et en réglant leur différend avec l'Angleterre au sujet des droits de péage du canal de Panama. Ainsi fourniront-ils la preuve de l'exactitude de la parole prononcée par M. Roosevelt, lorsque les Etats-Unis « prirent » la zone du canal ; « ils en détiennent la propriété comme un mandataire de la civilisation ».

En fait et en général, les Français comprennent les intentions des Américains, comme aussi les Américains les intentions des Français. Leur erreur, parfois, aux uns et aux autres, c'est de ne pas prendre soin d'expliquer suffisamment aux autres nations leurs intentions, c'est d'oublier que dans un monde où le désintéressement est chose singulièrement rare, il est absolument nécessaire de prendre des précautions spéciales. Avec cette souple sympathie qui caractérise l'intelligence de M. Emile Boutroux, cet éminent philosophe parlant de cette tribune vous a dit, l'autre jour, que l'objet suprême de la pensée française était « de donner à l'homme une certaine forme » et le but visé était « l'idée d'humanité », c'est-à-dire « le type le plus pur, le plus élevé, le plus beau et le plus parfait où puisse prétendre l'humaine nature ». Ce type de l'homme idéal doit posséder le goût et la sensibilité, le culte des sentiments simples et naturels, tels que l'amour de la famille, le sentiment de l'humanité et l'amour de la générosité. Et M. Boutroux définissant ce sens et « cet amour de générosité » emploie des mots qui auraient été parfaitement à leur place dans le discours prononcé par le grand ingénieur, M. Bunau-Varilla en présentant les lettres qui l'accréditaient à Washington comme premier ministre plénipotentiaire de la République de Panama. Comparons ce passage de la conférence de M. Boutroux que vous avez entendue récemment, avec, non pas le discours auquel je viens de faire allusion et qui est déjà connu, mais avec un document qui n'est pas moins historique et qui est resté ignoré jusqu'ici ; avec la lettre dans laquelle le premier ministre plénipotentiaire de la République de Panama informait, le 13 novembre 1903, l'ambassadeur de France à Washington, de l'esprit dans lequel, en sa qualité de Français, il assumait ses nouvelles fonctions.

« Se dévouer au triomphe de la justice, embrasser la cause des opprimés, a dit M. Boutroux, fût-ce à son propre détriment, rechercher les tâches les plus nobles, les plus hardies, les plus idéales, et les accomplir avec élan, sans préoccupation d'intérêt, pour la gloire, pour l'honneur du nom français, pour le bien de l'humanité ; ces ambitions, parfois téméraires, sont demeurées vivaces au cœur de ceux dont les ancêtres intitulaient leurs histoires : *Gesta Dei per Francos.* »

Et M. Bunau-Varilla, écrivant, en 1903, à M. Jusserand, ambassadeur de France aux Etats-Unis, disait :

« Je suis certainement le fidèle interprète du gouvernement et du peuple de Panama quand je dirige mes premiers pas vers la France aussitôt après la consécration de la République de Panama comme état souverain et indépendant. Le peuple de Panama se souvient que les citoyens français répondant au généreux appel du grand de Lesseps ont, dans un gigantesque effort, renversé plus de la moitié de la barrière qui sépare les océans. En choisissant pour son drapeau les trois illustres et symboliques couleurs des pavillons américain et français, la République de Panama a entendu montrer qu'elle partage sa reconnaissance entre les deux grands peuples dont les cœurs auront encore une fois communié dans un fécond et sublime service rendu à la civilisation et à l'humanité. Elle partagera son amour filial entre la mère des nations américaines, la République des Etats-Unis, et la mère des nations latines, la République Française. Elles auront gravé sur son sol leur unité intellectuelle et morale par l'accomplissement de la plus grandiose des œuvres de l'homme, et scellé pour la troisième fois l'alliance de leur génie. »

MESDAMES, MESSIEURS,

La page éloquente que j'ai le privilège de rendre publique pour la première fois, n'est pas une page de rhétorique ; c'est le simple exposé d'un fait historique. Et ce fait historique, le voici : de même que les jeunes lions de l'aristocratie française, conduits par La Fayette, coururent au secours de Washington et contribuèrent à l'indépendance américaine, de même, un siècle plus tard, les Etats-Unis payèrent leur dette de reconnaissance en se substituant aux concessionnaires français du canal, et en sauvant ainsi l'honneur national de la France. Quand toutes les forces anti-républicaines de la France, unies par un pacte infernal, ruinèrent l'entreprise gigantesque du Panama, afin de détruire le régime républicain, le peuple français fut momentanément amené à croire non seulement qu'il avait été la victime d'une colossale escroquerie, mais que les savants français, l'intelligence française, en un mot, avait trompé le monde, après s'être dupée elle-même. Si les Etats-Unis s'étaient arrêtés au projet de construire, à Nicaragua, le canal entre les deux océans, l'abandon de l'entreprise française du Panama aurait à tout jamais entaché le bon renom de la France. Avec l'aide de quelques Américains qui savaient prévoir, avec l'aide de l'ambassadeur actuel des Etats-Unis, par exemple, et de l'ex-sénateur Hanna, un homme, un seul homme, a réussi à sauver l'honneur de son pays et à préparer la renaissance du sentiment national français dont le monde est témoin en ce moment : le grand ingénieur, le non moins remarquable diplomate, l'homme de prompte résolution et d'intelligence subtile à qui M. John Hay, au lendemain de la signature du traité entre Panama et les Etats-Unis, écrivit : « Il n'est pas souvent donné à un homme de rendre à deux pays et au monde civilisé, un service pareil à celui que vous venez de rendre. » Ce ne serait que justice que, chose extraordinaire, en face du fort qui doit commémorer le nom du grand de Lesseps, un autre fort, protégeant l'entrée du canal sur l'Atlantique, portât le nom de celui sans qui le canal de Panama n'eût jamais été exécuté.

L'union symbolique des couleurs de la France et de l'Amérique dans le drapeau de Panama fut l'inspiration d'un véritable homme d'Etat. Les Etats-Unis, par la seule résolution de mener jusqu'à son complet achèvement la tâche qui avait été « plus qu'à moitié » accomplie par les Français, ont définitivement achevé l'œuvre qu'ils commencèrent en 1898, en chassant l'Espagne de Cuba. Aujourd'hui les Etats-Unis sont sortis de leur isolement et voguent en pleine mer ; ils seront bientôt jetés dans le maelstrom des courants et contre-courants du monde ; ils doivent apprendre à naviguer contre le vent comme le font les autres puissances. Ils doivent dès à présent prendre, sur les hautes mers, les précautions usuelles contre les escadres corsaires des nations rivales. Une puissante flotte américaine est devenue une nécessité pour la sécurité des Etats-Unis. L'Amérique a couru au-devant d'une grande responsabilité, elle doit maintenant s'élever à la hauteur des circonstances ou en payer les conséquences par un démembrement.

Que les Etats-Unis assument ces nouvelles responsabilités, qu'ils sortent de leur magnifique isolement, au lendemain même de l'insuccès de leurs efforts pour la conclusion d'un traité commercial de réciprocité avec leur voisin du Nord, le grand Dominion appartenant à l'Angleterre, voilà qui est très significatif. Cet insuccès a mis pour la seconde fois, après soixante-dix ans écoulés, les Etats-Unis en présence d'une puissance étrangère, moralement aussi indépendante qu'ils le sont eux-mêmes, aussi riche et aussi entreprenante, et, chose curieuse, aussi promptement consciente qu'eux-mêmes des réalités pratiques de la politique mondiale. Envisagée sous ce jour (et surtout comme un corollaire très significatif de la persistance de l'attitude agressive de l'Allemagne) la situation nouvelle soulèvera éventuellement une question que le gouvernement de Washington se flattait d'avoir résolue une fois encore par le traité Webster-Ashburton de 1842. Il y a une quinzaine d'années, M. Chamberlain a posé cette question en ces termes : « Les grands lacs séparent-ils deux ennemis ? » « Une alliance anglo-américaine est-elle utile ? » Mais la portée de la question va bientôt devenir plus grande. A l'approche du jour inéluctable de l'ouverture du canal, Washington commencera à se poser cette autre question : « Une entente anglo-américaine s'impose-t-elle ? » Sir Edouard Grey pensait assurer une alliance américaine par les moyens d'un traité illimité d'arbitrage ; il échoua. Il y a des périls et des surprises dans les nouvelles responsabilités qui vont s'imposer aux Etats-Unis au moment où ils pénètrent enfin au fort de la mêlée des intérêts hostiles des puissances mondiales, l'Angleterre et ses Dominions ; l'Allemagne et l'Italie ; le pan-latinisme de l'Amérique du Sud [1], le Japon et la Russie. Ces périls peuvent amener

1. « Pour les Etats-Unis et ses vingt Républiques-sœurs de l'Amérique, l'ouverture officielle du canal sera l'inauguration solennelle d'une grande et nouvelle ère de commerce, d'amitié et de paix pan-américaines. » (*Panama Canal : What it means* par John Barrett, p. 81.)

Dans son optimisme, le directeur de l'Union pan-américaine ne tient pas compte des risques résultant de la rivalité commerciale internationale ni de la menace croissante que constitue pour les Etats de l'Amérique du Sud l'application de la « Diplomatie des Dollars » telle qu'elle a été récemment employée dans l'Amérique centrale par les Etats-Unis de l'Amérique du Nord.

les Etats-Unis à ne pas seulement se poser la question de savoir s'il leur convient d'avoir une entente politique formelle avec l'empire britannique. L'Angleterre, les Etats-Unis et la France possèdent, en dépit de leur rivalité réciproque, des intérêts commerciaux communs sur toute la côte orientale du Pacifique, et ces intérêts ne concordent pas avec ceux de l'Allemagne, qui est déjà sur beaucoup de points leur rivale victorieuse. C'est un fait ; mais il y a autre chose : comme l'a montré de façon si concluante l'amiral Mahan, le canal de Panama, en augmentant la population de ces régions et en y développant par suite la navigation et le commerce, aura surtout pour conséquence de consolider à tout jamais les institutions anglo-saxonnes le long des rivages du nord-est du Pacifique depuis l'Alaska jusqu'au Mexique. Qui plus est, l'identité des sentiments, au sujet de l'immigration asiatique, qui existent chez les populations du Pacifique nord-américain et l'Australie, héritière de la même tradition politique, créera certainement des sympathies politiques, et pourra pousser à agir en complet accord les nations dont chacune de ces régions fait partie. La question de l'immigration asiatique est en effet envisagée de la même façon par le Canada, l'ouest des Etats-Unis, l'ouest de l'Amérique du Sud, l'Australie et les possesseurs des îles du Pacifique. C'est une question sur laquelle la Triple Entente est d'accord avec les Etats-Unis. C'est une question sur laquelle les membres de la Triple Entente ne sont pas d'accord avec le Japon et la Chine et jusqu'à un certain point, avec l'Allemagne même. Le canal de Panama tendra ainsi indubitablement à européaniser le nord-est et le sud-ouest du Pacifique ; il laissera asiatique l'ouest du Pacifique.

Mais le fait important est que juste au moment où l'ouverture du canal de Panama va réunir les intérêts politiques généraux du nouvel empire britannique à ceux des Etats-Unis dans le Pacifique, l'Amérique éprouve un plus grand besoin de la sympathie et de l'amitié de l'Angleterre, parce que les limites territoriales du Canada sont à la veille de ne plus être une frontière coloniale, mais de devenir une frontière impériale britannique ; parce qu'une nouvelle flotte canadienne, qui sera aussi une flotte britannique, se construit au nord de Colon, en même temps qu'une flotte australienne et probablement une flotte néo-zélandaise sortiront rapidement du Sud-Ouest pour rejoindre la flotte canadienne dans la rade de Kingston. De même que, pendant nombre d'années, les flottes du monde ont pénétré dans la Méditerranée en passant sous les canons anglais de Gibraltar, de même les cuirassés et les navires de commerce des puissances passeront de la mer des Antilles dans le Pacifique entre les fortifications des Etats-Unis. Mais, quelque magnifique que soit l'avantage de la situation des Américains, qu'ils ne gardent aucune illusion sur ce point ! Le centre géographique de gravité aura été passé de la Méditerranée dans la mer des Antilles ; l'isolement national, l'indépendance à l'égard d' « alliances embarrassantes » ne seront plus possibles pour les Etats-Unis. Se trouvant en fin de compte au *centre de la tradition*, les Américains devront à l'avenir raisonner et agir comme des êtres politiques conformément aux préjugés et aux coutumes du monde. Il est évident qu'une fois sortis de leur isolement, et devenus plus tôt qu'ils ne le pensaient, plus tôt peut-être que certains partis politiques ne le désiraient, non plus simple amateur, mais membre actif du concert des nations, les Etats-Unis seront peu à peu contraints par ces dernières, c'est-à-dire par la force des choses, de modifier le principe de leur chère doctrine Monroe conformément à la loi des nations. Il ne leur sera plus permis de l'accommoder de façon intermittente, provisoire, empirique ou opportuniste, à telle ou telle situation. Prétendre différer la solution complète de ce grave problème en soulevant des flots d'enthousiasme en faveur des conférences de la Haye, de traités d'arbitrage sans restrictions, ou de toute autre forme de pacifisme idéaliste humanitaire et chrétien, si souhaitable et si haute puisse-t-elle être, tout cela serait avec hypocrisie et pourra même être qualifié de politique de seiche, ce *mollusque* qui émet autour de lui une substance noire comme de l'encre pour cacher sa fuite à ceux qui le poursuivent. Cependant la plus élémentaire tentative faite par les Etats-Unis pour conserver l'essence de leur grande « doctrine » nationale en insérant cette même « doctrine » dans le *corpus* reconnu de la loi internationale, leur démontrera l'utilité de devenir une grande puissance navale et militaire. Leur intérêt même leur conseillera simultanément de veiller à ne rien faire qui puisse leur aliéner la vaste communauté impériale d'hommes de même sang et de même chair qu'eux-mêmes, qui, séparée d'eux naguère par une mer qui en faisait des étrangers, est devenue leur proche voisine et constitue même une menace éventuelle par leur littoral insuffisamment protégé.

Si, faute de deviner la tendance inévitable de l'époque, faute de distinguer nettement la nature des forces auxquelles ils doivent se soumettre, les Etats-Unis répudient leur ancien idéalisme et laissent se produire de sérieuses frictions le long des nouvelles frontières qui les unissent à l'empire britannique, au lieu de les en séparer ; ou, s'ils laissent encore les problèmes créés par le canal de Panama, engendrer entre eux et l'Angleterre, le Canada et l'Australie, une mésintelligence capable de préparer à Washington un terrain diplomatique favorable à la signature d'une *entente* défensive entre Berlin et Washington contre la rivalité militaire et la concurrence commerciale anglaise et russo-japonaise, ils assumeront la responsabilité d'un acte qui bouleversera complètement l'équilibre européen et qui sera probablement suivi d'une guerre compromettant les intérêts de toute la population de notre planète. Seule parmi les grandes puissances, les Etats-Unis ont, jusqu'aux dix dernières années du XIXe siècle, vécu en obéissant à deux restrictions qu'ils s'étaient imposées à eux-mêmes : l'une était inspirée par leur position géographique, l'autre par la moralité publique. Comme l'a dit l'ex-président Harrison, il n'y a pas plus de dix ans ; « nous ne voulons, en aucun cas, de possessions territoriales qui ne fassent pas directement corps avec notre domaine national, et nous ne voulons nulle part aucun domaine acquis à la suite d'une agression criminelle [1] ». Mais, aujourd'hui, l'Amérique est devenue une puissance mondiale. C'est une nouvelle venue parmi les puissances mondiales ; c'est un des membres les plus innocents de la bande internationale de voleurs de territoires, dont la ligne de conduite n'est autre qu'une surveillance réciproque au cours de leurs razzias flibustières, dans le but d'empêcher l'un d'entre eux de prendre un peu plus de territoire que l'autre. Une seule influence au monde peut mettre fin à ces méthodes de pillage : l'union des forces du nouvel empire britannique et de nations aussi pleines d'abnégation que les Etats-Unis et la France. Si, dans l'état actuel du monde, les Américains des Etats-Unis venaient à se laisser séduire par les cajoleries de l'Allemagne et acceptaient quelque entente exclusive avec cette puissance, ils vendraient leur droit d'aînesse et sacrifieraient les principes fondamentaux qui, dans les annales du monde, donnent quelque valeur à leur histoire ; ils perdraient « leur vie, leur fortune et leur honneur sacré ».

L'annexion éventuelle de Cuba et du Canada aux Etats-Unis fut un rêve de Jefferson vers la fin de sa vie. Une partie de ce rêve a été réalisée : les Etats-Unis possèdent aujourd'hui depuis Cuba jusqu'à Colon et Pa-

1. « Musings upon Current Topics », *North American Review*, 15 février 1901.

nama, leur « littoral méridional », et il se trouve que cette ligne de rivages est appelée à être l'un des axes, peut-être le nouvel axe de la politique mondiale. Il est moins probable que l'autre partie du rêve de Jefferson se réalise ; la désagrégation de l'empire britannique dans ses *Démocraties latines de l'Amérique* (p. 367), M. Garcia Calderon prédit que, « devoir être l'œuvre des Yankees », paraît être une éventualité plus éloignée que jamais. Le Mexique, que le Japon entreprend déjà de coloniser, peut avant longtemps devenir une dépendance des Etats-Unis comme l'est virtuellement déjà le fantoche qu'est l'Etat de Panama, et comme le sera, sans aucun doute, dans un espace de temps relativement court, l'Amérique centrale. Mais, si avantageux qu'ils puissent vraisemblablement être au point de vue stratégique, ces accroissements du territoire ne donneront pas une flotte aux Etats-Unis, ils ne les aideront pas à rivaliser avec les entreprises commerciales des puissances rivales dans les ports de l'Est du Pacifique ; ils n'entraveront pas le magnifique élan des nations qui se préparent pour la lutte économique (et peut-être militaire) dont l'Océan Pacifique sera bientôt le théâtre. Depuis 1908, les Américains draguent le port de San-Juan, de Porto-Rico et ils lui ont déjà donné une profondeur de 28 pieds. Galveston, où ils travaillent encore énergiquement, est en passe de devenir bientôt le troisième port des Etats-Unis sur l'Atlantique. Key-West est relié au continent par-dessus 100 milles de mer, par un chemin de fer qui est une des merveilles de l'art moderne. A Santiago de Cuba et à Colon, les Américains construisent fiévreusement et bien. Mais, en même temps, les Allemands cherchent dans la mer des Antilles et dans le golfe du Mexique des stations de charbon et des ports d'escale, et après s'être assurés une station de charbon à Haïti, ils ont déjà leur dévolu dans les Indes occidentales danoises, sur l'île Saint-Thomas, que les Etats-Unis ont essayé d'acheter en 1902 et que le nationalisme danois ne semble plus capable de conserver. Au loin dans le Pacifique, à l'ouest et au sud de Panama, l'Allemagne relie ses possessions par la télégraphie sans fil. A l'ouverture du canal, la France aura un peu au sud de l' « All-Red-Route » de l'empire britannique, une « All-Blue-Route » encerclant le globe. Cette ceinture de colonies ou de possessions françaises va de Tahiti à travers le canal par la Guadeloupe et la Martinique jusqu'à Dakar, de là à Bordeaux et Brest et, par la vallée du Rhône, à Marseille, où prenant une fois encore la mer et suivant la côte africaine d'Alger à Bizerte, elle s'étend à travers le canal de Suez jusqu'à Djibouti sur le golfe d'Aden, et à la Grande-Comore, à Madagascar et à la Réunion, dans l'Océan Indien ; elle tourne alors au Nord, touche l'Asie à Saïgon et de là passant juste au nord de l'Australie, arrive aux Nouvelles-Hébrides et atteint en Nouvelle-Calédonie (où l'Australie ira peut-être un jour chercher le fer dont elle a tant besoin) sa dernière station avant de regagner Tahiti au milieu du Pacifique. Là s'est déjà rendue une mission officielle pour aviser aux moyens de conserver à la France son prestige commercial dans les mers de la Polynésie. Il est inutile d'attendre le résultat de cette enquête pour affirmer que Tahiti, située à mi-distance entre la Nouvelle-Zélande et Panama sur l'une des routes directes de l'Australie, est destinée à un grand avenir commercial, si la France construit dans cette île un port moderne et une station de charbon. Que la France ajoute à sa route maritime à travers les canaux de Panama et de Suez une route par terre ; que le Vieux-Monde prolonge de Brest à Vladivostock ou à Fousan les grandes voies ferrées des Etats-Unis et du Canada qui relient actuellement San-Francisco et Vancouver à New-York et Halifax, et le monde s'étonnera qu'une bagatelle telle que le chemin de fer de Bagdad ait jamais pu exciter l'imagination et diviser la diplomatie des grands pays [1]. Evidemment, jamais nation n'a eu plus de glorieuse occasion que la France à cette heure de profiter de la tendance des temps et aussi de la faveur des circonstances pour travailler à l'agrandissement de son prestige en même temps qu'au bien de l'humanité. La coopération franco-latine dans l'Amérique du Sud, la collaboration anglo-américaine dans les îles et les hautes mers du Pacifique ; un pacte solennel franco-anglo-américain pour le maintien de la paix du monde ; telles sont les réalités probables que l'on peut déjà découvrir des hauteurs dominant Culebra.

1. Voir « La France et le monde de demain », par Victor Bérard et la série d'articles sur « Les Ports américains et le canal », par M. Casimir Périer, dans le *Figaro* d'avril et mai 1912.

X

LA POLITIQUE DES ÉTATS-UNIS

ET LA POLITIQUE FRANÇAISE

PAR

l'AMBASSADEUR DAVID J. HILL

LA POLITIQUE DES ÉTATS-UNIS ET LA POLITIQUE FRANÇAISE

Mesdames et Messieurs,

Ce sera un grand jour dans l'histoire de l'humanité, celui où les nations comprendront bien la communauté d'intérêts qui les unit et en fait une grande famille. Ce jour, sans doute, est encore très éloigné, mais le but du « Comité France-Amérique » est d'en hâter un peu l'arrivée, en montrant combien nombreux sont les liens intellectuels, moraux, artistiques, économiques et politiques qui existent déjà ou qui devraient être créés entre les peuples de la France et des différents Etats de l'Amérique.

En consacrant une section de son œuvre aux relations historiques et sociales de la France et des Etats-Unis, le « Comité » constate et affirme une amitié aussi ancienne que notre existence nationale qui, sous toutes les formes de gouvernement sous lesquelles la France a vécu et toutes les administrations qui se sont succédé aux Etats-Unis, n'a presque pas été troublée et a toujours été maintenue intacte.

Le peuple américain n'a jamais oublié qu'à l'époque de sa faiblesse et avant qu'il n'ait eu la révélation du grand avenir qui l'attendait, il avait dans la France une amie sincère et dévouée, la seule qui, sur tout le continent de l'Europe, ait été prête à offrir son argent et verser son sang précieux pour établir notre indépendance et faire triompher notre idéal politique.

C'est un sujet de satisfaction d'avoir devant nous la preuve que des deux côtés de l'Atlantique il y ait en ce moment une réelle disposition de conserver vivants et d'augmenter les sentiments de sympathie qui existent depuis si longtemps. Nous avons toutes raisons d'espérer que les deux gouvernements continueront à conserver l'un envers l'autre cette attitude correcte et parfois même cordiale, qui a caractérisé le passé ; mais il ne suffit pas d'observer scrupuleusement les obligations protocolaires. Le « Comité France-Amérique » nous invite à penser à des questions plus vitales et plus importantes. Cette organisation ne se propose pas d'améliorer les relations entre les deux gouvernements, mais d'encourager les peuples qui composent ces nations et qui devraient collaborer étroitement au progrès de la vraie civilisation dans le monde, à se connaître l'un l'autre.

Il y a lieu d'avoir confiance dans le mobile et le succès de ce mouvement qui, bien que s'harmonisant parfaitement avec le but et les desseins officiels, est tout à fait privé, spontané et indépendant.

C'est pour les Etats-Unis un honneur que chaque citoyen américain devrait apprécier que la Présidence du « Comité » ait été acceptée par le diplomate distingué, l'historien, l'homme d'Etat et académicien qui est à sa tête, M. Hanotaux.

Sous de pareils auspices, et secondé de l'autre côté de l'Atlantique par les personnages éminents qui représentent le Comité en Amérique, nous pouvons être sûrs que rien ne sera négligé pour favoriser parmi les populations de la France et des Etats-Unis la compréhension mutuelle des buts de chacun.

Il est très naturel que nous prenions en quelque considération, en même temps que les arts, les sciences, la philosophie et les autres liens sociaux qui réunissent les deux pays en une sorte de communauté, les affinités de leur existence politique et spécialement ces problèmes de sécurité sociale et d'ordre public que toutes les nations modernes sont maintenant occupées à résoudre. Du reste, cette considération est celle qui nous touche de plus près dans la revue des relations de la France et de l'Amérique, parce qu'elle est une part de l'activité humaine dont l'Amérique et principalement les Etats-Unis ont été les pionniers et les guides et parce que l'humanité en général et la France en particulier se sont montrées disposées à profiter de leur expérience.

Toutefois, tandis que la politique devrait avoir sa place dans tout examen des relations sociales, elle est, pour beaucoup de raisons, le sujet le plus difficile et en quelque sorte le plus délicat à traiter. Il est difficile, parce que personne n'a le droit d'être considéré comme faisant autorité en cette matière comme sur d'autres du domaine de la pensée. Il est très délicat, parce que la pensée et l'action politique touchent de si près à toutes les questions de la vie. Ce que nous pouvons faire et ce qu'il nous est défendu, ce que nous pouvons posséder et ce que la rigueur des lois peut nous enlever sont des questions qui nous causent des appréhensions et souvent nous poussent à la résistance, et ce sont là précisément les questions qui forment l'objet d'une discussion politique. Des personnes qui ne connaissent rien aux arts, aux sciences ou à la philosophie, chérissent quelquefois de très ardentes opinions politiques et sont prêtes à dénoncer toute théorie, tout parti ou tout homme qui attaquent les convictions qu'elles se sont formées et qu'elles maintiennent énergiquement. Presque tout mouvement ou proposition en politique a quelque rapport aux intérêts privés aussi bien qu'à des convictions politiques ; car la pensée politique conduit naturellement à une action politique et elle peut être de nature non seulement à imposer de nouvelles obligations, mais à modifier la structure et l'organisation de la société.

L'intention qui nous réunit aujourd'hui ainsi que le sujet assez large, mais un peu vague, que le « Comité » a choisi et dont votre conférencier a bien voulu se charger : « La Politique des Etats-Unis et la Politique française », nous enlèvent toute appréhension qui puisse être alarmante.

Un thème aussi large présente un embarras de richesses et pourrait facilement nous entraîner non seulement dans une discussion ennuyeuse mais encore sur un terrain défendu. Néanmoins, si l'objet des conférences dont celle-ci fait partie, est, comme je le comprends, d'aider les Français à comprendre la vie politique aux Etats-Unis et par suite de montrer jusqu'à quel point les deux pays collaborent à une cause commune, ce but peut être plus facilement atteint en subdivisant le sujet en trois parties :

1° La communauté d'idées et la tendance des deux peuples vers le même but dans le domaine de la politique ;

2° Les circonstances matérielles qui ont forcément dirigé leur action politique dans des voies différentes, et

3° Les idées principales qui motivent actuellement l'activité politique des Etats-Unis.

I

Il est triste d'être forcé d'admettre avec les historiens que l'humanité ait, en vain, pendant tant de siècles, cherché le moyen pour les hommes de vivre en paix et de jouir du fruit de leur travail et de leurs entreprises.

En cherchant la cause du développement si tardif d'un système politique satisfaisant nous verrons clairement qu'elle se trouve dans la rapacité innée chez l'homme. Bien qu'il soit vrai que les tribus sauvages et les nations à moitié civilisées aient eu en partie recours à l'union dans le but de se protéger, il n'est pas moins vrai que souvent la spoliation en ait été le motif. Les grandes migrations qui ont eu lieu au commencement de l'existence des nations d'Europe, les incursions périodiques de populations entières sur les territoires de leurs voisins plus favorisés, les guerres successives de conquête qui ont fait la carte de l'Europe, tout montre la tendance de la nature humaine à acquérir, posséder et s'enrichir aux dépens des autres.

Suivons le développement intérieur de tous les pays, nous y trouverons la manifestation des mêmes instincts — d'une part, l'effort de se protéger contre ses ennemis et, de l'autre, le dépouillement du faible par le fort. Par suite, il a partout été établi, sous une forme ou une autre un pouvoir suprême, souvent arbitraire qui, parce qu'il pouvait dominer, s'est arrogé le droit de le faire, et, en assurant dans une certaine mesure la vie et la propriété en échange du tribut imposé, a été reconnu comme un gouvernement légal par ceux qui y étaient soumis.

Jusqu'à une époque assez récente le pouvoir de dicter les lois et d'exiger un tribut a été reconnu comme un droit. Aussi longtemps que ce droit n'a pu être mis en doute sans péril il a été respecté, il demeure encore incontesté partout où il y a danger de le faire.

Par conséquent, le plus fondamental problème politique est de savoir comment éliminer cet élément de force arbitraire et de compulsion et de le remplacer par le règne de la loi égale pour tous. Pendant longtemps on a cru ce problème semblable à celui du mouvement perpétuel et de la recherche de la pierre philosophale. Des profonds penseurs le considéraient comme une chimère et c'était passer pour un visionnaire que d'en chercher la solution. On déclarait que jusqu'à la fin des siècles la nature humaine resterait la même et tant qu'elle ne changerait pas, il y aurait des classes gouvernantes et des classes qui devraient être gouvernées. Le gouvernement étant une nécessité humaine, il faut qu'il existe un pouvoir absolu et suprême qui gouverne. Alors, ne sachant pas comment concilier les éléments pratiques et éthiques de la nature humaine sans doter le système politique des idées de « droit » et de « devoir », il fut déclaré comme un dogme que l'Etat était « souverain » et que les autorités dirigeant l'Etat avaient le « droit » de gouverner parce qu'elles représentaient la « souveraineté ».

Pendant longtemps on n'osa pas s'exprimer en toute liberté sur ce sujet ; mais quand enfin on arriva à le faire dans le calme de la raison, on reconnut que si vraiment il existe une source d'autorité, elle doit être dans la nature de l'homme et de la société et non ailleurs ; et de plus qu'elle ne peut pas simplement être inhérente au pouvoir mais doit provenir d'une fontaine de justice. Et c'est ainsi que les « droits de l'homme » devinrent le sujet de discussions contradictoires et que l'absolutisme fut dépouillé devant le monde entier de ses fausses traditions, de ses théories sans valeur et de ses absurdes prétentions.

Il serait superflu de rappeler à un auditoire français quelle part de la philosophie politique du XVIIIe siècle revient au génie français ou du moins a été exprimé dans la langue française. Il suffit de dire que les grands écrivains de France ont ouvert une ère nouvelle à l'histoire de la pensée politique et que la perspicacité de leur intelligence leur fit comprendre que de grands changements étaient sur le point de s'opérer dans le gouvernement des hommes.

Dans les colonies anglaises, sur les côtes occidentales de l'Atlantique, dans l'Amérique du Nord, des hommes vivaient alors en proche contact avec la nature, abattant les forêts primitives, défrichant, ensemençant les champs, construisant des demeures tout en défendant leur vie contre les attaques occasionnelles des sauvages.

Les colons américains, bien que détestant et craignant l'absolutisme sous toutes ses formes, n'étaient nullement des théoristes ; ils étaient trop aux prises avec les dures réalités de la vie coloniale pour prêter grande attention à des discussions politiques d'aucune sorte. C'étaient des hommes pratiques, imbus des traditions de Locke et de la Révolution anglaise de

1688 ; beaucoup d'entre eux avaient émigré pour se soustraire aux persécutions religieuses et pendant plus d'un siècle s'étaient habitués à la vie parlementaire des libres assemblées coloniales. Ce qu'ils firent ne fut le résultat d'aucune théorie mais la conséquence d'une situation pénible. Croyant qu'ils étaient injustement opprimés par l'autorité royale, qu'ils étaient les victimes d'un absolutisme qu'une majorité des Anglais de cette époque n'acceptait pas et n'aurait pas toléré, après avoir protesté sans succès, forts de leur conviction, ils déclarèrent leur indépendance et proclamèrent les raisons qui les avaient fait agir. Détachés ainsi de tout lien avec l'Ancien Monde, en plein désert, sur un grand continent qu'ils étaient les premiers hommes civilisés à peupler, ils résolurent de fonder un nouveau gouvernement répondant à leurs besoins et leurs circonstances.

Ce qu'ils firent est mémorable, non parce qu'ils enrichirent le vocabulaire politique d'un nouveau mot « self-government » mais parce qu'ils établirent un gouvernement fondé sur une conception qui jusqu'alors n'avait jamais été réalisée. En Angleterre, les Barons avaient depuis longtemps restreint l'absolutisme du Roi, et la Chambre des Communes avait accaparé les principaux pouvoirs du gouvernement ; mais jamais auparavant, aucun peuple n'avait fait avec lui-même un pacte solennel par lequel il limitait et restreignait volontairement sa propre liberté d'action dans l'intérêt commun. Cette limitation et cette restriction volontaires fut la grande nouvelle contribution faite par l'Amérique à l'histoire de la pensée politique, ce fut le véritable secret du succès du gouvernement démocratique et le signal d'une nouvelle ère dans l'histoire de l'humanité.

Cette nouvelle pensée qui était aussi un acte solennel mérite non seulement d'être rappelée et méditée, mais devrait aussi être comprise de tous ceux qui s'intéressent aux problèmes du gouvernement démocratique.

Qu'est-ce qui a empêché dans le passé le progrès politique et le retarde aujourd'hui partout où des obstacles sérieux l'entravent ? C'est le conflit au sein de l'Etat des droits, privilèges et émoluments réclamés par une classe d'individus et refusés par les autres classes. Qu'est-ce qui préoccupe les hommes quand soudain les révolutions et les révoltes s'affranchissent inopinément des anciens absolutismes et lorsque de grandes masses inorganisées et indisciplinées se trouvent sans un gouvernement autoritaire ? Qu'est-ce qui fait pâlir les classes gouvernantes dans les pays les moins avancés du monde quand elles entendent les clameurs et voient les signes de révoltes populaires ? Enfin qu'est-ce qui ronge le cœur des opprimés qui sentent qu'ils sont maltraités par ceux au pouvoir ? Il n'y a qu'une seule réponse à toutes ces questions : c'est le sentiment que justice n'est pas faite ou qu'elle est menacée ; c'est la crainte de quelque sorte de règne arbitraire imposé par une force supérieure : car partout où il n'existe pas de tribunal impartial auquel la raison puisse faire appel, le vainqueur tient le vaincu à sa merci, soit que dans son triomphe il se pare des vêtements moelleux d'une législation partiale, soit qu'il s'arme de la turbulence qui engendre l'émeute. L'absolutisme, quel qu'il soit, est toujours dangereux, que ce soit celui d'un despote couronné, celui d'une oligarchie dorée, celui d'une foule déchaînée ou celui de ceux qui sans bruit se glissent au pouvoir avec le consentement des majorités, dans le but de satisfaire leur cupidité.

Ai-je osé parler irrespectueusement des majorités ? Non pas ; c'est à la *cupidité* que je m'en prends, alors même que c'est celle de nombres écrasants. Les votes ou les codes ne peuvent jamais faire d'un tort un droit ; et il y a des droits si évidents qu'ils devraient être placés hors de l'atteinte des majorités.

Et c'est là le secret du gouvernement démocratique. Il ne se trouve pas dans l'idée de la souveraineté populaire, quelque flatteuse la croyance de sa propre suprématie puisse être pour un peuple. Il n'existe pas dans le gouvernement chaotique du peuple par lui-même, quelque attrait il puisse avoir pour sa vanité ou pour son désir de favoriser ses propres intérêts. C'est plutôt dans la reconnaissance du fait que l'absolutisme du nombre ne vaut pas mieux que celui d'un seul et dans la ferme résolution d'y renoncer entièrement et de placer certains actes au-dessus du pouvoir du gouvernement.

C'est ce que firent les colons américains. Les souverains n'ont pas eu l'habitude de renoncer à leur pouvoir, mais au contraire de l'accroître de toutes les façons ; néanmoins il s'est trouvé un peuple souverain qui « dans le but de former une union parfaite, d'établir le règne de la justice et d'assurer la tranquillité domestique » a volontairement limité son propre pouvoir, en déclarant qu'il y a des droits si fondamentaux et des obligations de l'Etat si solennelles qui, pour empêcher qu'ils ne soient attaqués ni sapés, doivent être mis en dehors de la portée de tout pouvoir gouvernemental. La vie, la liberté et la propriété furent ainsi assurées par des garanties qui les mirent en dehors de la politique et les placèrent sous la sauvegarde de la justice.

Ce fut la renonciation au pouvoir personnel dans l'intérêt de l'autorité publique, le rejet du jugement arbitraire en faveur d'un procédé raisonné, l'abandon de la vaine prétention à l'infaillibilité du peuple pour un examen délibéré et une décision impartiale. Ce ne fut pas l'abdication du pouvoir souverain inhérent à la nation, mais l'appel à la volonté raisonnée de tout un peuple, sans distinction de classes ou de régions ; ce fut la réalisation de la souveraineté non pas dans des décisions isolées, arbitraires, irréfléchies, influencées par la passion ou l'intérêt, mais bien dans l'État légalement constitué.

Pour me servir d'un langage imagé, ce que les Américains firent en établissant leur gouvernement fut de placer bien en sécurité sur un plateau très élevé certains droits fondamentaux de l'homme, puis de creuser un canal suffisant mais restreint par lequel tout le courant politique pourrait couler librement et sans obstruction. Ayant pris toutes les précautions nécessaires pour rendre impossible la ruine du système soit par un démagogue, soit par des intérêts de classe, soit par un abus de parti ou encore par une législation hâtive, les colons laissèrent le peuple libre de choisir à sa guise ses représentants, de gérer ses affaires locales, de créer et de modifier ses formes d'administration et de promulguer, dans une sphère d'action sagement restreinte, des lois que leurs nécessités exigeaient.

Le vieux monde fut surpris de l'innovation du nouveau monde qui, d'un coup, avait brisé l'absolutisme dans toutes ses formes. La vive intelligence du peuple français vit dans les résultats de la Révolution américaine, aux luttes de laquelle son armée avait pris part, la réalisation de ses meilleures idées et de ses rêves les plus chers. Ce à quoi quelques philosophes européens avaient trouvé téméraire de songer, quelques colons américains avaient osé le faire, et dès que le gouvernement démocratique fut devenu une réalité en Amérique, il devint en France une contagion. Un âge nouveau paraissait avoir point soudain sur le monde. A cette vision, le poids des chaînes que la force arbitraire avait forgées sembla plus lourd qu'il ne l'avait jamais été. La Bastille n'avait encore paru si noire, si insolente, si inhumaine ; et quand Franklin, qui avait fait descendre la foudre du ciel sur le fil de son cerf-volant, apporta en France le courant vital de la réalisation de la liberté dans les constitutions américaines qu'il fit imprimer et circuler en Europe, la philosophie descendit aussi des nuages répandant une clarté encore plus éclatante et la Bastille était devenue impossible.

C'est ainsi que, presque simultanément, la France et les Etats-Unis, au milieu de beaucoup d'obstacles, commencèrent l'expérience du gouvernement démocratique qui, malgré des périodes d'interruption, a fait dans le monde des progrès merveilleux. Depuis longtemps nous avons abandonné l'idée qui, dans l'exubérance de notre premier enthousiasme, nous fit croire que tous les hommes pourraient également en jouir partout. Nous avons compris que tout peuple incapable de faire avec lui-même un pacte formel ou tacite et de renoncer à l'absolutisme, cause première de l'insécurité et de l'impossibilité de tant de formes de gouvernement, ne peut jouir d'un gouvernement démocratique. Aussi avons-nous cessé toute propagande, et après avoir acquis la conviction que chaque nation doit travailler à sa façon à son propre salut, nous avons, sans égard à leurs formes de gouvernement qui les regardent seules, pris notre place parmi les autres nations du monde avec des sentiments d'amitié et de loyauté semblables pour toutes. Toutefois il ne serait pas tout à fait naturel, si en France et en Amérique nous ne nous sentions pas unis par une communauté d'intérêts et une sympathie tout à fait spéciales créées par le fait que, dans des circonstances différentes, nous poursuivons les mêmes fins dans nos efforts de résoudre les problèmes du gouvernement démocratique.

II

Malgré la similarité du but à atteindre, les deux nations se sont trouvées en présence de conditions qui ont nécessairement créé de grandes différences dans leur action politique.

Géographiquement, la France est entourée d'autres grandes puissances et jamais elle n'a été certaine des changements qui pourraient se produire dans la carte de l'Europe. En Amérique au contraire et dans l'Amérique du Nord particulièrement, bien qu'il y ait eu des moments d'appréhension au sujet d'une intervention étrangère, spécialement au début de notre existence nationale et à l'époque de la sécession des Etats du Sud, nous n'avons jamais sérieusement redouté l'empiètement de l'étranger sur nos territoires dont le nombre s'est accru principalement par achats et la formation subséquente de nouveaux Etats sur un pied d'égalité. D'autre part, nous n'avons jamais convoité les possessions de nos voisins au Nord ou au Sud et il est contraire à nos traditions de nous immiscer dans leurs affaires. La question de l'Union a été cependant l'objet de nos sérieuses préoccupations ; de sa solution dépendait notre espoir en tant que nation, car elle menaçait de nous diviser en deux types hostiles de civilisation. Cette question heureusement est maintenant à jamais bannie de notre esprit.

Nous avons eu, aux Etats-Unis, une grande préoccupation que l'on comprend, je suis sûr, en France. Jamais, même dans les moments où nous étions le plus enthousiasmés de nos institutions, nous n'avons été enclins à les imposer aux autres, et, dès l'origine, nous n'avons jamais mis en doute le droit de tout peuple civilisé de choisir sa propre forme de gouvernement. Quand nos voisins du Sud eurent, pendant la grande période révolutionnaire d'où sortit la première république française, secoué le joug de la domination étrangère et tenté, au milieu de sérieux désavantages, d'adopter notre système démocratique de gouvernement, nous avons senti que ce serait pour eux une grande injustice et pour nous un grand danger, si la Sainte Alliance, conclue dans le but de protéger la cause de l'absolutisme en Europe et d'arrêter partout le développement du gouvernement constitutionnel, réunissait ses forces écrasantes à l'effet de renverser les gouvernements déjà établis par la volonté des peuples sur le continent américain.

En 1823 on apprit que, au Congrès de Vérone, les alliés, après avoir restauré la monarchie des Bourbons en France, formaient le projet d'aider l'Espagne à recouvrer les colonies qu'elle avait perdues en Amérique. Dans le but d'empêcher, si possible, l'exécution de ce projet, le Président Monroe, dans son message annuel au Congrès, déclara que « nous considérerions toute tentative d'intervention par les puissances alliées dans les affaires de quelque partie de l'hémisphère occidental comme un danger pour notre paix et notre sécurité et que nous ne pourrions interpréter un tel procédé que comme un acte de malveillance à l'égard des Etats-Unis ».

Telle était la substance de la fameuse « Doctrine Monroe » toujours accouplée aux nombreuses déclarations que nous avons faites de notre intention de ne nous mêler en aucun cas des affaires de l'Europe.

Si, à cette époque ou à toute autre, cette expression de la politique des Etats-Unis n'a pas été comprise ou a porté ombrage, c'est que l'on n'a pas réfléchi au droit que possèdent les nations indépendantes de maintenir leur propre forme de gouvernement et d'objecter à ce que l'étranger leur impose une ambiance politique de nature à mettre leur sécurité en danger. Pareille politique repose sur le principe de la conservation et, faisant partie de l'existence nationale, n'est guère discutable à quelque point de vue légitime on se place. Cette doctrine, honnêtement interprétée, est à la fois juste et raisonnable. Elle est juste parce qu'elle est l'affirmation du droit qu'ont les Etats indépendants de maintenir l'existence de leurs gouvernements ; elle est raisonnable parce qu'une conspiration de les envahir, de les conquérir et de les assujettir à une puissance étrangère serait un acte monstrueux que l'on ne pourrait prétendre justifier, sans miner tout l'édifice de la civilisation.

C'est évidemment par suite d'une fausse conception qu'un grand homme d'Etat de l'Europe, mort aujourd'hui, appliqua à la doctrine en question le terme d' « impertinence internationale » mais il est vrai que le « self-government » en lui-même semblait à cet homme d'Etat être plus ou moins une impertinence. Ne croyant pas qu'il possédât aucun droit, il ne pouvait naturellement pas lui reconnaître le droit de conservation. Mais aujourd'hui que toute l'Europe a adopté les idées de gouvernement constitutionnel que la Sainte Alliance essayait alors de supprimer, il ne se trouve probablement pas d'homme d'Etat vivant qui nierait publiquement le droit d'une nation de s'opposer à tout procédé qui pourrait menacer sa sécurité.

Naturellement, il a toujours été raisonnable que les nations dont les sujets ou les citoyens ont été dépouillés de leurs droits par un gouvernement délinquant, aient à leur disposition le moyen de forcer ce dernier à respecter les obligations violées par lui ; mais il n'est pas raisonnable qu'au nom de la justice le fort commette une injustice vis-à-vis du faible. Heureusement il est inutile d'insister sur ce point, toutes les puissances, par une convention solennelle, ayant décidé que la force ne devrait pas être employée pour le recouvrement de dettes pouvant être réglées par un tribunal neutre, déjà créé. De sorte qu'il est devenu évident pour tous que la doctrine qui porte le nom de Monroe, loin d'être une « impertinence », mérite les louanges de tous comme principe ayant contribué non seulement à la protection du faible contre le fort, mais à avancer la cause de la justice entre les nations.

Un de nos plus éminents diplomates a dit que la politique étrangère des Etats-Unis se résume dans la Doctrine Monroe et la Règle d'or, mais cette assertion aurait tant soit peu besoin d'être motivée. Plus notable encore est l'attitude prise de bonne heure par les Etats-Unis sur la question de neutralité. Non seulement nous sommes-nous interdit le luxe d'alliances — n'ayant dans notre histoire jamais eu d'autre allié que la France à l'époque de la lutte pour notre indépendance — mais encore avons-nous positivement déclaré notre intention de ne pas prendre part aux querelles des autres peuples et de nous faire parmi les nations autant d'amis que possible, sans nous en aliéner aucune.

Cette attitude fut aussi, en grande partie, le résultat de notre situation géographique d'isolement relatif. Entre tous les Etats de l'Amérique aussi bien que de l'Europe et de l'Asie nous prîmes comme principe absolu de ne nous occuper que de nos propres affaires, limitant notre intervention à la protection des droits de nos citoyens quand ils pourraient être menacés. Pour nous maintenir sur ce terrain nous adoptâmes le principe que la volonté d'une nation dans le choix de son gouvernement est ce qu'il y a de plus important au point de vue de sa légitimité, et que, dans les conflits intérieurs ou extérieurs des gouvernements, où nos intérêts n'étaient pas en jeu, nous devions remplir les devoirs et exiger les droits d'une stricte neutralité. Le gouvernement des Etats-Unis fut le premier, en 1794, à passer un acte ayant pour objet de faire prévaloir les devoirs de neutralité. Cet exemple a depuis été suivi par tous les pays civilisés qui ont fini par comprendre dans les lois publiques des nations les principes déclarés par nous à cette époque.

Ceux qui pourraient penser que nous nous sommes fort écartés de notre sujet en nous étendant sur certaines politiques résultant de la situation géographique en Amérique, en verront la nécessité s'ils se rappellent quelques-uns des changements amenés par l'influence ambiante et la tradition dans le développement de la France.

Depuis que nous avons, à la fin du XVIIIe siècle, commencé simultanément notre expérience du gouvernement démocratique, la France a été une République, un Empire, une Monarchie Bourbonnienne, une Monarchie Orléaniste, encore une fois une République et un Empire et finalement est revenue au point de départ.

Quelle a été la cause de tous ces changements ?

Si vous voulez bien avoir la générosité d'admettre que notre situation rendait notre politique nécessaire, nous serons tenus d'analyser dans le même esprit les causes qui ont présidé aux destinées de la France. Vous avez été placés dans des circonstances qui ont rendu nécessaire à votre existence nationale une intense centralisation d'autorité ; et la libre forme de fédération qui a été le salut des Etats-Unis, appliquée à la France, aurait sans doute causé sa ruine. Tout en rendant hommage aux bonnes intentions de ces Français qui, voyant dans le système fédératif le modèle parfait de gouvernement, voulaient, après la Révolution de 1789, imiter la forme de celui adopté par les Etats-Unis, leur insuccès fut probablement un bonheur pour la France. « *La République, une et indivisible* » a été la devise de la France, et, pour maintenir l'unité nationale, il a été sans doute préférable de subir ses désavantages, même au prix d'une centralisation excessive du pouvoir, que de s'exposer à une dissolution intérieure ou à un démembrement du dehors. Dans toute transition au cours de la vie d'une nation, se trouvent beaucoup d'éléments qui répondent difficilement aux aspirations d'une démocratie moderne. En somme, un siècle n'est qu'une courte durée dans la vie d'une nation, et, en moins d'un siècle, le peuple français a repris trois fois la tâche de se gouverner lui-même. Pendant quarante années, dont une partie a été passée, comme les tribus d'Israël, dans le désert, vous avez marché sans vous arrêter à votre but, celui d'établir une grande, libre et puissante République. L'affinité des nations existe plutôt dans les aspirations communes que dans les formes de gouvernement, et nous n'oublions pas, nous citoyens des Etats-Unis, que la plupart des problèmes qui vous confrontent sont les mêmes que les nôtres. Nous avons suivi avec un intense intérêt ce que vous avez accompli et essayé d'accomplir. Nous reconnaissons parfaitement les difficultés résultant de votre situation, de votre responsabilité parmi les grandes puissances européennes, des leçons de votre histoire, des préférences politiques en présence desquelles se trouva à ses débuts la Troisième République et nous comprenons la prudence avec laquelle il vous a fallu avancer dans la démonstration de la thèse du gouvernement démocratique. Nous sommes remplis d'admiration pour le progrès social que vous avez fait en sauvegardant la liberté et la justice et nous savons avec quelle énergie mentale vous avez mené à bien vos grandes réformes. Vous, Français, vous vous éprenez ardemment d'idées et vous les transformez facilement en idéalismes ; mais vous avez appris à comprendre les réalités et à y faire face, à marchander avec elles, à vous en rendre maîtres et à les plier à votre service. Vous avez compris que votre glorieux passé, que vos grands historiens ont fait revivre et rayonner dans leurs ouvrages, bien qu'un précieux apanage, doit s'éclipser devant un avenir plus glorieux encore. Un certain nombre d'entre nous connaissent aussi les vertus, l'industrie et le patriotisme de votre classe agricole et ouvrière, la dernière et cependant la plus importante à être comprise et appréciée par les étrangers. Vos sacrifices et surtout votre modération dans les grandes crises, sentiments si contraires à l'opinion générale que l'on se fait du tempérament gaulois, sont pour nous un objet d'étonnement et d'admiration. Nous vous considérons comme nos frères dans la grande expérience du gouvernement démocratique.

III

En conclusion, permettez-moi de vous parler un peu du gouvernement démocratique en Amérique.

N'étant le porte-voix autorisé d'aucun parti politique, et laissant de côté la question de compétence, vous ne vous attendez pas à ce que je passe en revue les questions brûlantes de la politique contemporaine de l'Amérique. Après les comptes rendus par les grands journaux de Paris de la récente élection présidentielle d'un caractère exceptionnellement dramatique, après avoir lu tous les renseignements qui vous ont été fournis sur les programmes, les candidats et tous les incidents d'une campagne passionnée, vous jugeriez inopportun de ma part d'assumer le rôle de critique ou d'apologiste de programmes que l'on pourra peut-être mieux juger quand ils seront appliqués. Quelque chaude et violente que puisse paraître la lutte entre les partis politiques aux Etats-Unis, la volonté de la nation une fois exprimée et la victoire gagnée, les citoyens américains ont l'habitude d'oublier la bataille, d'en accepter tranquillement le résultat et de vivre dans l'espoir d'une nouvelle ère de paix, de prospérité et de bonheur pour le pays ; tandis que le Président auquel le peuple a confié plus de responsabilités et de pouvoir que n'en possèdent généralement les souverains, est assuré du respect, des bons souhaits et de l'appui désirable de la nation entière.

Mais, au point de vue de la politique générale du pays pendant un laps de temps considérable, en raison du système de poids et contrepoids dans notre forme de gouvernement et la fréquence des élections, le véritable étalon par lequel on peut mesurer la direction et les tendances du pays, se trouve être une puissance qui échappe à la vue de l'étranger, qu'un long séjour aux Etats-Unis et des rapports intimes avec la population peuvent seuls révéler.

Cette puissance n'est ni le Président individuellement, ni le Congrès, ni le fameux « Money Trust », ni la Presse, ni rien de tangible de la sorte.

C'est le citoyen américain en général.

Si vous voulez avoir une juste idée de ce que les Etats-Unis feront quand ils auront à prendre une décision délibérée, son portrait vous intéressera peut-être.

C'est un homme ni riche ni pauvre. C'est un membre important et actif de la société, possédant suffisamment pour prendre intérêt aux mesures politiques relatives à la propriété, mais pas assez pour considérer que la possession de l'argent est ce qu'il y a de plus important, ou penser que le bonheur dépend principalement de l'accumulation de richesses. Il a généralement acquis ce qu'il a par son travail et ses économies. Non seulement il apprécie et respecte ces qualités chez les autres, mais encore n'a pas une très haute opinion des gens oisifs et extravagants. Son expérience variée l'a convaincu qu'il existe un ordre moral et qu'un grand fond de bonté se trouve dans le monde. Souvent il pratique ouvertement sa religion et a généralement une foi profonde dans ce que nous appelons en Amérique « les idées évangéliques », c'est-à-dire l'esprit de l'Evangile dépouillé de son texte formel, bien qu'il soit souvent un dissident sur beaucoup de points de la doctrine ecclésiastique. Redevable à ses propres efforts de ce qu'il possède et de ce qu'il est, il a une très grande confiance en lui-même, et lui arrive-t-il un jour de voir ses efforts frustrés et ses espérances déçues, il compte réussir le lendemain. La prospérité l'a assez favorisé pour qu'il ait de l'espoir et l'adversité l'a assez souvent frappé pour qu'il compatisse aux infortunes. Il est imbu d'un sentiment indomptable d'indépendance personnelle. Si vous la lui demandez, il vous donnera volontiers son opinion sur n'importe quel sujet, car, étant relativement instruit et liseur, sinon de livres, du moins de publications périodiques, il a généralement une opinion assez correcte sur toutes les questions importantes. Si vous n'êtes pas prudent, vous courez le risque de vous entendre dire, à votre grande surprise, ce qu'il pense de vous ; et si son opinion n'est pas flatteuse, elle vous sera utile, car elle sera sincère. Son intention est d'être juste, envers vous, et bien que son jugement puisse être sévère, il sera bon pour vous si vous êtes dans l'embarras ou s'il croit vous avoir mal jugé. Il compatira avec tous ceux qui ont faim, sont mal vêtus ou sont, pour quelque motif, malheureux. Il s'attendra à trouver la raison de l'infortune dans la nature de l'individu, là où il a appris par expérience qu'elle se trouve généralement, dans la paresse, l'ignorance, le vice ou l'imprévoyance, mais, après l'avoir un peu sermonné sur ses faiblesses ou ses folies, il lui donnera du pain et de bons conseils et l'exhortera de « devenir un homme ».

Cet Américain, règle générale, estime et respecte sa femme qui, le plus souvent, a une grande influence sur lui et sait la lui faire sentir. Il est fier de ses enfants — les rejetons d'une femme si admirable, — il a de l'ambition pour eux. Il ne voit pas pourquoi, avec de l'éducation, des sujets aussi remarquables n'atteindraient pas aux plus hauts sommets ; pourquoi ce garçon vigoureux, aux yeux si intelligents, ne deviendrait-il pas Président ! Quand il parle, il va droit au but, s'exprime avec emphase, même avec l'exagération devenue aujourd'hui une nécessité quand on veut faire une impression ; car en Amérique les expressions justes passent pour des platitudes ne produisant pas l'effet voulu. On aurait donc tort de supposer que l'Américain pense tout ce qu'il dit, surtout dans un débat politique, quand il déclare que l'autre parti a l'intention « de détruire la constitution », de « mettre la propriété en danger » ou de « causer la ruine irréparable du pays ». Dans ses descriptions, ses récits et déclarations il est souvent hyperbolique à outrance, mais ses paroles traduisent exactement sa pensée quand, pour employer son expression, « il parle affaire ». Il hait les subtilités, la dissimulation, les circonvolutions, l'ambiguïté et la lâcheté dans toutes ses formes qui sont pour lui des signes de dégénération et de pusillanimité. Ce qu'il méprise le plus, c'est la lâcheté morale, cette disposition d'éluder la vérité, de renier ses convictions et ses promesses, de peur des conséquences personnelles qu'elles pourraient avoir. Le respect que l'on a pour Georges Washington, provient tout autant de la légende, si réellement c'est une légende, de sa véracité en avouant qu'il avait coupé le cerisier, que de ses prouesses militaires et de ses hautes qualités d'homme d'Etat. Bref, le citoyen américain estime les hommes plutôt par leur caractère que par leurs dons intellectuels et c'est par les qualités de caractère dont les hommes d'Etat seraient aptes à encourager le développement et laisser l'empreinte dans l'histoire de la nation, qu'il juge, approuve ou condamne ses propositions.

Si j'ai réussi à tracer un portrait fidèle de celui qui réellement gouverne les Etats-Unis, je vous ai donné la vraie clé de la politique américaine. J'ai essayé de vous dépeindre non pas un individu mais un type — je vous ai présenté une photographie composite ne vous montrant que les traits saillants et ne faisant pas ressortir davantage beaucoup de défauts personnels et d'idiosyncrasies que quelques qualités dominantes.

Supposant que les quatre cinquièmes ou même les deux tiers des électeurs aux Etats-Unis sont conformes à ce type, et l'autre cinquième ou tiers composé de gens non classés, vous pouvez peut-être vous faire une idée de ce que la politique générale des Etats-Unis sera ; car aucun individu appartenant à la classe que j'ai décrite ne voudra d'un gouvernement qui ne serait pas aux mains de son type d'homme ou qui compromettrait ses intérêts vitaux.

Avant tout, il croit en la Constitution qui protège la vie, la liberté et la propriété. Il croit, comme notre bien-aimé Président Mc Kinley aimait le répéter, que, somme toute, « nous avons la meilleure forme de gouvernement que l'humanité ait jamais eue ». Il peut la croire susceptible d'améliorations, mais il veut savoir comment et en être certain avant de faire davantage que d'écouter les changements proposés.

A l'abri de la Constitution avec sa répartition des pouvoirs, ses poids et contre-poids, ses dispositions pour le changement d'administration, le citoyen est prêt à se jeter dans la politique, mais il ne tremble pas de peur et ne s'excite pas beaucoup quand son parti est battu. Il sait que tant que la Constitution existera, ses droits fondamentaux et ses libertés seront saufs.

Ce Souverain Invisible ne compte pas sur la politique pour s'enrichir, mais il n'entend pas que la folie de la politique l'appauvrisse. Il ne sait pas toujours précisément ce qu'il veut, mais il sait parfaitement ce qu'il ne veut pas. Il n'est partisan d'aucun extrême, il est d'opinion que les promesses politiques doivent être tenues, il se rend bien compte que l'action politique doit être limitée, et tout désireux qu'il soit d'un progrès général, il ne s'attend pas à la soudaine apparition du millénium. Le principe fondamental de sa pensée est la valeur essentielle et la dignité de la nature humaine, reconnues de droit au pauvre comme au riche, et le devoir de la société entière vis-à-vis de l'individu. Il désire que l'épouse soit respectée, l'enfant protégé, la fraude et l'extorsion réprimées et que chacun ait l'occasion de réussir dans la vie. Pour tous ces bienfaits il serait heureux d'avoir de nouvelles garanties quand la nécessité s'en ferait sentir, mais il veut la conservation entière des garanties qu'il possède.

Par conséquent, quand vous lisez des déclarations aussi étranges que confuses sur la politique américaine et l'avenir du gouvernement démocratique aux Etats-Unis, pensez à ce Souverain Invisible dans son atelier, derrière son comptoir, sur sa ferme et ne vous laissez illusionner par aucun mirage. Il est là, calme, pensif et fidèle, plaçant l'honneur de son pays au-dessus de tout, jaloux de sa réputation, soucieux de son crédit, loyal dans son patriotisme et ferme dans sa foi. En ses mains les destinées de son pays sont en sécurité et son bonheur sera plus grand s'il sait que, comme lui, son prochain vit en paix et prospère.

TABLE DES PLANCHES HORS TEXTE

TABLE DES MATIÈRES

AVANT-PROPOS I

I

La pensée américaine et la pensée française, par EMILE BOUTROUX, de l'Académie française 1

II

Les relations historiques franco-américaines (1776-1912), par JAMES H. HYDE 23

III

L'architecture aux États-Unis et l'influence française, par LOUIS GILLET, conservateur du Musée de CHAALIS 53

IV

La peinture française et les États-Unis, par LÉONCE BÉNÉDITE, conservateur du Musée national du Luxembourg 73

V

La sculpture américaine et la France, par PAUL W. BARTLETT, correspondant de l'Institut, member of the American Academy of Arts and Letters. 89

VI

La société américaine et la société française, par WALTER V. R. BERRY 111

VII

La vie publique et sociale aux États-Unis, par le Baron d'ESTOURNELLES DE CONSTANT, sénateur, membre de la cour de la Haye. 135

VIII

L'idéal américain et l'idéal français, par J. MARK BALDWIN, correspondant de l'Institut 145

IX

Le canal de Panama et l'avenir des relations entre les États-Unis et la France, par M. MORTON FULLERTON 173

X

La politique des États-Unis et la politique française, par l'Ambassadeur DAVID J. HILL 199

TABLE DES PLANCHES HORS TEXTE 219

ÉVREUX, IMPRIMERIE CH. HÉRISSEY, PAUL HÉRISSEY, SUCC[r]

LIBRAIRIE FÉLIX ALCAN

FÉLIX ALCAN ET R. LISBONNE, ÉDITEURS

PHILOSOPHIE — HISTOIRE

CATALOGUE

DES

Livres de Fonds

On peut se procurer tous les ouvrages qui se trouvent dans ce Catalogue par l'intermédiaire des libraires de France et de l'Etranger.

On peut également les recevoir franco par la poste, sans augmentation des prix désignés, en joignant à la demande des timbres-poste français *ou un* mandat *sur Paris.*

108, BOULEVARD SAINT-GERMAIN, 108

PARIS, 6e

MAI 1913

Les titres précédés d'un *astérisque* (*) sont recommandés par le Ministère de l'Instruction publique pour les Bibliothèques des élèves et des professeurs et pour les distributions de prix des lycées et collèges.

BIBLIOTHÈQUE
DE PHILOSOPHIE CONTEMPORAINE

VOLUMES IN-16, BROCHÉS, A 2 FR. 50

Ouvrages parus en 1911, 1912 et 1913 :

BAUER (A.). **La conscience collective et la morale.** (*Cour. par l'Institut.*) 1912.
BOHN (G.), directeur du laboratoire de biologie et psychologie comparée à l'École des Hautes-Études. * **La Nouvelle Psychologie animale.** (*Couronné par l'Institut.*) 1911.
BONET-MAURY (G.), correspondant de l'Institut. **L'unité morale des religions.** 1913.
BOURDEAU (J.), correspondant de l'Institut. **La philosophie affective.** 1912.
DIDE (Dr Maurice), médecin en chef des Asiles. **Les idéalistes passionnés.** 1913.
DUGAS (L.), docteur ès lettres, et MOUTIER (Dr F.). **La Dépersonnalisation.** 1911.
EMERSON. **Essais choisis.** Traduits par Hte Mirabaud-Thorens. Préface de H. Lichtenberger, professeur adjoint à la Sorbonne. 1912.
ESTEVE (L.). **Une nouvelle psychologie de l'impérialisme.** *Ernest Seillière.* 1913.
EUCKEN (R.), professeur à l'Université d'Iéna. **Le Sens et la valeur de la vie.** Traduit par M.-A. Hullet et A. Leicht. Avant-propos de H. Bergson, de l'Institut. 1912.
HALBWACHS (M.), agrégé de philosophie, docteur en droit et docteur ès lettres. **La théorie de l'homme moyen.** *Essai sur Quetelet et la statistique morale.* 1913.
HÖFFDING (H.), professeur à l'Université de Copenhague. * **Jean-Jacques Rousseau et sa philosophie.** Traduit et précédé d'une préface par J. de Coussange. 1912.
JOUSSAIN (A.). **Esquisse d'une philosophie de la nature.** 1912.
LAHY (J.-M.), chef des travaux à l'École pratique des Hautes-Études. * **La Morale de Jésus.** *Sa part d'influence dans la morale actuelle.* 1911.
LE DANTEC (F.), chargé du cours de biologie générale à la Sorbonne. **Le Chaos et l'harmonie universelle.** *Discussion de quelques théories sur la formation des espèces.* 1911.
LE ROY (E.). **Une philosophie nouvelle.** *Henri Bergson.* 2e édit. 1912.
LICHTENBERGER (H.), professeur honoraire à la Sorbonne. * **Le Faust de Gœthe.** *Essai de critique impersonnelle.* 1911.
OSTWALD (W.), professeur à l'Université de Leipzig. **Esquisse d'une philosophie des sciences.** Traduit par M. Dorolle, agrégé de philosophie. 1911.
PARISOT (E.) et MARTIN (E.), professeurs de philosophie. **Les Postulats de la Pédagogie.** Préface de G. Compayré, de l'Institut (*Récompensé par l'Institut*). 1911.
ROBERTY (E. de). **Les concepts de la raison et les lois de l'univers.** 1912.
ROGUES DE FURSAC (J.). * **L'Avarice.** *Essai de psychologie morbide.* 1911.
SCHOPENHAUER. * **Philosophie et science de la nature.** 1911 (*Parerga et Paralipomena.*)
— **Fragments sur l'histoire de la philosophie.** Trad. A. Dietrich. 1912. id.
— **Essai sur les apparitions et opuscules divers.** Trad. A. Dietrich. 1912. id.
SEGOND (J.), docteur ès lettres. * **L'intuition bergsonienne.** 1912.
SIMIAND (F.), agrégé de philosophie, docteur en droit. **La Méthode positive en science économique.** 1912.
SOLLIER (P.). * **Morale et moralité.** *Essai sur l'intuition morale.* 1912.
WINTER (M.). * **La Méthode dans la philosophie des mathématiques.** 1911.

Précédemment publiés :

ALAUX (V.). **La Philosophie de Victor Cousin.**
ALLIER (R.). * **La Philosophie d'Ernest Renan.** 2e édit. 1903.
ARRÉAT (L.). * **La Morale dans le drame, l'épopée et le roman.** 3e édit.
— * **Mémoire et imagination** (*Peintres, musiciens, poètes, orateurs*). 2e édit.
— **Les Croyances de demain.** 1898.
— **Dix Ans de philosophie.** 1900.
— **Le Sentiment religieux en France.** 1903.
— **Art et psychologie individuelle.** 1906.
ASLAN (G.), docteur ès lettres. **L'Expérience et l'invention en morale.** 1908.
AVEBURY (Lord) (Sir John Lubbock). **Paix et bonheur.** Trad. A. Monod. (V. p. 4.)
BALDWIN (J.-M.), correspondant de l'Institut. * **Le Darwinisme dans les sciences morales.** Traduit par G.-L. Duprat, docteur ès lettres. 1910.
BALLET (G.), professeur à la Faculté de médecine de Paris. **Le Langage intérieur et les diverses formes de l'aphasie.** 2e édit.

VOLUMES IN-16 A 2 FR. 50

BAYET (A.). **La Morale scientifique.** *Étude sur les applications morales des sciences sociologiques.* 2e édit., revue et augmentée. 1907.
BEAUSSIRE, de l'Institut. * **Antécédents de l'hégélianisme dans la philosophie française.**
BERGSON (H.), de l'Institut, professeur au Collège de France. * **Le Rire.** *Essai sur la signification du comique.* 9e édit. 1912.
BINET (A.), directeur du laboratoire de psychologie physiologique à la Sorbonne. **La Psychologie du raisonnement**, *recherches expérimentales par l'hypnotisme.* 5e édit. 1911.
BLONDEL (H.). **Les Approximations de la vérité.** 1900.
BOS (C.), docteur en philosophie. * **Psychologie de la croyance.** 2e édit. 1905.
— * **Pessimisme, Féminisme, Moralisme.** 1907.
BOUCHER (M.). **Essai sur l'Hyperespace, le temps, la matière et l'énergie.** 2e édit. 1905.
BOUGLÉ (C.), chargé de cours à la Sorbonne. **Les Sciences sociales en Allemagne.** *Les méthodes actuelles.* 3e édit. revue. 1912.
— * **Qu'est-ce que la Sociologie?** 2e édit. 1910.
BOURDEAU (J.). **Les Maîtres de la pensée contemporaine.** 6e édit. 1910.
— **Socialistes et sociologues.** 2e édit. 1907.
— **Pragmatisme et modernisme.** 1909.
BOUTROUX, de l'Acad. française. * **De la Contingence des lois de la nature.** 7e édit. 1913.
BRUNSCHVICG (L.), maître de conférences à la Sorbonne. * **Introduction à la vie de l'esprit.** 3e édit. 1911.
— * **L'idéalisme contemporain.** 1905.
COIGNET (C.). **L'Évolution du protestantisme français au XIXe siècle.** 1907.
COMPAYRÉ (G.), de l'Institut. * **L'Adolescence.** *Étude de psychologie et de pédagogie.* 2e éd.
COSTE (Ad.). **Dieu et l'âme.** 2e édit., précédée d'une préface par R. WORMS. 1903.
CRAMAUSSEL (Ed.), docteur ès lettres. * **Le premier Éveil intellectuel de l'enfant.** 1909. 2e éd.
CRESSON (A.), professeur au collège Chaptal, docteur ès lettres. **La Morale de Kant.** 2e édit. (*Couronné par l'Institut.*)
— **Le Malaise de la pensée philosophique.** 1905.
— * **Les Bases de la philosophie naturaliste.** 1907.
DANVILLE (Gaston). **Psychologie de l'amour.** 5e édit. 1910.
DAURIAC (L.). **La Psychologie dans l'Opéra français** (*Auber, Rossini, Meyerbeer*). 1897.
DELVOLVE (J.), professeur adjoint à l'Université de Montpellier. * **L'Organisation de la conscience morale.** *Esquisse d'un art moral positif.* 1906.
— * **Rationalisme et tradition.** *Recherche des conditions d'efficacité d'une morale laïque.* 2e édit. revue. 1911.
DROMARD (G.). **Les Mensonges de la Vie intérieure.** 1909.
DUGAS (L.), docteur ès lettres. * **Le Psittacisme et la pensée symbolique.** 1896.
— **La Timidité.** *Étude psychologique et morale.* 6e édit., revue. 1913.
— **Psychologie du rire.** 2e édit. 1910.
— **L'Absolu.** *Forme pathologique et normale des sentiments.* 1904.
DUGUIT (L.), professeur à la Faculté de droit de Bordeaux. **Le Droit social, le droit individuel et la transformation de l'État.** 2e édition. 1911.
DUMAS (G.), professeur à la Faculté des lettres de Paris. * **Le Sourire** (*Psychologie et physiologie*), avec 19 figures. 1906.
DUNAN, docteur ès lettres. **La Théorie psychologique de l'Espace.**
— **Les Deux Idéalismes.** 1910.
DUPRAT (G.-L.), docteur ès lettres. **Les Causes sociales de la Folie.** 1900.
— **Le Mensonge.** *Étude psychologique.* 2e édit., revue. 1909.
DURKHEIM (Émile), professeur à la Sorbonne. * **Les Règles de la méthode sociologique.** 6e édit. 1912.
EICHTHAL (E. d'), de l'Institut. **Pages sociales.** 1909.
ENCAUSSE (PAPUS). **L'Occultisme et le Spiritualisme.** 3e édit. 1911.
ESPINAS (A.), de l'Institut. * **La Philosophie expérimentale en Italie.**
FAIVRE (E.), professeur à l'Université de Lyon. **De la Variabilité des espèces.**
FÉRÉ (Dr Ch.). **Sensation et Mouvement.** *Étude de psycho-mécanique*, avec fig. 2e éd.
— **Dégénérescence et Criminalité**, avec figures. 4e édit. 1907.
FERRI (E.), professeur à l'Université de Rome et à l'Université nouvelle de Bruxelles, député au Parlement italien. * **Les Criminels dans l'Art et la Littérature.** 3e édit. 1908.
FIERENS-GEVAERT, professeur à l'Université de Liège. **Essai sur l'Art contemporain.** 2e éd. 1903. (*Cour. par l'Acad. franç.*)
— **La Tristesse contemporaine.** 5e édit. 1908. (*Couronné par l'Institut.*)
— * **Psychologie d'une ville.** *Essai sur Bruges.* 3e édit. 1908.
— **Nouveaux Essais sur l'art contemporain.** 1903.
FLEURY (Maurice de), de l'Académie de médecine. **L'Âme du criminel.** 2e édit. 1907.
FONSEGRIVE, professeur au lycée Buffon. **La Causalité efficiente.** 1893.
FOUILLÉE (A.), de l'Institut. **La propriété sociale et la démocratie.** 4e édit. 1909.
FOURNIÈRE (E.), prof. au Conserv. des Arts et Métiers. **Essai sur l'individualisme.** 2e édit. 1908.
GAUCKLER. **Le Beau et son histoire.**
GELEY (Dr G.). * **L'être subconscient.** 3e édit. 1911.
GIROD (J.), professeur agrégé de philosophie. * **Démocratie, patrie et humanité.** 1908.
GOBLOT (E.), professeur à l'Université de Lyon. **Justice et liberté.** 2e éd. 1907.
GODFERNAUX (G.), docteur ès lettres. **Le Sentiment et la Pensée.** 2e éd. 1906.
GRASSET (J.), professeur à la Faculté de Médecine de Montpellier. **Les limites de la biologie.** 6e édit. 1909. Préface de Paul BOURGET, de l'Académie française.
GREEF (de), prof. à l'Univ. nouv. de Bruxelles. **Les Lois sociologiques.** 4e édit. revue. 1908.
GUYAU. * **La Genèse de l'idée de temps.** 2e édit. 1902.
HARTMANN (E. de). **La Religion de l'avenir.** 7e édit. 1908.
— **Le Darwinisme**, *ce qu'il y a de vrai et de faux dans cette doctrine.* 10e édit.

VOLUMES IN-16 A 2 FR. 50

HERCKENRATH (C.-R.-C.). Problèmes d'Esthétique et de Morale. 1897.
JAELL (Mme). L'Intelligence et le rythme dans les mouvements artistiques. 1904. Avec figures.
JAMES (William). La Théorie de l'émotion, préface de G. DUMAS. 4e édit. 1912.
JANET (Paul), de l'Institut. * La Philosophie de Lamennais.
JANKELEVITCH (Dr). * Nature et Société. *Essai d'une application du point de vue finaliste aux phénomènes sociaux.* 1906.
JOUSSAIN (A.). Romantisme et religion. 1910. (*Récompensé par l'Institut.*)
— Le Fondement psychologique de la morale. 1909.
KOSTYLEFF (N.). * La Crise de la psychologie expérimentale. 1910.
LACHELIER (J.), de l'Institut. Du fondement de l'induction. 6e édit. 1911.
— * Études sur le syllogisme, suivies de *l'observation de Platner* et d'une *note sur le « Philèbe »*. 1907.
LAISANT (C.). L'Éducation fondée sur la science. Préface de A. NAQUET. 3e éd. 1911.
LAMPÉRIÈRE (Mme A.). * Le Rôle social de la femme, *son éducation*. 1898.
LANDRY (A.), député, docteur ès lettres. La Responsabilité pénale. 1902.
LANGE, professeur à l'Université de Copenhague. * Les Émotions. *Étude psycho-physiologique*, traduit par G. Dumas. 3e édit. 1911.
LAPIE (P.), recteur de l'Académie de Toulouse. La Justice par l'État. *Étude de morale sociale.* 1899.
LAUGEL (Auguste). L'Optique et les Arts.
LE BON (Dr Gustave). * Lois psychologiques de l'évolution des peuples. 11e édit. 1913.
— * Psychologie des foules. 18e édit., revue. 1913.
LE DANTEC (F.), chargé du cours de biologie générale à la Sorbonne. Le Déterminisme biologique et la Personnalité consciente. 4e édit. 1912.
— * L'Individualité et l'Erreur individualiste. 3e édit. 1911.
— * Lamarckiens et Darwiniens, *discussion de quelques théories sur la formation des espèces*. 3e édit. 1912.
LEFÈVRE (G.), professeur à l'Univ. de Lille. Obligation morale et idéalisme. 1895.
LIARD, de l'Inst., vice-recteur de l'Acad. de Paris. * Les Logiciens anglais contemp. 5e éd.
— Des Définitions géométriques et des définitions empiriques. 3e édit.
LICHTENBERGER (Henri), professeur adjoint à la Sorbonne. * La Philosophie de Nietzsche. 13e édit. 1912.
— * Friedrich Nietzsche. *Aphorismes et fragments choisis.* 5e édit. 1911.
LODGE (Sir Oliver). * La Vie et la Matière. Trad. J. MAXWELL. 2e édit. 1909.
LUBBOCK (Sir John). * Le Bonheur de vivre. 2 volumes. 11e édit. 1909.
— * L'Emploi de la vie. Trad. Em. HOVELAQUE. 8e éd. 1911.
LYON (Georges), recteur de l'Académie de Lille. * La Philosophie de Hobbes.
MARGUERY (E.). L'Œuvre d'art et l'évolution. 2e édit., revue. 1904.
MAUXION (M.), professeur à l'Univ. de Poitiers. * L'Éducation par l'instruction. *Herbart.*
— * Essai sur les éléments et l'évolution de la moralité. 1904.
MENDOUSSE (P.), docteur ès lettres, professeur au lycée de Digne. * Du Dressage à l'Éducation. 1910.
MILHAUD (G.), professeur à la Sorbonne. * Le Rationnel. 1898.
— * Essai sur les conditions et les limites de la certitude logique. 3e édit. 1912.
MOSSO, professeur à l'Université de Turin. * La Peur. *Étude psycho-physiologique* (avec figures). 4e édit., revue. 1908.
— * La Fatigue intellectuelle et physique. Trad. LANGLOIS. 6e édit. 1908.
MURISIER (E.). * Les Maladies du sentiment religieux. 3e édit. 1909.
NORDAU (Max). Paradoxes psychologiques. Trad. Dietrich. 7e édit. 1911.
— Paradoxes sociologiques. Trad. Dietrich. 6e édit. 1910.
— * Psycho-physiologie du Génie et du Talent. Trad. Dietrich. 5e édit. 1911.
NOVICOW (J.). L'Avenir de la Race blanche. *Critique du pessimisme contemporain.* 2e édit. 1903.
OSSIP-LOURIÉ, professeur à l'Université nouvelle de Bruxelles. Pensées de Tolstoï. 3e édit. 1910.
— * Nouvelles Pensées de Tolstoï. 1903.
— * La Philosophie de Tolstoï. 3e édit. 1908.
— * La Philosophie sociale dans le théâtre d'Ibsen. 2e édit. 1910.
— Le Bonheur et l'intelligence. 1904.
— Croyance religieuse et croyance intellectuelle. 1908.
PALANTE (G.), agrégé de philosophie. Précis de sociologie. 5e édit. 1912.
— * La Sensibilité individualiste. 1909.
PARODI (D.), professeur au lycée Michelet. Le Problème moral et la pensée contemporaine. 1909.
PAULHAN (Fr.), correspondant de l'Institut. * La Logique de la contradiction. 1910.
— Les Phénomènes affectifs et les lois de leur apparition. 3e éd. 1912.
— * Psychologie de l'invention. 2e édit. 1911.
— * Analystes et esprits synthétiques. 1903.
— * La Fonction de la mémoire et le souvenir affectif. 1904.
— La Morale de l'ironie. 1909.
PÉLADAN. La Philosophie de Léonard de Vinci. 1910.
PHILIPPE (Dr J.). * L'Image mentale, avec fig. 1903.
PHILIPPE (Dr J.) et PAUL-BONCOUR (Dr G.). Les Anomalies mentales chez les écoliers. (*Ouvrage couronné par l'Institut.*) 2e éd. 1907.
— * L'Éducation des anormaux. 1910.

VOLUMES IN-16 A 2 FR. 50

PILLON (F.), lauréat de l'Institut. * **La Philosophie de Charles Secrétan.** 1898.
PIOGER (Dr Julien). **Le Monde physique.** *Essai de conception expérimentale.* 1893.
PROAL (Louis), conseiller à la Cour d'appel de Paris. **L'Éducation et le suicide des enfants.** *Étude psychologique et sociologique.* 1907.
QUEYRAT, prof. de l'Univ. * **L'Imagination et ses variétés chez l'enfant.** 4e édition. 1908.
— * **L'Abstraction,** *son rôle dans l'éducation intellectuelle.* 2e édit., revue. 1907.
— * **Les Caractères et l'éducation morale.** 4e éd. 1911.
— * **La Logique chez l'Enfant et sa culture.** 4e édition, revue. 1911.
— * **Les Jeux des enfants.** 3e édit. 1911.
— * **La Curiosité.** *Étude de psychologie appliquée.* 1910.
(*Les six volumes ci-dessus ont été récompensés par l'Institut.*)
RAGEOT (G.), agrégé de philosophie. **Les Savants et la philosophie.** 1907.
REGNAUD (P.), professeur à l'Université de Lyon. **Précis de logique évolutionniste.** 1897.
— **Comment naissent les mythes.** 1897.
RENARD (Georges), professeur au Collège de France. **Le Régime socialiste.** 6e éd. 1907.
RÉVILLE (A.), professeur au Collège de France. **Histoire du Dogme de la Divinité de Jésus-Christ.** 4e édit. 1907.
REY (A.), professeur à l'Université de Dijon. * **L'Énergétique et le Mécanisme.** 1907.
RIBOT (Th.), de l'Institut, professeur honoraire au Collège de France, directeur de la *Revue philosophique.* **La Philosophie de Schopenhauer.** 12e édition.
— * **Les Maladies de la mémoire.** 22e édit. 1911.
— * **Les Maladies de la volonté.** 27e édit. 1912.
— * **Les Maladies de la personnalité.** 15e édit. 1911.
— * **La Psychologie de l'attention.** 12e édit. 1913.
— **Problèmes de psychologie affective.** 1909.
RICHARD (G.), professeur à l'Univ. de Bordeaux. * **Socialisme et Science sociale.** 3e édit.
RICHET (Ch.), professeur à l'Univ. de Paris. **Essai de psychologie générale.** 9e édit. 1912.
ROBERTY (E. de). **L'Agnosticisme.** *Essai sur quelques théories pessimistes de la connaissance.* 2e édit. 1893.
— **La Recherche de l'Unité.** 1893.
— **Le Psychisme social.** 1896.
— **Les Fondements de l'Éthique.** 1898.
— **La Constitution de l'Éthique.** 1901.
— **Frédéric Nietzsche.** 3e édit. 1903.
ROEHRICH (E.). * **L'attention spontanée et volontaire.** (*Récompensé par l'Institut.*) 1907.
ROGUES DE FURSAC. **Un Mouvement mystique contemporain.** *Le réveil religieux au Pays de Galles (1904-1905).* 1907.
ROISEL. **De la Substance.**
— **L'Idée spiritualiste.** 2e édit. 1901.
ROUSSEL-DESPIERRES. **L'Idéal esthétique.** *Esquisse d'une philosophie de la Beauté.* 1904.
RZEWUSKI (S.). **L'Optimisme de Schopenhauer.** 1908.
SCHOPENHAUER. — * **Le Fondement de la morale.** Trad. par A. BURDEAU. 10e édit.
— * **Essai sur le Libre Arbitre.** Trad. et annoté par M. Salomon REINACH, de l'Institut. 12e édit. 1913.
— **Pensées et Fragments,** avec introduction par M. J. BOURDEAU. 25e édit. 1911.
— * **Écrivains et Style.** Traduct. DIETRICH. 2e édit. 1908. (*Parerga et Paralipomena*).
— * **Sur la Religion.** Traduct. DIETRICH. 2e édit. 1908. id.
— * **Philosophie et Philosophes.** Trad. DIETRICH. 1907. id.
— * **Éthique, droit et politique.** Traduct. DIETRICH. 1908. id.
— **Métaphysique et esthétique.** Traduct. DIETRICH. 1909. id.
SEGOND (J.), docteur ès lettres, agrégé de phil. **Cournot et la psychologie vitaliste.** 1910.
SEILLIÈRE (E.). **Introduction à la philosophie de l'impérialisme.** 1910.
SOLLIER (P.). **Les Phénomènes d'autoscopie,** avec fig. 1903.
— * **Essai critique et théorique sur l'association en psychologie.** 1907.
SOURIAU (P.), professeur à l'Université de Nancy. * **La Rêverie esthétique.** 1906.
SPENCER (Herbert). * **Classification des sciences.** 9e édit. 1909.
— **L'Individu contre l'État.** 8e édit. 1908.
STUART MILL. * **Auguste Comte et la Philosophie positive.** 8e édit. 1907.
— * **L'Utilitarisme.** 7e édit. 1911.
— **Correspondance inédite avec Gustave d'Eichthal (1828-1842)-(1864-1871).**
SULLY PRUDHOMME, de l'Académie française. * **Psychologie du libre arbitre.** 2e éd. 1907.
— et Ch. RICHET. **Le Problème des causes finales.** 4e édit. 1907.
SWIFT. **L'Éternel Conflit.** 1907.
TANON (L.). * **L'Évolution du Droit et la Conscience sociale.** 3e édit., revue. 1911.
TARDE, de l'Institut. **La Criminalité comparée.** 7e édit. 1910.
— * **Les Transformations du Droit.** 7e édit. 1912.
— * **Les Lois sociales.** *Esquisse d'une sociologie.* 7e édit. 1913.
TAUSSAT (J.). **Le Monisme et l'Animisme.** 1908.
THAMIN (R.), recteur de l'Académie de Bordeaux. * **Éducation et Positivisme.** 3e édit. 1910. (*Couronné par l'Institut.*)
THOMAS (P. Félix), docteur ès lettres. * **La Suggestion,** *son rôle dans l'éducation.* 4e édit. 1907.
— * **Morale et Éducation.** 3e édit. 1911.
WUNDT. **Hypnotisme et Suggestion.** *Étude critique.* Trad. Keller. 5e édit. 1910.
ZIEGLER. **La Question sociale est une Question morale.** Trad. Palante. 4e édit. 1911.

BIBLIOTHÈQUE DE PHILOSOPHIE CONTEMPORAINE

VOLUMES IN-8, BROCHÉS

à 3 fr. 75, 5 fr., 7 fr. 50, 10 fr., 12 fr. 50 et 15 fr.

Ouvrages parus en 1911, 1912 et 1913 :

BASCH (V.), chargé de cours à la Sorbonne. * **La Poétique de Schiller.** *Essai d'esthétique littéraire.* 2e édition, revue. 1911 .... 7 fr. 50

BERR (H.), directeur de la *Revue de synthèse historique.* **La Synthèse en histoire.** *Essai critique et théorique.* 1911 .... 5 fr.

BERTHELOT (R.), membre de l'Académie de Belgique. **Un Romantisme utilitaire.** *Étude sur le mouvement pragmatiste.* Tome I. *Le pragmatisme chez Nietzsche et chez Poincaré.* 1911. 7 fr. 50. Tome II. *Le pragmatisme chez Bergson.* 1913 .... 7 fr. 50

BROCHARD (V.), de l'Institut. **Études de philosophie ancienne et de philosophie moderne.** Recueillies et précédées d'une introduction par V. DELBOS, de l'Institut, professeur à la Sorbonne. 1912 .... 10 fr.

BRUNSCHVICG (L.), maître de conférences à la Sorbonne. **Les étapes de la philosophie mathématique.** 1912 .... 10 fr.

CARTAULT (A.), prof. honor. à la Sorbonne. **Les sentiments généreux.** 1912 .... 5 fr.

CELLERIER (L.) et DUGAS (L.). **L'Année pédagogique.** *Première année, 1911.* 1912. 7 fr. 50

CROCE (B.). * **La Philosophie de la pratique.** *Économie et esthétique.* Traduit par H. BURIOT et le Dr JANKÉLÉVITCH. 1911 .... 7 fr. 50

DAVID (Alexandra), professeur à l'Université nouvelle de Bruxelles. * **Le Modernisme bouddhiste et le bouddhisme du Bouddha.** 1911 .... 5 fr.

DUGAS (L.), docteur ès lettres. * **L'Éducation du caractère.** 1912 .... 5 fr.

DUPRÉ (Dr E.) et NATHAN (Dr M.). **Le langage musical.** *Étude médico-psychologique.* Préface de CH. MALHERBE, bibliothécaire de l'Opéra. 1911 .... 3 fr. 50

DUPRÉEL (E.), professeur à l'Université de Bruxelles. **Le rapport social.** *Essai sur l'objet et la méthode de la sociologie.* 1912 .... 5 fr.

DURKHEIM (E.), professeur à la Sorbonne. **Les formes élémentaires de la vie religieuse.** *Le système totémique en Australie,* avec 1 carte. (Travaux de l'*Année Sociologique.*) 1912 .... 10 fr.

EUCKEN (R.), professeur à l'Université d'Iéna. * **Les grands Courants de la pensée contemporaine.** Traduit sur la 4e édit. allemande par H. BURIOT et G.-H. LUQUET. Avant-propos de E. BOUTROUX, de l'Académie française. 2e édit. 1912 .... 10 fr.

FINOT (J.). **Préjugé et problème des sexes.** 3e édit. 1912 .... 5 fr.

FOUILLÉE (A.), de l'Institut. * **La Pensée et les nouvelles écoles anti-intellectualistes.** 2e édit. 1911 .... 7 fr. 50

GILSON (Ét.), docteur ès lettres, agrégé de philosophie. **La liberté chez Descartes et la théologie.** 1913 .... 7 fr. 50

GUYAU (Augustin). **La philosophie et la sociologie d'Alfred Fouillée.** Avec portrait et autographe hors texte. 1913 .... 3 fr. 75

HALBWACHS (M.), agrégé de philosophie, docteur en droit et docteur ès lettres. **La classe ouvrière et les niveaux de vie,** *Recherches sur la hiérarchie des besoins dans les sociétés industrielles contemporaines* (Travaux de l'*Année sociologique*). 1913 .... 7 fr. 50

HOFFDING (H.), professeur à l'Université de Copenhague. **La Pensée humaine.** *Ses formes, ses problèmes.* Trad. par J. DE COUSSANGE. Avant-propos de E. BOUTROUX, de l'Académie française. 1911 .... 7 fr. 50

JEUDON (L.), professeur au collège de Vannes. **La Morale de l'honneur.** 1911 .... 5 fr.

LE DANTEC (F.), chargé du cours de biologie générale à la Sorbonne. **Contre la Métaphysique.** *Questions de méthode.* 1912 .... 3 fr. 75

LODGE (Sir O.). **La survivance humaine.** *Étude de facultés non encore reconnues.* Traduction du Dr H. BOURBON. Préface de J. MAXWELL. 1912 .... 5 fr.

LUTOSLAWSKI (Wincenty), privat-docent à l'Université de Genève. **Volonté et liberté.** 1 vol. in-8 .... 7 fr. 50

MARCERON (A.), professeur au Collège de Libourne. **La morale par l'État** (*Récompensé par l'Institut*). 1912 .... 5 fr.

MENDOUSSE (P.), docteur ès lettres, professeur au lycée de Digne. * **L'Âme de l'adolescent.** 2e édit. 1911 .... 5 fr.

MORTON PRINCE, professeur de pathologie du système nerveux à l'École de médecine de « Tufts college ». **La Dissociation d'une personnalité.** *Étude biographique de psychologie pathologique.* Traduit par R. RAY et J. RAY. 1911 .... 10 fr.

NOVICOW (J.). **La Morale et l'intérêt dans les rapports individuels et internationaux.** 1912 .... 5 fr.

OSSIP-LOURIÉ, professeur à l'Université nouvelle de Bruxelles. **Le langage et la verbomanie.** *Essai de psychologie morbide.* 1912 .... 5 fr.

Philosophie allemande au XIXe siècle (La), par MM. CH. ANDLER, V. BASCH, J. BENRUBI, C. BOUGLÉ, V. DELBOS, G. DWELSHAUVERS, B. GROETHUYSEN, H. NORERO. 1912 .... 5 fr.

PALANTE (G.), agrégé de philosophie. **Les antinomies entre l'individu et la société.** 1913 .... 5 fr.

PAULHAN (Fr.). **L'activité mentale et les éléments de l'esprit.** 2e édit., revue. 1913. 10 fr.

PILLON (F.), lauréat de l'Institut. **L'Année philosophique.** *22e année, 1911* .... 5 fr.

RAUH (F.), professeur adjoint à la Sorbonne. * **Études de morale,** recueillies et publiées par H. DAUDIN, M. DAVID, G. DAVY, H. FRANCK, R. HERTZ, G. HUBERT, J. LAPORTE, R. LE SENNE, H. WALLON. 1911 .... 10 fr.

VOLUMES IN-8

Suite des ouvrages parus en 1910, 1911 et 1912.

RÉMOND (A.), professeur à l'Université de Toulouse, et VOIVENEL (P.). **Le Génie littéraire.** 1912 .... 5 fr.

RIGNANO (E.). **Essai de synthèse scientifique.** 1912 .... 5 fr.

ROUSSEL-DESPIERRES (Fr.). **La hiérarchie des principes et des problèmes sociaux.** 1912 .... 5 fr.

SIMMEL (G.), professeur à l'Université de Berlin. **Mélanges de philosophie relativiste.** *Contribution à la culture philosophique.* Traduit par Mlle GUILLAIN. 1912 .... 5 fr.

TASSY (E.). **Le Travail d'idéation.** 1911 .... 5 fr.

TERRAILLON (E.), docteur ès lettres, professeur au lycée de Carcassonne. * **L'honneur,** *sentiment et principe moral.* 1912 .... 5 fr.

URTIN (H.), avocat, docteur ès lettres. **L'Action criminelle,** *Étude de philosophie pratique.* 1911 .... 5 fr.

WILBOIS (J.). **Devoir et durée.** *Essai de morale sociale.* 1912 .... 7 fr. 50

Précédemment publiés :

ADAM, recteur de l'Académie de Nancy. * **La Philosophie en France** (*première moitié du XIXe siècle*) .... 7 fr. 50

ARREAT. * **Psychologie du Peintre** .... 5 fr.

AUBRY (Dr P.). **La Contagion du Meurtre.** 3e édit. 1896 .... 5 fr.

BAIN (Alex.). **La Logique inductive et déductive.** Trad. COMPAYRÉ. 5e éd. 1908, 2 vol. 20 fr.

BALDWIN (Mark), professeur à l'Université de Princeton (États-Unis). **Le Développement mental chez l'Enfant et dans la Race.** Trad. NOURRY, 1897. Préface de L. MARILLIER. 7 fr. 50

BARDOUX (J.). * **Essai d'une Psychologie de l'Angleterre contemporaine.** *Les crises belliqueuses.* (*Couronné par l'Académie française.*) 1906 .... 7 fr. 50

— **Essai d'une Psychologie de l'Angleterre contemporaine.** *Les crises politiques. Protectionnisme et Radicalisme.* 1907 .... 5 fr.

BARTHÉLEMY-SAINT-HILAIRE, de l'Institut. **La Philosophie dans ses rapports avec les Sciences et la Religion** .... 5 fr.

BARZELLOTTI, professeur à l'Univ. de Rome. * **La Philosophie de H. Taine.** 1900. 7 fr. 50

BAYET (A.). **L'Idée de Bien.** *Essai sur le principe de l'art moral rationnel.* 1908.. 3 fr. 75

BAZAILLAS (A.), docteur ès lettres, prof. au lycée Condorcet. * **La Vie personnelle.** 1905. 5 fr.

— **Musique et Inconscience.** *Introduction à la psychologie de l'inconscient.* 1907 .... 5 fr.

BELOT (G.), insp. gen. de l'Instr. publ. **Études de Morale positive.** (*Réc. par l'Inst.*) 1907 .... 7 fr. 50

BERGSON (H.), de l'Institut. * **Matière et Mémoire.** *Essai sur la relation du corps à l'esprit.* 9e édit. 1912 .... 5 fr.

— **Essai sur les données immédiates de la conscience.** 10e édit. 1912 .... 3 fr. 75

— * **L'Évolution créatrice.** 14e édit. 1913 .... 7 fr. 50

BERTHELOT (R.), membre de l'Académie de Belgique. * **Évolutionnisme et Platonisme.** 1908 .... 5 fr.

BERTRAND, professeur à l'Université de Lyon. * **L'Enseignement intégral.** 1898 .... 5 fr.

— **Les Études dans la démocratie.** 1900 .... 5 fr.

BINET (A.). * **Les Révélations de l'écriture,** avec 67 grav. .... 5 fr.

BLOCH (L.), docteur ès lettres, agrégé de philos. * **La Philosophie de Newton.** 1908. 10 fr.

BOEX-BOREL (J.-H. ROSNY aîné). **Le Pluralisme.** 1909 .... 5 fr.

BOIRAC (Émile), recteur de l'Académie de Dijon. * **L'Idée du Phénomène** .... 5 fr.

— * **La Psychologie inconnue.** *Introduction et contribution à l'étude expérimentale des sciences psychiques.* 2e édit., revue. 1912. (*Récompensé par l'Institut.*) .... 5 fr.

BOUGLÉ, chargé de cours à la Sorbonne. * **Les Idées égalitaires.** 2e édit. 1908 .. 3 fr. 75

— **Essais sur le Régime des Castes.** (Travaux de l'*Année sociologique.* 1908 .... 5 fr.

BOURDEAU (L.). **Le Problème de la mort** *et ses solutions imaginaires.* 4e édit. 1904. 5 fr.

— **Le Problème de la vie.** *Essais de sociologie générale.* 1901 .... 7 fr. 50

BOURDON, professeur à l'Université de Rennes. * **De l'Expression des émotions.** 7 fr. 50

BOUTROUX (E.), de l'Acad. franç. **Études d'histoire de la philosophie.** 3e édit. 1908. 7 fr. 50

BRAUNSCHVIG, docteur ès lettres. **Le Sentiment du beau et le sentiment poétique.** 1904 .... 3 fr. 75

BRAY (L.). **Du Beau.** *Essai sur l'origine et l'évolution du sentiment esthétique.* 1902. 5 fr.

BROCHARD (V.), de l'Institut. **De l'Erreur.** 2e édit. 1897 .... 5 fr.

BRUGEILLES (R.). **Le droit et la sociologie.** 1910 .... 3 fr. 75

BRUNSCHVICG (L.), maître de conférences à la Sorbonne. **La Modalité du jugement.** 5 fr.

— * **Spinoza.** 2e édit. 1906 .... 3 fr. 75

CARRAU (Ludovic), professeur à la Sorbonne. **Philosophie religieuse en Angleterre** .. 5 fr.

CELLERIER (L.) * **Esquisse d'une science pédagogique.** *Les faits et les lois de l'éducation.* (*Récompensé par l'Institut.*) 1910 .... 7 fr. 50

CHABOT (Ch.), professeur à l'Université de Lyon. * **Nature et Moralité.** 1897 .... 5 fr.

CHIDE (A.), agrégé de philosophie. * **Le Mobilisme moderne.** 1908 .... 5 fr.

CLAY (R.). * **L'Alternative,** *Contribution à la Psychologie.* 2e édit. .... 10 fr.

COLLINS (HOWARD). * **Résumé de la Philosophie de Herbert Spencer.** 5e édit. 1911.. 10 fr.

COSENTINI (F.), professeur l'Université nouvelle de Bruxelles, directeur de la *Scienza sociale.* **La Sociologie génétique.** *Essai sur la pensée et la vie sociale préhistoriques.* 1905. 3 fr. 75

COSTE (Ad.). **Les Principes d'une sociologie objective** .... 3 fr. 75

— **L'Expérience des peuples et les prévisions qu'elle autorise.** 1900 .... 10 fr.

COUTURAT (L.), docteur ès lettres. **Les Principes des Mathématiques.** 1906 .... 5 fr.

CRÉPIEUX-JAMIN. **L'Écriture et le Caractère.** 5e édit. 1909 .... 7 fr. 50

CRESSON, docteur ès lettres, professeur au collège Chaptal. **La Morale de la raison théorique.** 1903 .... 5 fr.

CYON (E. DE). **Dieu et Science.** *Essai de psychologie des sciences.* 2e édition, revue et augmentée. 1912 .... 7 fr. 50

VOLUMES IN-8

DARBON (A.), docteur ès lettres. **L'Explication mécanique et le nominalisme.** 1910. 3 fr. 75

DAURIAC (L.). * **Essai sur l'esprit musical.** 1904 ... 5 fr.

DELACROIX (H.), maître de conférences à la Sorbonne. * **Études d'Histoire et de Psychologie du Mysticisme.** *Les grands mystiques chrétiens.* 1908 ... 10 fr.

DELBOS (V.), membre de l'Institut, professeur à la Sorbonne. **La Philosophie pratique de Kant.** 1905. (*Couronné par l'Académie française.*) ... 12 fr. 50

DELVAILLE (J.), agr. de philosophie, docteur ès lettres. * **La Vie sociale et l'éducation.** 1907. (*Récompensé par l'Institut.*) ... 3 fr. 75

DELVOLVE (J.), professeur-adjoint à l'Université de Montpellier. * **Religion, critique et philosophie positive chez Pierre Bayle.** 1906 ... 7 fr. 50

DRAGHICESCO (D.), professeur à l'Université de Bucarest. **Du rôle de l'Individu dans le déterminisme social** ... 7 fr. 50

— * **Le Problème de la conscience.** 1907 ... 3 fr. 75

DROMARD (G.). * **Essai sur la sincérité.** 1910 ... 5 fr.

DUBOIS (J.), docteur en philosophie. **Le Problème pédagogique.** *Essai sur la position du problème et la recherche de ses solutions.* 1910 ... 7 fr. 50

DUGAS (L.), docteur ès lettres. * **Le Problème de l'Éducation.** 2e édit., revue. 1911. 5 fr.

DUMAS (G.), professeur à la Sorbonne. **Psychologie de deux Messies positivistes.** *Saint-Simon et Auguste Comte.* 1905 ... 5 fr.

DUPRAT (G.-L.), docteur ès lettres. **L'Instabilité mentale.** 1899 ... 5 fr.

DUPROIX (P.), doyen de la Faculté des lettres de Genève. **Kant et Fichte et le problème de l'éducation.** 2e édit. (*Couronné par l'Académie française.*) ... 5 fr.

DURAND (de Gros). **Aperçus de Taxinomie générale.** 1898 ... 5 fr.

— **Nouvelles Recherches sur l'esthétique et la morale.** 1899 ... 5 fr.

— **Variétés philosophiques.** 2e édit. revue et augmentée. 1900 ... 5 fr.

DURKHEIM (E.), prof. à la Sorbonne. * **De la division du travail social.** 3e édit. 1911. 7 fr. 50

— **Le Suicide.** *Étude sociologique.* 2e édit. 1912 ... 7 fr. 50

— * **L'Année sociologique** : 11 volumes parus.

1re Année (1896-1897). — Durkheim : La prohibition de l'inceste et ses origines. — G. Simmel : Comment les formes sociales se maintiennent. — *Analyses* des travaux de sociologie publiés du 1er juillet 1896 au 30 juin 1897 ... 10 fr.

2e Année (1897-1898). — Durkheim : De la définition des phénomènes religieux. — Hubert et Mauss : La nature et la fonction du sacrifice. — *Analyses* ... 10 fr.

3e Année (1898-1899). *Epuisée.*

4e Année (1899-1900). — Bouglé : Remarques sur le régime des castes. — Durkheim : Deux lois de l'évolution pénale. — Charmont : Notes sur les causes d'extinction de la propriété corporative. — *Analyses* ... 10 fr.

5e Année (1900-1901). *Épuisée.*

6e Année (1901-1902). — Durkheim et Mauss : De quelques formes primitives de classification. Contribution à l'étude des représentations collectives. — Bouglé : Les théories récentes sur la division du travail. — *Analyses* ... 12 fr. 50

7e Année (1902-1903). *Épuisée.*

8e Année (1903-1904). — H. Bourgin : La boucherie à Paris au XIXe siècle. — E. Durkheim : L'organisation matrimoniale australienne. — *Analyses* ... 12 fr. 50

9e Année (1904-1905). — H. Meillet : Comment les noms changent de sens. — Mauss et Beuchat : Les variations saisonnières des sociétés eskimos. — *Analyses* ... 12 fr. 50

10e année (1905-1906). — P. Huvelin : Magie et droit individuel. — R. Hertz : Contribution à une étude sur la représentation collective de la mort. — C. Bouglé : Note sur le droit et la caste en Inde. — *Analyses* ... 12 fr. 50

Tome XI. (1906-1909). *Analyses des travaux sociologiques publiés de 1906 à 1910.* 15 fr.

DWELSHAUVERS, professeur à l'Université de Bruxelles. * **La Synthèse mentale.** 1908. 5 fr.

EBBINGHAUS (H.), professeur à l'Université de Halle. **Précis de psychologie.** 2 édit. revue sur la 3e édit. all. par le Dr G. Revault d'Allonnes. Avec 16 fig. 1912 ... 5 fr.

EGGER (V.), professeur à la Sorbonne. **La Parole intérieure.** 2e édit. 1904 ... 5 fr.

ENRIQUES (F.), professeur à l'Université de Bologne. * **Les Problèmes de la Science et la Logique.** Trad. J. Dubois. 1908 ... 3 fr. 75

ESPINAS (A.), de l'Institut. * **La Philosophie sociale du XVIIIe siècle et la Révolution française.** 1898 ... 7 fr. 50

EVELLIN (F.), de l'Institut. **La Raison pure et les antinomies.** *Essai critique sur la philosophie kantienne.* (*Couronné par l'Institut.*) 1907 ... 5 fr.

FERRERO (G.). **Les Lois psychologiques du symbolisme.** 1895 ... 5 fr.

FERRI (Enrico), professeur à l'Université de Rome et à l'Université nouvelle de Bruxelles, député au Parlement italien. **La Sociologie criminelle.** Trad. L. Terrier. 1905 ... 10 fr.

FERRI (Louis). **Histoire critique de la Psychologie de l'association,** *depuis Hobbes jusqu'à nos jours* ... 7 fr. 50

FINOT (J.). **Le Préjugé des races.** 3e édit. 1908. (*Récompensé par l'Institut.*) ... 7 fr. 50

— **La Philosophie de la longévité.** 12e édit., refondue. 1908 ... 5 fr.

FONSEGRIVE, professeur au lycée Buffon. * **Essai sur le libre arbitre.** 2e édit. (*Couronné par l'Institut.*) ... 10 fr.

FOUCAULT, professeur à l'Université de Montpellier. **La Psychophysique.** 1901 ... 7 fr. 50

— * **Le Rêve.** 1906 ... 5 fr.

FOUILLÉE (Alf.), de l'Institut. * **La Liberté et le Déterminisme.** 8e édit. 1911 ... 7 fr. 50

— **Critique des systèmes de morale contemporains.** 7e édit. 1912 ... 7 fr. 50

— * **La Morale, l'Art, la Religion,** d'après Guyau. 8e édit., augmentée ... 8 fr. 75

— **L'Avenir de la Métaphysique fondée sur l'expérience.** 2e édit ... 5 fr.

— * **L'Évolutionnisme des idées-forces.** 5e édit. 1911 ... 7 fr. 50.

VOLUMES IN-8

FOUILLÉE (A.), de l'Institut. * **La Psychologie des idées-forces.** 2 vol. 3ᵉ édit. 1912. 15 fr.
— * **Tempérament et caractère** *selon les individus, les sexes et les races.* 4ᵉ éd. 1901. 7 fr. 50
— **Le mouvement positiviste et la conception sociologique du monde.** 2ᵉ éd. 1896. 7 fr. 50
— **Le mouvement idéaliste et la réaction contre la science positive.** 3ᵉ édit. 1913. 7 fr. 50
— * **Psychologie du peuple français.** 5ᵉ édit. 1913 ... 7 fr. 50
— * **La France au point de vue moral.** 5ᵉ édit. 1911 ... 7 fr. 50
— * **Esquisse psychologique des peuples européens.** 4ᵉ édit. ... 10 fr.
— * **Nietzsche et l'immoralisme.** 2ᵉ édit. 1904 ... 5 fr.
— * **Le moralisme de Kant et l'amoralisme contemporain.** 2ᵉ édit., 1905 ... 7 fr. 50
— * **Les Éléments sociologiques de la morale.** 2ᵉ édit., 1906 ... 7 fr. 50
— * **Morale des idées-forces.** 2ᵉ édit. 1908 ... 7 fr. 50
— **Le socialisme et la sociologie réformiste.** 2ᵉ édit. 1909 ... 7 fr. 50
— * **La Démocratie politique et sociale en France.** 2ᵉ édit. 1910 ... 3 fr. 75

FOURNIÈRE (E.), professeur au Conservatoire des Arts et Métiers. * **Les Théories socialistes au XIXᵉ siècle.** *De Babeuf à Proudhon.* 1904 ... 7 fr. 50

FULLIQUET. **Essai sur l'Obligation morale.** 1898 ... 7 fr. 50

GAROFALO, professeur à l'Université de Naples. **La Criminologie.** 5ᵉ édit., refondue. 7 fr. 50
— **La Superstition socialiste.** 1895 ... 5 fr.

GÉRARD-VARET, recteur de l'Univ. de Rennes. **L'Ignorance et l'Irréflexion.** 1899. 5 fr.

GLEY (Dʳ E.), professeur au Collège de France. **Études de psychologie physiologique et pathologique**, avec fig. 1903 ... 5 fr.

GORY (G.). **L'Immanence de la raison dans la connaissance sensible** ... 5 fr.

GOURD (J.-J.). **Philosophie de la Religion.** Préface de E. BOUTROUX, de l'Académie française. 1910 ... 5 fr.

GRASSET (J.), prof. à l'Univ. de Montpellier. **Demi-fous et demi-responsables.** 2ᵉ éd. 5 fr.
— **Introduction physiologique à l'Étude de la Philosophie.** 2ᵉ édit. 1910. Avec fig. 5 fr.

GREEF (DE), professeur à l'Univ. nouvelle de Bruxelles. **Le Transformisme social.** 7 fr. 50
— **La Sociologie économique.** 1904 ... 3 fr. 75

GROOS (K.), professeur à l'Université de Bâle. * **Les Jeux des animaux.** 1902 ... 7 fr. 50

GURNEY, MYERS et PODMORE. **Les Hallucinations télépathiques.** 4ᵉ édit ... 7 fr. 50

GUYAU (M.). * **La Morale anglaise contemporaine.** 6ᵉ éd. 1911. (*Cour. par l'Institut.*) 7 fr. 50
— **Les Problèmes de l'esthétique contemporaine.** 8ᵉ édit. 1913 ... 5 fr.
— **Esquisse d'une morale sans obligation ni sanction.** 9ᵉ édit ... 5 fr.
— **L'Irréligion de l'Avenir.** *Étude de sociologie.* 16ᵉ édit. 1912 ... 7 fr. 50
— * **L'Art au point de vue sociologique.** 9ᵉ édit. 1912 ... 7 fr. 50
— * **Éducation et Hérédité.** *Étude sociologique.* 12ᵉ édit. 1913 ... 5 fr.

HALÉVY (Élie), doct. ès lettres. **Formation du radicalisme philosoph.**, 3 v. chacun. 7 fr. 50

HAMELIN (O.), chargé de cours à la Sorbonne. * **Le Système de Descartes**, publié par L. ROBIN, chargé de cours à l'Université de Caen. Préface de E. DURKHEIM. 1910. 7 fr. 50

HANNEQUIN, prof. à l'Univ. de Lyon. **L'hypothèse des atomes.** 2ᵉ édit. 1899. 7 fr. 50
— * **Études d'Histoire des Sciences et d'Histoire de la Philosophie**, préface de R. THAMIN, introduction de M. GROSJEAN. 2 vol. 1908. (*Couronné par l'Institut.*) ... 15 fr.

HARTENBERG (Dʳ Paul). **Les Timides et la Timidité.** 3ᵉ édit. 1910 ... 5 fr.
— * **Physionomie et Caractère.** *Essai de physiognomonie scientifique.* 2ᵉ édit. 1911 ... 5 fr.

HÉBERT (Marcel). **L'Évolution de la foi catholique.** 1905 ... 5 fr.
— * **Le Divin.** *Expériences et hypothèses. Étude psychologique.* 1907 ... 5 fr.

HÉMON (C.), agrégé de philosophie. * **La Philosophie de Sully Prudhomme.** Préface de SULLY PRUDHOMME. 1907 ... 7 fr. 50

HERMANT (F.) et VAN DE WAELE (A.). * **Les principales Théories de la logique contemporaine.** (*Récompensé par l'Institut.*) 1909 ... 5 fr.

HIRTH (G.). * **Physiologie de l'Art.** Traduction et introduction par L. ARRÉAT ... 5 fr.

HÖFFDING, professeur à l'Université de Copenhague. **Esquisse d'une psychologie fondée sur l'expérience.** Trad. L. POITEVIN. Préface de PIERRE JANET. 4ᵉ édit. 1909 ... 7 fr. 50
— * **Histoire de la Philosophie moderne.** Préf. de V. DELBOS. 2ᵉ éd. 1908. 2 vol. chac. 10 fr.
— **Philosophes contemporains.** Trad. TREMESAYGUES. 2ᵉ édit., revue. 1908 ... 3 fr. 75
— * **Philosophie de la Religion.** 1908. Trad. SCHLEGEL ... 7 fr. 50

HUBERT (H.) et MAUSS (M.), directeurs adjoints à l'École pratique des Hautes-Études. **Mélanges d'histoire des religions.** (*Travaux de l'Année sociologique*). 1909 ... 5 fr.

IOTEYKO et STEFANOWSKA (Dʳˢ). * **Psycho-Physiologie de la Douleur.** 1908. (*Couronné par l'Institut.*) ... 5 fr.

ISAMBERT (G.). **Les Idées socialistes en France (1815-1848).** 1905 ... 7 fr. 50

IZOULET, professeur au Collège de France. **La Cité moderne.** 7ᵉ édition. 1908 ... 10 fr.

JACOBY (Dʳ P.). **Études sur la sélection chez l'homme.** Préface de G. TARDE. 2ᵉ édition. Avec pl. en couleur. 1904 ... 10 fr.

JANET (Paul), de l'Institut. * **Œuvres philosophiques de Leibniz.** 2ᵉ édit. 2 vol ... 20 fr.

JANET (Pierre), prof. au Collège de France. * **L'Automatisme psychologique.** 6ᵉ éd. 7 fr. 50

JASTROW (J.), professeur à l'Université de Wisconsin. **La Subconscience**, trad. E. PHILIPPI, préface de P. JANET. 1908 ... 7 fr. 50

JAURÈS (J.), docteur ès lettres. **De la Réalité du monde sensible.** 2ᵉ édit. 1902 ... 7 fr. 50

KARPPE (S.), docteur ès lettres. **Essais de critique et d'histoire de philosophie** ... 3 fr. 75

KEIM (A.), docteur ès lettres. * **Helvétius**, *sa vie, son œuvre.* 1907 ... 10 fr.

LACOMBE (P.). **Psychologie des individus et des sociétés chez Taine.** 1906 ... 7 fr. 50

LA GRASSERIE (R. de), lauréat de l'Institut. **Psychologie des religions.** 1899 ... 5 fr.

VOLUMES IN-8

LALANDE (A.), professeur adjoint à la Sorbonne. * **La Dissolution opposée à l'évolution**, *dans les sciences physiques et morales*. 1899 ... 7 fr. 50

LALO (Ch.), docteur ès lettres. * **Esthétique musicale scientifique**. 1908 ... 5 fr.

— * **L'Esthétique expérimentale contemporaine**. 1908 ... 3 fr. 75

— **Les Sentiments esthétiques**. 1909 ... 5 fr.

LANDRY (A.), député, docteur ès lettres. * **Principes de morale rationnelle**. 1906 ... 5 fr.

LANESSAN (J.-L. de), député, ancien ministre. * **La Morale des religions**. 1905 ... 10 fr.

— * **La Morale naturelle**. 1908 ... 7 fr. 50

LAPIE (P.), recteur de l'Université de Toulouse. **Logique de la volonté** 1902 ... 7 fr. 50

LAUVRIÈRE, docteur ès lettres, professeur au lycée Louis-le-Grand. **Edgar Poë**. *Sa vie et son œuvre. Étude de psychologie pathologique. (Récompensé par l'Institut.)* 1904 ... 10 fr.

LAVELEYE (de). * **De la Propriété et de ses formes primitives**. 5e édit ... 10 fr.

LEBLOND (M.-A.). * **L'Idéal du XIXe siècle**. 1909 ... 5 fr.

LE BON (Dr Gustave). * **Psychologie du socialisme**. 7e éd., revue. 1912 ... 7 fr. 50

LECHALAS (G.). * **Études esthétiques**. 1902 ... 5 fr.

— **Étude sur l'espace et le temps**. 2e édit. revue et augmentée. 1909 ... 5 fr.

LECHARTIER (G.). **David Hume, moraliste et sociologue**. 1900 ... 5 fr.

LECLÈRE (A.), professeur à l'Université de Berne. **Essai critique sur le droit d'affirmer**. 5 fr.

LE DANTEC, chargé du cours de biologie générale à la Sorbonne. * **L'Unité dans l'être vivant**. *Essai d'une biologie chimique*. 1902 ... 7 fr. 50

— * **Les Limites du connaissable**, *la vie et les phénomènes naturels*. 3e édit. 1908. 3 fr. 75

LÉON (Xavier). * **La Philosophie de Fichte**. *Ses rapports avec la conscience contemporaine*. Préface de E. BOUTROUX, de l'Académie française. 1902. *(Couronné par l'Institut.)* 10 fr.

LEROY (E. Bernard). **Le Langage**. *Sa psychologie normale et pathologique*. 1905 ... 5 fr.

LÉVY (A.), professeur à l'Université de Nancy. **La Philosophie de Feuerbach**. 1904. 10 fr.

LÉVY-BRUHL (L.), professeur à la Sorbonne. * **La Philosophie de Jacobi**. 1894 ... 5 fr.

— * **Lettres de S. Mill à Aug. Comte**, avec *les réponses de Comte et une introd*. 1899. 10 fr.

— * **La Philosophie d'Auguste Comte**. 3e édit., revue 1913 ... 7 fr. 50

— * **La Morale et la Science des mœurs**. 5e édit., 1913 ... 5 fr.

— **Les Fonctions mentales dans les sociétés inférieures** (*Travaux de l'Année sociologique*). 1909 ... 7 fr. 50

LIARD, de l'Institut, vice-recteur de l'Académie de Paris. * **Descartes**. 3e éd. 1911 ... 5 fr.

— * **La Science positive et la Métaphysique**. 5e édit ... 7 fr. 50

LICHTENBERGER (H.), professeur adjoint à la Sorbonne. * **Richard Wagner, poète et penseur**. 5e édit., revue. 1911. *(Couronné par l'Académie française.)* ... 10 fr.

— **Henri Heine penseur**. 1905 ... 3 fr. 75

LOMBROSO (César), professeur à l'Université de Turin. * **L'Homme criminel**. 2e éd., 2 vol. et atlas de 64 pl. 1895 ... 36 fr.

— **Le Crime**. *Causes et remèdes*. 2e édit., avec 22 fig. et 21 planches ... 10 fr.

— **L'Homme de génie**, avec gravures et planches. 4e édit. 1909 ... 10 fr.

— et FERRERO. **La Femme criminelle et la prostituée**, avec 13 pl. hors texte. 1896. 15 fr.

— et LASCHI. **Le Crime politique et les Révolutions**. 2 vol. avec gravures et planches hors texte. 1892 ... 15 fr.

LUBAC (E.), agr. de philos. * **Psychologie rationnelle**. Préf. de H. BERGSON. 1904 ... 3 fr. 75

LUQUET (G.-H.), agrégé de philosophie. * **Idées générales de psychologie**. 1906 ... 5 fr.

LYON (G.), recteur de l'Acad. de Lille. * **L'Idéalisme en Angleterre au XVIIIe siècle**. 7 fr. 50

— * **Enseignement et religion**. *Études philosophiques* ... 3 fr. 75

MALAPERT (P.), docteur ès lettres, professeur au lycée Louis-le-Grand. * **Les Éléments du caractère et leurs lois de combinaison**. 2e édit. 1906 ... 5 fr.

MARION (H.), professeur à la Sorbonne. * **De la Solidarité morale**. 6e édit. 1907 ... 5 fr.

MARTIN (Fr.). * **La Perception extérieure et la Science positive**. 1894 ... 5 fr.

MATAGRIN (Amédée). **La Psychologie sociale de Gabriel Tarde**. 1909 ... 5 fr.

MAXWELL (J.). **Les Phénomènes psychiques**. Préf. du Pr CH. RICHET. 4e édit. 1909. 5 fr.

MÉNARD (A.), docteur ès lettres. **Analyse et critique des principes de la psychologie de W. James**. 1910 ... 7 fr. 50

MEYERSON (E.). **Identité et Réalité**. 2e édit., revue et augmentée. 1912 ... 10 fr.

MULLER (Max), prof. à l'Univ. d'Oxford. * **Nouvelles études de mythologie**. 1898. 12 fr. 50

MYERS. **La Personnalité humaine**. Trad. JANKÉLÉVITCH. 3e édit. 1910 ... 7 fr. 50

NAVILLE (ERNEST). * **La Logique de l'hypothèse**. 2e édit ... 5 fr.

— * **La Définition de la philosophie**. 1894 ... 5 fr.

— **Le libre Arbitre**. 2e édit. 1898 ... 5 fr.

— **Les Philosophies négatives**. 1899 ... 5 fr.

— **Les Systèmes de philosophie ou les philosophies affirmatives**. 1909 ... 7 fr. 50

NAYRAC (J.-P.). * **Physiologie et Psychologie de l'attention**. Préface de TH. RIBOT. *(Récompensé par l'Institut.)* 1906 ... 3 fr. 75

NORDAU (Max). * **Dégénérescence**, 7e éd. 1909. 2 vol. Tome I. 7 fr. 50. Tome II ... 10 fr.

— **Les Mensonges conventionnels de notre civilisation**. 11e édit. 1912 ... 5 fr.

— * **Vus du dehors**. *Essais de critique sur quelques auteurs français contemp*. 1903. 5 fr.

— **Le Sens de l'histoire**. Trad. JANKÉLÉVITCH. 1909 ... 7 fr. 50

NOVICOW (J.). **Les Luttes entre Sociétés humaines**. 3e édit. 1904 ... 10 fr.

— * **La Justice et l'expansion de la vie**. *Essai sur le bonheur des sociétés humaines*. 1905. 7 fr. 50

— **La Critique du Darwinisme social**. 1909 ... 7 fr. 50

OLDENBERG, prof. à l'Univ. de Kiel. * **Le Bouddha**. Trad. par P. FOUCHER, chargé de cours à la Sorbonne. Préf. de SYLVAIN LÉVI, prof. au Collège de France. 2e édit. 1903 ... 7 fr. 50

— * **La Religion du Véda**. Traduit par V. HENRY, professeur à la Sorbonne. 1903 ... 10 fr.

OSSIP-LOURIÉ, professeur à l'Université nouvelle de Bruxelles. **La Philosophie russe contemporaine**. 2e édit. 1905 ... 5 fr.

— * **La Psychologie des romanciers russes au XIXe siècle**. 1905 ... 7 fr. 50

VOLUMES IN-8

OUVRÉ (H.). * Les Formes littéraires de la pensée grecque (*Cour. par l'Acad. franç.*). 10 fr.
PALANTE (G.), agrégé de philosophie. Combat pour l'individu. 1904 .... 3 fr. 75
PAULHAN (Fr.), correspondant de l'Institut. * Les Caractères. 3e édit., revue. 1909. 5 fr.
— Les Mensonges du caractère. 1905 .... 5 fr.
— Le Mensonge de l'Art. 1907 .... 5 fr.
PAYOT (J.), recteur de l'Académie d'Aix. La Croyance. 3e édit. 1911 .... 5 fr.
— * L'Éducation de la volonté. 37e édit. 1912 .... 5 fr.
PERÈS (Jean), professeur au lycée de Caen. * L'Art et le Réel. 1898 .... 3 fr. 75
PÉREZ (Bernard). Les Trois premières années de l'enfant. 7e édit. 1911 .... 5 fr.
— L'Enfant de trois à sept ans. 4e édit. 1907 .... 5 fr.
— L'Éducation morale dès le berceau. 4e édit. 1901 .... 5 fr.
— * L'Éducation intellectuelle dès le berceau. 2e édit. 1901 .... 5 fr.
PIAT (C.), professeur honoraire à l'Institut catholique. La Personne humaine. 2e édit., revue et augmentée. 1913. (*Couronné par l'Académie des Inscriptions et Belles-Lettres.*). 7 fr. 50
— * Destinée de l'homme. 2e édit., revue, 1913 .... 5 fr.
— La Morale du bonheur. 1909 .... 5 fr.
PICAVET (F.), chargé de cours à la Sorbonne. * Les Idéologues (*Cour. par l'Ac. franç.*). 10 fr.
PIDERIT. La Mimique et la Physiognomonie. Trad. de l'allem. par M. Girot .... 5 fr.
PILLON (F.), lauréat de l'Institut. * L'Année philosophique (*Couronné par l'Institut.*) 1890 à 1911. 22 vol. Chacun (1893 et 1894 épuisés) .... 5 fr.
PIOGER (Dr J.). La Vie et la pensée. 1893 .... 5 fr.
— La Vie sociale, la morale et le progrès. 1894 .... 5 fr.
PREYER, professeur à l'Université de Berlin. Éléments de physiologie générale .... 5 fr.
PROAL, conseiller à la Cour d'Appel de Paris. * La Criminalité politique. 2e éd. 1908. 5 fr.
— * Le Crime et la Peine. 4e édit. (*Couronné par l'Institut.*) 1911 .... 10 fr.
— Le Crime et le Suicide passionnels. 1900. (*Couronné par l'Académie française.*). 10 fr.
RAGEOT (G.), agrégé de philosophie. * Le Succès. *Auteurs et Public.* 1906 .... 3 fr. 75
RAUH (F.), professeur-adjoint à la Sorbonne. * De la Méthode dans la psychologie des sentiments. (*Couronné par l'Institut.*) 1899 .... 5 fr.
— * L'Expérience morale. 2e édition, revue. 1909 (*Récompensé par l'Institut.*) .... 3 fr. 75
RÉCÉJAC, docteur ès lettres. Essai sur les Fondements de la Connaissance mystique. 1897 .... 5 fr.
RENARD (G.), prof. au Collège de France. * La Méthode scient. dans l'histoire littéraire. 10 fr.
RENOUVIER (Ch.), de l'Institut. * Les Dilemmes de la métaphysique pure. 1901 .... 5 fr.
— Le Personnalisme, avec une étude sur *la perception externe et la force.* 1903 .... 10 fr.
— * Critique de la doctrine de Kant. 1906 .... 7 fr. 50
— * Science de la Morale. Nouv. édit. 2 vol. 1908 .... 15 fr.
REVAULT D'ALLONNES (G.), docteur ès lettres, agrégé de philosophie. Psychologie d'une religion. *Guillaume Monod (1800-1896).* 1908 .... 5 fr.
— * Les Inclinations. *Leur rôle dans la psychologie des sentiments.* 1908 .... 3 fr. 75
REY (A.), professeur à l'Université de Dijon. * La Théorie de la physique chez les physiciens contemporains. 1907 .... 7 fr. 50
RIBERY, doct. ès lettres. Essai de classification naturelle des caractères. 1903. 3 fr. 75
RIBOT (Th.), de l'Institut, professeur honoraire au Collège de France. * L'Hérédité psychologique. 9e édit. 1910 .... 7 fr. 50
— * La Psychologie anglaise contemporaine. 3e édit. 1907 .... 7 fr. 50
— * La Psychologie allemande contemporaine (*[illegible]*). [illegible] édit. 1909 .... 7 fr. 50
— La Psychologie des sentiments. 8e édit. 1911 .... 7 fr. 50
— L'Évolution des idées générales. 3e édit. 1909 .... 5 fr.
— * Essai sur l'imagination créatrice. 3e édit. 1908 .... 5 fr.
— * La logique des sentiments. 4e édit. 1912 .... 3 fr. 75
— * Essai sur les passions. 3e édit. 1910 .... 3 fr. 75
RICARDOU (A.), docteur ès lettres. * De l'Idéal. (*Couronné par l'Institut.*) .... 5 fr.
RICHARD (G.), professeur de sociologie à l'Université de Bordeaux. * L'idée d'évolution dans la nature et dans l'histoire. 1903. (*Couronné par l'Institut.*) .... 7 fr. 50
RIEMANN (H.), prof. à l'Univ. de Leipzig. * Les Éléments de l'Esthétique musicale. 1906. 5 fr.
RIGNANO (E.). La Transmissibilité des caractères acquis. 1908 .... 5 fr.
RIVAUD (A.), professeur à l'Université de Poitiers. Les Notions d'essence et d'existence dans la philosophie de Spinoza. 1906 .... 3 fr. 75
ROBERTY (E. de). L'Ancienne et la Nouvelle Philosophie .... 7 fr. 50
— * La Philosophie du siècle (*positivisme, criticisme, évolutionnisme.*) .... 5 fr.
— * Nouveau Programme de sociologie. 1904 .... 5 fr.
— * Sociologie de l'Action. 1908 .... 7 fr. 50
RODRIGUES (G.), docteur ès lettres, professeur au lycée Michelet. Le Problème de l'action .... 3 fr. 75
ROEHRICH (E.). * Philosophie de l'éducation. (*Récompensé par l'Institut*). 1910 .... 5 fr.
ROMANES. * L'Évolution mentale chez l'homme. *Origine des facultés humaines* .... 7 fr. 50
ROUSSEL-DESPIERRES (Fr.). * *Hors du scepticisme.* Liberté et beauté. 1907 .... 7 fr. 50
RUSSELL. * La Philosophie de Leibniz. Trad. J. Ray. Préf. de M. Lévy-Bruhl. 1908. 3 fr. 75
RUYSSEN (Th.), prof. à l'Univ. de Bordeaux. * L'Évolution psychologique du jugement. 5 fr.
SABATIER (A.), prof. à l'Univ. de Montpellier. Philosophie de l'effort. 2e édit. 1908. 7 fr. 50
SAIGEY (E.). * Les Sciences au XVIIIe siècle. *La physique de Voltaire* .... 5 fr.
SAINT-PAUL (Dr G.). * Le Langage intérieur et les paraphasies. 1904 .... 5 fr.
SANZ Y ESCARTIN. L'Individu et la Réforme sociale. Trad. Dietrich .... 7 fr. 50
SCHILLER (F.), professeur à l'Université d'Oxford. * Études sur l'humanisme. 1909 .... 10 fr.

VOLUMES IN-8

SCHINZ (A.), professeur à l'Université de Bryn Mawr (Pensylvanie). **Anti-pragmatisme.** *Examen des droits respectifs de l'aristocratie intellectuelle et de la démocratie sociale.* 5 fr.
SCHOPENHAUER. **Aphorismes sur la sagesse dans la vie.** (*Parerga et paralipomena*). Trad. CANTACUZÈNE. 9e éd. 5 fr.
— * **Le Monde comme volonté et comme représentation.** 6e édit. 3 vol., chac. 7 fr. 50
SÉAILLES (G.), professeur à la Sorbonne. **Essai sur le génie dans l'art.** 4e édit. 1911. 5 fr.
— * **La Philosophie de Ch. Renouvier.** *Introduction au néo-criticisme.* 1905. 7 fr. 50
SEGOND (J.), agrégé de philosophie, docteur ès lettres. * **La Prière.** *Essai de psychologie religieuse* (*Couronné par l'Académie française*). 1910. 7 fr. 50
SIGHELE (Scipio). **La Foule criminelle.** 2e édit., refondue. 1901. 5 fr.
SOLLIER (Dr P.). **Le Problème de la mémoire.** *Essai de psycho-mécanique.* 1900. 3 fr. 75
— **Psychologie de l'idiot et de l'imbécile**, avec 12 pl. hors texte. 2e édit. 1902. 5 fr.
— **Le Mécanisme des émotions.** 1905. 5 fr.
— **Le Doute.** *Étude de psychologie affective.* 1909. 7 fr. 50
SOURIAU (Paul), professeur à l'Université de Nancy. **L'Esthétique du mouvement.** 5 fr.
— * **La Beauté rationnelle.** 1904. 10 fr.
— **La Suggestion dans l'art.** 2e édit. 1909. 5 fr.
SPENCER (Herbert). * **Les premiers Principes.** Traduct. CAZELLES. 11e édit. 1907. 10 fr.
— * **Principes de biologie.** Traduct. CAZELLES. 6e édit. 1910. 2 vol. 20 fr.
— * **Principes de psychologie.** Trad. par MM. RIBOT et ESPINAS. 2 vol. Nouv. édit. 20 fr.
— * **Principes de sociologie.** 5 vol. : Tome I. *Données de la sociologie.* 10 fr. — Tome II. *Inductions de la sociologie. Relations domestiques.* 7 fr. 50. — Tome III. *Institutions cérémonielles et politiques.* 15 fr. — Tome IV. *Institutions ecclésiastiques.* 3 fr. 75. — Tome V. *Institutions professionnelles.* 7 fr. 50.
— **Essais sur le progrès.** Trad. A. BURDEAU. 5e édit. 7 fr. 50
— **Essais de politique.** Trad. A. BURDEAU. 5e édit. 7 fr. 50
— **Essais scientifiques.** Trad. A. BURDEAU. 4e édit. 7 fr. 50
— * **De l'Éducation physique, intellectuelle et morale.** 14e édit. 1912. 5 fr.
— **Justice.** Trad. CASTELOT. 3e édit. 1903. 7 fr. 50
— **Le Rôle moral de la bienfaisance.** Trad. CASTELOT et MARTIN SAINT-LÉON. 7 fr. 50
— **La Morale des différents peuples.** Trad. CASTELOT et MARTIN SAINT-LÉON. 7 fr. 50
— **Problèmes de morale et de sociologie.** Trad. H. de VARIGNY. Nouv. édit., 1905. 7 fr. 50
— * **Une Autobiographie.** Trad. et adaptation par H. de VARIGNY. 10 fr.
STAPFER (P.), professeur hon. à l'Université de Bordeaux. * **Questions esthétiques et religieuses.** 1906. 3 fr. 75
STEIN (L.), professeur à l'Université de Berne. * **La Question sociale au point de vue philosophique.** 1900. 10 fr.
STUART MILL. * **Mes Mémoires.** *Histoire de ma vie et de mes idées.* 5e éd. 5 fr.
— * **Système de Logique déductive et inductive.** 6e édit. 1909. 2 vol. 20 fr.
— * **Essais sur la Religion.** 4e édit. 1901. 5 fr.
— **Lettres inédites à Auguste Comte et réponses d'Auguste Comte.** 1899. 10 fr.
SULLY (James). **Le Pessimisme.** Trad. Bertrand. 2e édit. 7 fr. 50
— * **Essai sur le rire.** *Ses formes, ses causes, son développement, sa valeur.* 1904. 7 fr. 50
SULLY PRUDHOMME, de l'Acad. franç. **La vraie Religion selon Pascal.** 1905. 7 fr. 50
— **Le Lien social.** Publié par C. HÉMON. 3 fr. 75
TARDE (G.), de l'Institut. * **La Logique sociale.** 4e édit. 1912. 7 fr. 50
— * **Les Lois de l'imitation.** 6e édit. 1911. 7 fr. 50
— * **L'Opinion et la Foule.** 3e édit. 1910. 5 fr.
TARDIEU (Dr E.). * **L'Ennui.** *Étude psychologique.* 2e édit., revue et corrigée. 1913. 5 fr.
THOMAS (P.-F.), docteur ès lettres. * **Pierre Leroux, sa philosophie.** 1904. 5 fr.
— * **L'Éducation des sentiments.** (*Couronné par l'Institut.*) 5e édit. 1910. 5 fr.
TISSERAND (P.), docteur ès lettres, professeur au lycée Charlemagne. * **L'Anthropologie de Maine de Biran.** 1909. 10 fr.
UDINE (Jean D'). **L'Art et le geste.** 1909. 5 fr.
VACHEROT (Et.), de l'Institut. * **Essais de philosophie critique.** 7 fr. 50
— **La Religion.** 7 fr. 50
WAYNBAUM (Dr I.). **La Physionomie humaine.** 1907. 5 fr.
WEBER (L.). * **Vers le Positivisme absolu par l'idéalisme.** 1903. 7 fr. 50

BIBLIOTHÈQUE DE PHILOSOPHIE CONTEMPORAINE

TRAVAUX DE L'ANNÉE SOCIOLOGIQUE

Volumes in-8, publiés sous la direction de M. Émile DURKHEIM

ANNÉE SOCIOLOGIQUE, 11 volumes parus, voir détails page 8.
BOUGLÉ (C.), chargé de cours à la Sorbonne. **Essais sur le régime des Castes.** 1908. 5 fr.
HUBERT (H.) et MAUSS (M.), directeurs adjoints à l'École des Hautes Études. **Mélanges d'histoire des religions.** 1909. 5 fr.
LÉVY-BRUHL (L.), professeur à la Sorbonne. **Les Fonctions mentales dans les sociétés inférieures.** 1910. 7 fr. 50
DURKHEIM (E.), professeur à la Sorbonne. **Les formes élémentaires de la vie religieuse.** *Le système totémique en Australie.* Avec 1 carte. 1912. 10 fr.
HALBWACHS (M.), agrégé de philosophie, docteur en droit et docteur ès lettres. **La classe ouvrière et les niveaux de vie.** *Recherches sur la hiérarchie des besoins dans les sociétés industrielles contemporaines.* 1913. 7 fr. 50

COLLECTION HISTORIQUE DES GRANDS PHILOSOPHES

PHILOSOPHIE ANCIENNE

ARISTOTE. **La Poétique d'Aristote**, par A. HATZFELD et M. DUFOUR, in-8, 1900. 6 fr.

— **Physique, II**, trad. et commentaire, par O. HAMELIN, chargé de cours à la Sorbonne. 1 vol. in-8.................. 3 fr.

— **Aristote et l'idéalisme platonicien** par CH. WERNER, docteur ès lettres. 1910. 1 vol. in-8...................... 7 fr. 50

— **La Morale d'Aristote**, par Mme JULES FAVRE. 1889. 1 vol. in-18.......... 3 fr. 50

— **Ethique à Nicomaque. Livre II.** Trad. de P. D'HÉROUVILLE et H. VERNE. Introd. et notes de P. D'HÉROUVILLE, in-8. 1 fr. 80

— **La métaphysique.** Livre I. Trad. et commentaires par G. COLLE. 1912. 1 vol. gr. in-8........................ 5 fr.

ÉPICURE. * **La Morale d'Épicure**, par M. GUYAU. 5e édit. 1 vol. in-8 ...... 7 fr. 50

MARC-AURÈLE. **Les Pensées de Marc-Aurèle.** Trad. A.-P. LEMERCIER, doyen de l'Univ. de Caen. 1909. 1 vol. in-16. 3 fr. 50

PLATON. **La Théorie platonicienne des Sciences**, par ÉLIE HALÉVY. 1895. In-8. 5 fr.

— **Œuvres**, traduction VICTOR COUSIN revue par J. BARTHÉLEMY-SAINT-HILAIRE : *Socrate et Platon ou le Platonisme — Eutyphron — Apologie de Socrate — Criton — Phédon*. 1896. 1 v. in-8. 7 fr. 50

— **La définition de l'être et la nature des idées dans le Sophiste de Platon**, par A. DIÈS. 1909. 1 vol. in-8.......... 4 fr.

SOCRATE. * **Philosophie de Socrate**, par A. FOUILLÉE, de l'Institut. 2 vol. in-8. 16 fr.

— **Le Procès de Socrate**, par G. SOREL. 1 vol. in-8...................... 3 fr. 50

— **La morale de Socrate**, par Mme JULES FAVRE. 1888. 1 vol. in-18........ 3 fr. 50

STRATON DE LAMPSAQUE. * **La Physique de Straton de Lampsaque**, par G. RODIER, prof. à la Sorbonne. 1 vol. in-8.... 3 fr.

BÉNARD. **La Philosophie ancienne**, *ses systèmes*. 1 vol. in-8 .... 9 fr.

DIÈS (A.), docteur ès lettres. **Le Cycle mystique.** *La divinité. Origine et fin des existences individuelles dans la philosophie antésocratique*, 1909. 1 vol. in-8.. 4 fr.

FABRE (Joseph). **La Pensée antique.** *De Moïse à Marc-Aurèle*. 3e édit........ 5 fr.

GOMPERZ. **Les Penseurs de la Grèce.** Trad. REYMOND. (*Cour. par l'Acad. franç.*)

I. * *La philosophie antésocratique.* 2e édit. 1 vol. gr. in-8.................. 10 fr.

II. * *Athènes, Socrate et les Socratiques, Platon.* 2e édit. 1 vol. gr. in-8..... 12 fr.

III. * *L'ancienne académie. Aristote et ses successeurs : Théophraste et Straton de Lampsaque.* 1910. 1 vol. gr. in-8. 10 fr.

GUYOT (H.), docteur ès lettres. **L'Infinité divine** *depuis Philon le Juif jusqu'à Plotin*. 1906. In-8.................. 5 fr.

LAFONTAINE (A.). **Le Plaisir**, *d'après Platon et Aristote*. 1 vol. in-8..... 6 fr.

MILHAUD (G.), prof. à la Sorbonne. * **Les philosophes géomètres de la Grèce.** 1900. In-8 (*Couronné par l'Institut.*). 6 fr.

— **Études sur la pensée scientifique chez les Grecs et chez les modernes.** 1906. 1 vol. in-16.......................... 3 fr.

— **Nouvelles études sur l'histoire de la pensée scientifique.** 1911. 1 vol. in-8. (*Couronné par l'Académie française*)... 5 fr.

OUVRÉ (H.). **Les Formes littéraires de la pensée grecque.** 1 vol. in-8. (*Couronné par l'Académie française.*)........... 10 fr.

RIVAUD (A.), professeur à l'Université de Poitiers. **Le Problème du devenir et la notion de la matière**, *des origines jusqu'à Théophraste*. (*Couronné par l'Académie française.*) 1906. In-8. 10 fr.

ROBIN (L.), professeur à l'Université de Caen. **La Théorie platonicienne des idées et des nombres d'après Aristote.** *Étude historique et critique*. In-8. 12 fr. 50

— **La théorie platonicienne de l'Amour.** 1 vol. in-8...................... 3 fr. 75

(Ces deux volumes ont été couronnés par l'Institut et par l'Association pour l'encouragement des Études grecques.)

TANNERY (Paul). **Pour la Science hellène.** 1 vol. in-8.......................... 7 fr. 50

PHILOSOPHIES MÉDIÉVALE ET MODERNE

* DESCARTES, par L. LIARD, de l'Institut, 2e édit. 1 vol. in-8.................. 5 fr.

— **Essai sur l'Esthétique de Descartes**, par E. KRANTZ, prof. à l'Univ. de Nancy. 2e édit. 1 vol. in-8. (*Couronné par l'Académie française*).................. 6 fr.

— **Descartes, directeur spirituel**, par V. DE SWARTE. 1 vol. in-16 avec planches. (*Cour. par l'Institut.*).................. 4 fr. 50

— **Le système de Descartes**, par O. HAMELIN. Publié par L. ROBIN. Préface de E. DURKHEIM. 1911. 1 vol. in-8.. 7 fr. 50

— **Index scolastico-cartésien**, par ET. GILSON, docteur ès lettres, agrégé de philosophie. 1913. 1 vol. in-8....... 7 fr. 50

— **La liberté chez Descartes et la théologie**, par *le même*. 1913. 1 vol. in-8... 7 fr. 50

ÉRASME. **Stultitiæ laus Des. Erasmi Rot. declamatio.** Publié et annoté par J.-B. Kan, avec fig. de Holbein. 1 vol. in-8. 6 fr. 75

FABRE (J.). * **La Pensée chrétienne.** *Des Évangiles à l'Imitat. de J.-C.* 1 v. in-8. 9 fr.

GASSENDI. **La Philosophie de Gassendi**, par P.-F. THOMAS. 1 vol. in-8....... 6 fr.

LEIBNIZ. * **Œuvres philosophiques**, pub. par P. JANET. 2 vol. in-8........ 20 fr.

— * **La logique de Leibniz**, par L. COUTURAT. 1 vol. in-8.......................... 12 fr.

— **Opusc. et fragm. inédits de Leibniz**, par L. COUTURAT. 1 vol. in-8......... 25 fr.

— * **Leibniz et l'organisation religieuse de la Terre**, *d'après des documents inédits*, par Jean BARUZI. 1 vol. in-8. (*Couronné par l'Académie française.*)....... 10 fr.

— **La Philosophie de Leibniz**, par B. RUSSELL, trad. par M. RAY, préface de M. Lévy-Bruhl. 1 vol. in-8. (*Cour. par l'Acad. franç.*)................. 3 fr. 75

— **Discours de la métaphysique**, introd. et notes par H. LESTIENNE. In-8... 2 fr.

— **Leibniz historien**, par L. DAVILLÉ, docteur ès lettres. In-8................. 12 fr.

MALEBRANCHE. * **La Philosophie de Malebranche**, par OLLÉ-LAPRUNE, de l'Institut. 2 vol. in-8.......................... 16 fr.

PASCAL. **Étude sur le Scepticisme de Pascal**, par DROZ, prof. à l'Univ. de Besançon. 1 vol. in-8.......................... 6 fr.

ROSCELIN. **Roscelin philosophe et théologien**, par F. PICAVET, chargé de cours à la Sorbonne. 1911. 1 vol. gr. in-8.... 4 fr.

* ROUSSEAU (J.-J.), par J. FABRE. 1912. 1 vol. in-16........ 2 fr.
— Sa philosophie, par H. HOFFDING. 1 vol. in-16........ 2 fr. 50
— * Du Contrat social, avec les versions primitives; introduction par Edmond DREYFUS-BRISAC. Grand in-8........ 12 fr.
SAINT-THOMAS-D'AQUIN. Thesaurus philosophiæ thomisticæ *seu selecti textus philosophici ex sancti Thomæ Aquinatis operibus deprompti et secundum ordinem in scholis hodie usurpatum dispositif*, par G. BULLIAT, docteur en théologie et en droit canon. 1 vol. gr. in-8........ 6 fr. 50
— L'Idée de l'État dans Saint Thomas d'Aquin, par J. ZEILLER. 1 v. in-8. 3 fr. 50
SPINOZA. Benedicti de Spinoza opera, *quotquot reperta sunt.* Edition J. VAN VLOTEN et J.-P.-N. LAND. 3 vol. in-18, cartonnés........ 18 fr.
— Ethica *ordine geometrico demonstrata*, édition J. Van Vloten et J.-P.-N. Land. 1 vol. gr. in-8........ 4 fr. 30
— Sa Philosophie, par L. BRUNSCHVICG, maître de conférences à la Sorbonne. 2e édit. 1 vol. in-8........ 3 fr. 75
VOLTAIRE. Les Sciences au XVIIIe siècle. *Voltaire physicien*, par EM. SAIGEY. 1 vol. in-8........ 5 fr.
DAMIRON. Mémoires pour servir à l'Histoire de la Philosophie au XVIIIe siècle. 3 vol. in-18........ 15 fr.
DELVAILLE (J.), docteur ès lettres. Essai sur l'histoire de l'idée de progrès jusqu'à la fin du XVIIIe siècle. 1911. 1 vol. in-8. 12 fr.
FABRE (JOSEPH). * L'Imitation de Jésus-Christ. Trad. nouvelle avec préface. 1907. 1 vol. in-8........ 7 fr.
— * La Pensée moderne. *De Luther à Leibniz.* 1908. 1 vol. in-8........ 8 fr.
— Les Pères de la Révolution. *De Bayle à Condorcet.* 1909. 1 vol. in-8........ 10 fr.
FIGARD (L.), docteur ès lettres. Un Médecin philosophe au XVIe siècle. *La psychologie de Jean Fernel.* 1 vol. in-8. 1903. 7 fr. 50
PICAVET, chargé de cours à la Sorbonne. Esquisse d'une histoire générale et comparée des philosophies médiévales. In-8. 2e éd. 1907........ 7 fr. 50
WULF (M. DE). Histoire de la philosophie médiévale. 2e éd. 1 vol. in-8........ 10 fr.
— Introduction à la Philosophie néo-scolastique. 1904. 1 vol. gr. in-8........ 5 fr.

PHILOSOPHIE ANGLAISE

BERKELEY. Œuvres choisies. *Nouvelle théorie de la vision. Dialogues d'Hylas et de Philonoüs.* Trad. par MM. BEAULAVON et PARODI. 1 vol. in-8........ 5 fr.
— Le Journal philosophique de Berkeley. *(Commonplace Book).* Etude et traduction par R. GOURG, docteur ès lettres. 1 vol. gr. in-8........ 4 fr.
DUGALD STEWART. * Philosophie de l'esprit humain. 3 vol. in-12........ 9 fr.
GODWIN. William Godwin (1756-1836). Sa vie, ses œuvres principales. *La « Justice politique »*, par R. GOURG, docteur ès lettres. 1 vol. in-8........ 6 fr.
HOBBES. La Philosophie de Hobbes, par G. LYON, recteur de l'Académie de Lille. 1 vol. in-16........ 2 fr. 50
HUME (David). Œuvres philosophiques choisies. Trad. par M. DAVID, agr. de philos. Préface de L. LÉVY-BRUHL, prof. à la Sorbonne. I. *Essai sur l'entendement humain. Dialogues sur la religion naturelle.* 1912. 1 vol. in-8........ 5 fr.
— II. *Traité de la nature humaine. De l'entendement.* 1 vol. in-8. 1912........ 6 fr.
LOCKE. * La Philosophie générale de John Locke, par H. OLLION, docteur ès lettres. 1909. 1 vol. in-8........ 7 fr. 50
NEWTON. La Philosophie de Newton, par L. BLOCH. 1908. 1 vol. in-8........ 10 fr.
LYON (G.), recteur de l'Académie de Lille. * L'Idéalisme en Angleterre au XVIIIe siècle. 1 vol. in-8........ 7 fr. 50
SPENCER (Herbert), traductions françaises, voy. p. 5 et 12.
STUART MILL, traductions françaises, voy. p. 5 et 12.

PHILOSOPHIE ALLEMANDE

FEUERBACH. Sa Philosophie, par A. LÉVY, prof. à l'Univ. de Nancy. 1 vol. in-8. 10 fr.
HEGEL. * Logique. 2 vol. in-8........ 14 fr.
— * Philosophie de la Nature. 3 v. in-8. 25 fr.
— * Philosophie de l'Esprit. 2 vol. in-8. 18 fr.
— * Philosophie de la Religion. 2 vol. 20 fr.
— La Poétique. 2 vol. in-8........ 12 fr.
— Esthétique. 2 vol. in-8........ 16 fr.
— Antécédents de l'Hégélianisme dans la philosophie française, par E. BEAUSSIRE, de l'Institut. 1 vol. in-18........ 2 fr. 50
— Introduction à la Philosophie de Hegel, par VÉRA. 1 vol. in-8........ 6 fr. 50
— * La Logique de Hegel, par Eug. NOEL. 1 vol. in-8........ 3 fr.
— Sa Vie et ses Œuvres, par P. ROQUES, prof. agr. au lycée de Chartres. 1912. 1 v. in-8. 6 fr.
HERBART. * Principales Œuvres pédagogiques. Trad. Pinloche. In-8........ 7 fr. 50
— La Métaphysique de Herbart et la critique de Kant, par M. MAUXION, prof. à l'Univ. de Poitiers. 1 vol. in-8. 7 fr. 50
— L'Éducation par l'Instruction *et Herbart*, par *le même.* 2e éd. 1 v. in-16. 1906. 2 fr. 50
JACOBI. Sa Philosophie, par L. LÉVY-BRUHL, prof. à la Sorbonne. 1 vol. in-8........ 5 fr.
KANT. Critique de la Raison pratique, trad., introd. et notes par M. PICAVET. 4e édit. revue. 1 vol. in-8........ 6 fr.
— * Critique de la Raison pure, traduction par MM. Pacaud et Tremesaygues. 3e éd., in-8........ 12 fr.
— * Mélanges de Logique, traduction Tissot, 1 vol. in-8........ 6 fr.
— * La religion dans les limites de la raison. Traduction, introduction et notes, par A. TREMESAYGUES, licencié ès lettres. 1912. 1 vol. in-8........ 5 fr.
— Sa Morale, par A. CRESSON, docteur ès lettres, 2e édit. 1 vol. in-16........ 2 fr. 50
— Sa Philosophie pratique, par V. DELBOS, membre de l'Institut. 1 vol. in-8. 12 fr. 50
— L'Idée ou Critique du Kantisme, par C. PIAT. 2e édit. 1 vol. in-8........ 6 fr.
KANT et FICHTE et le Problème de l'Éducation, par Paul DUPROIX, professeur à l'Université de Genève. 1 v. in-8. 1895. 5 fr.
KNUTZEN. * Martin Knutzen. *La Critique de l'Harmonie préétablie*, par VAN BIÉMA, docteur ès lettres. 1908. 1 vol. in-8. 3 fr.
SCHELLING. Bruno, ou du Principe divin. 1 vol. in-8........ 3 fr. 50
SCHILLER. Sa Poétique, par V. BASCH, chargé de cours à la Sorbonne. 2e édit. revue. 1911. 1 vol. in-8........ 7 fr. 50
SCHLEIERMACHER. Sa philosophie religieuse, par E. CRAMAUSSEL, doct. ès lettres, agrégé de phil. 1909. 1 vol. in-8... 5 fr.

SCHOPENHAUER (A.). Traductions françaises, voir p. 2, 5 et 12.
— La Philosophie de Schopenhauer, par Th. Ribot. 12e éd. 1 vol. in-16. 2 fr. 50
— L'Optimisme de Schopenhauer, par S. Rzewuski. 1 vol. in-16. 2 fr. 50

STRAUSS (David-Frédéric). Sa vie et son œuvre, par A. Lévy, prof. à l'Université de Nancy. 1 vol. in-8. 1910. 5 fr.

DELACROIX (H.), maître de conférences à la Sorbonne. Essai sur le Mysticisme spéculatif en Allemagne au XIVe siècle. 1 vol. in-8. 1900. 5 fr.

Philosophie allemande au XIXe siècle (La), par MM. Ch. Andler, V. Basch, J. Benrubi, C. Bouglé, V. Delbos, G. Dwelshauwers, B. Groethuysen, H. Norero. 1912. 1 vol. in-8. 5 fr.

VAN BIEMA (E.), docteur ès lettres, agrégé de philosophie. * L'Espace et le Temps chez Leibniz et chez Kant. 1908. 1 vol. in-8. 6 fr.

LES GRANDS PHILOSOPHES

Collection publiée sous la direction de M. C. PIAT

Agrégé de philosophie, docteur ès lettres, professeur honoraire à l'Institut catholique de Paris.

* Kant, par M. Ruyssen, prof. à l'Univ. de Bordeaux. 2e éd. in-8. *(Cour. par l'Instit.)* 7 fr. 50
* Socrate, par C. Piat. 1 vol. in-8. 5 fr.
* Avicenne, par le baron Carra de Vaux. 1 vol. in-8. 5 fr.
* Saint Augustin, par Jules Martin. 2e édition. 1 vol. in-8. 7 fr. 50
* Malebranche, par Henri Joly, de l'Institut. 1 vol. in-8. 5 fr.
* Pascal, par A. Hatzfeld. 1 vol. in-8. 5 fr.
* Saint Anselme, par le Cte Domet de Vorges. 1 vol. in-8. 5 fr.
Spinoza, par P.-L. Couchoud. 1 vol. in-8. *(Couronné par l'Académie française.)* 5 fr.
Aristote, par C. Piat. 1 vol. in-8. 5 fr.
Gazali, par le baron Carra de Vaux. 1 vol. in-8. *(Couronné par l'Académie française.)* 5 fr.
* Maine de Biran, par Marius Couailhac. 1 vol. in-8. *(Récompensé par l'Institut.)* 7 fr. 50
* Platon, par C. Piat. 1 vol. in-8. 7 fr. 50
Montaigne, par F. Strowski, professeur à l'Université de Bordeaux. 1 vol. in-8. 6 fr.
Philon, par Jules Martin. 1 vol. in-8. 5 fr.
Rosmini, par J. Palhoriès, docteur ès lettres. 1 vol. in-8. 7 fr. 50
* Saint Thomas d'Aquin, par A. D. Sertillanges, 2e édit. 2 vol. in-8 *(Cour. par l'Instit.)*. 12 fr.
* Epicure, par E. Joyau, professeur à l'Université de Clermont-Ferrand. 1 vol. in-8. 5 fr.
Chrysippe, par E. Bréhier, prof. à l'Univ. de Bordeaux. in-8. *(Récomp. par l'Institut.)*. 5 fr.
* Schopenhauer, par Th. Ruyssen. 1 vol. in-8. 7 fr. 50
Maimonide, par L.-G. Lévy, doct. ès lettres, rabbin de l'union libérale israélite. 1 vol. in-8. 5 fr.
Schelling, par E. Bréhier, professeur à l'Université de Bordeaux. 1 vol. in-8. 6 fr.

LES MAITRES DE LA MUSIQUE

Études d'Histoire et d'Esthétique, publiées sous la direction de **M. JEAN CHANTAVOINE**

Chaque volume in-8 écu de 250 pages environ. 3 fr. 50

Collection honorée d'une souscription du Ministère des Beaux-Arts.

Viennent de paraître :

Meyerbeer, par L. Dauriac. 1913.
Schutz, par A. Pirro. 1913.
J.-J. Rousseau, par Julien Tiersot. 1912.

Précédemment parus :

L'Art grégorien, par Amédée Gastoué (2e éd.). 1911.
Lully, par Lionel de la Laurencie. 1912.
* **Haendel**, par Romain Rolland (3e édit.). 1911.
Liszt, par Jean Chantavoine (3e édit.). 1913.
* **Gluck**, par Julien Tiersot (3e édit.).
Wagner, par Henri Lichtenberger (4e édit.).
Trouvères et Troubadours, par Pierre Aubry (2e édit.).
* **Haydn**, par Michel Brenet (2e édit.).
* **Rameau**, par Louis Laloy (2e édit.).
* **Moussorgsky**, p. M.-D. Calvocoressi (2e éd.)
* **J.-S. Bach**, par André Pirro (3e édit.).
* **César Franck**, par Vincent d'Indy (6e édit.).
* **Palestrina**, par Michel Brenet (3e édit.).
* **Beethoven**, par Jean Chantavoine (7e édit.).
* **Mendelssohn**, par C. Bellaigue (3e édit.).
* **Smetana**, par William Ritter.
* **Gounod**, par C. Bellaigue (2e édit.).

BIBLIOTHÈQUE GÉNÉRALE
DES
SCIENCES SOCIALES

Secrét. de la Rédaction : DICK MAY, Secrét. général de l'École des Hautes-Études Sociales.

Chaque volume in-8 de 300 pages environ, cartonné à l'anglaise.......... **6** fr.

LISTE PAR ORDRE D'APPARITION :

1. **L'Individualisation de la peine.** *Étude de Criminalité sociale*, par R. Saleilles, prof. à la Fac. de droit de Paris. Préf. de G. Tarde. 2e édit., mise au point par G. Morin, doct. en droit.
2. **L'Idéalisme social**, par Eug. Fournière, prof. au Conservatoire des Arts et Métiers. 2e éd.
3. * **Ouvriers du temps passé**, par H. Hauser, prof. à l'Université de Dijon. 3e édit.
4. * **Les Transformations du pouvoir**, par G. Tarde, de l'Institut. 2e édit.
5. * **Morale sociale**, par MM. G. Belot, Marcel Bernès, Brunschvicg, F. Buisson, Darlu, Dauriac, Delbet, Ch. Gide, M. Kovalevsky, Malapert, le R. P. Maumus, de Roberty, G. Sorel, le Pasteur Wagner. Préf. d'E. Boutroux, de l'Académie française. 2e édition.
6. * **Les Enquêtes**, *pratique et théorie*, par P. du Maroussem. (*Couronné par l'Institut.*)
7. * **Questions de Morale**, par MM. Belot, Bernès, F. Buisson, A. Croiset, Darlu, Delbos, Fournière, Malapert, Moch, Parodi, G. Sorel. 2e édit.
8. **Le Développement du catholicisme social**, par Max Turmann, professeur à l'Univ. de Fribourg. 2e édit.
9. **Le Socialisme sans doctrine.** *La Question ouvrière et la Question agraire en Australie et en Nouvelle-Zélande*, par Albert Métin, député, agrégé de l'Université. 2e édit.
10. * **Assistance sociale.** *Pauvres et Mendiants*, par Paul Strauss, sénateur.
11. * **L'Éducation morale dans l'Université**, par MM. Lévy-Bruhl, Darlu, M. Bernès, Kortz, Clairin, Rocafort, Bioche, Ph. Gidel, Malapert, Belot.
12. * **La Méthode historique appliquée aux sciences sociales**, par Charles Seignobos, professeur à la Sorbonne. 2e édit.
13. * **L'Hygiène sociale**, par E. Duclaux, de l'Institut, directeur de l'Institut Pasteur.
14. **Le Contrat de travail.** *Le rôle des syndicats professionnels*, par P. Bureau, professeur à la Faculté libre de droit de Paris.
15. * **Essai d'une philosophie de la solidarité**, par MM. Darlu, Rauh, F. Buisson, Gide, X. Léon, La Fontaine, Léon Bourgeois, E. Boutroux. 2e édit.
16. * **L'Exode rural et le retour aux champs**, par E. Vandervelde. 2e édit.
17. * **L'Éducation de la démocratie**, par MM. E. Lavisse, A. Croiset, Ch. Seignobos P. Malapert, G. Lanson, J. Hadamard. 2e édit.
18. * **La Lutte pour l'existence et l'évolution des sociétés**, par J.-L. de Lanessan, député.
19. * **La Concurrence sociale et les devoirs sociaux**, par le même.
20. * **L'Individualisme anarchiste.** *Max Stirner*, par V. Basch, professeur à la Sorbonne.
21. * **La Démocratie devant la science**, par C. Bouglé, chargé de cours à la Sorbonne. 2e édit. revue. (*Récompensé par l'Institut.*)
22. * **Les Applications sociales de la solidarité**, par MM. P. Budin, Ch. Gide, H. Monod, Paulet, Robin, Siegfried, Brouardel. Préface de M. Léon Bourgeois, sénateur. 2e édit. 1912.
23. **La Paix et l'Enseignement pacifiste**, par MM. Fr. Passy, Ch. Richet, d'Estournelles de Constant, E. Bourgeois, A. Weiss, H. La Fontaine, G. Lyon.
24. * **Études sur la philosophie morale au XIXe siècle**, par MM. Belot, Darlu, M. Bernès, A. Landry, Gide, Roberty, Allier, H. Lichtenberger, L. Brunschvicg.
25. * **Enseignement et Démocratie**, par MM. Appell, J. Boitel, A. Croiset, A. Devinat, Ch.-V. Langlois, G. Lanson, A. Millerand, Ch. Seignobos.
26. * **Religions et Sociétés**, par MM. Th. Reinach, A. Puech, R. Allier, A. Leroy-Beaulieu, le baron Carra de Vaux, H. Dreyfus.
27. * **Essais socialistes.** *La religion, l'art, l'alcool*, par E. Vandervelde.
28. * **Le Surpeuplement et les habitations à bon marché**, par H. Turot, conseiller municipal de Paris, et H. Bellamy.
29. * **L'Individu, l'Association et l'État**, par E. Fournière.
30. * **Les Trusts et les Syndicats de producteurs**, par J. Chastin, professeur au lycée Voltaire. (*Récompensé par l'Institut.*)
31. * **Le Droit de grève**, par MM. Ch. Gide, H. Barthélemy, P. Bureau, A. Keufer, C. Perreau, Ch. Picquenard, A.-E. Sayous, F. Fagnot, E. Vandervelde.
32. * **Morales et Religions**, par R. Allier, G. Belot, le Baron Carra de Vaux, F. Challaye, A. Croiset, L. Dorison, E. Ehrhardt, E. de Faye, Ad. Lods, W. Monod, A. Puech.

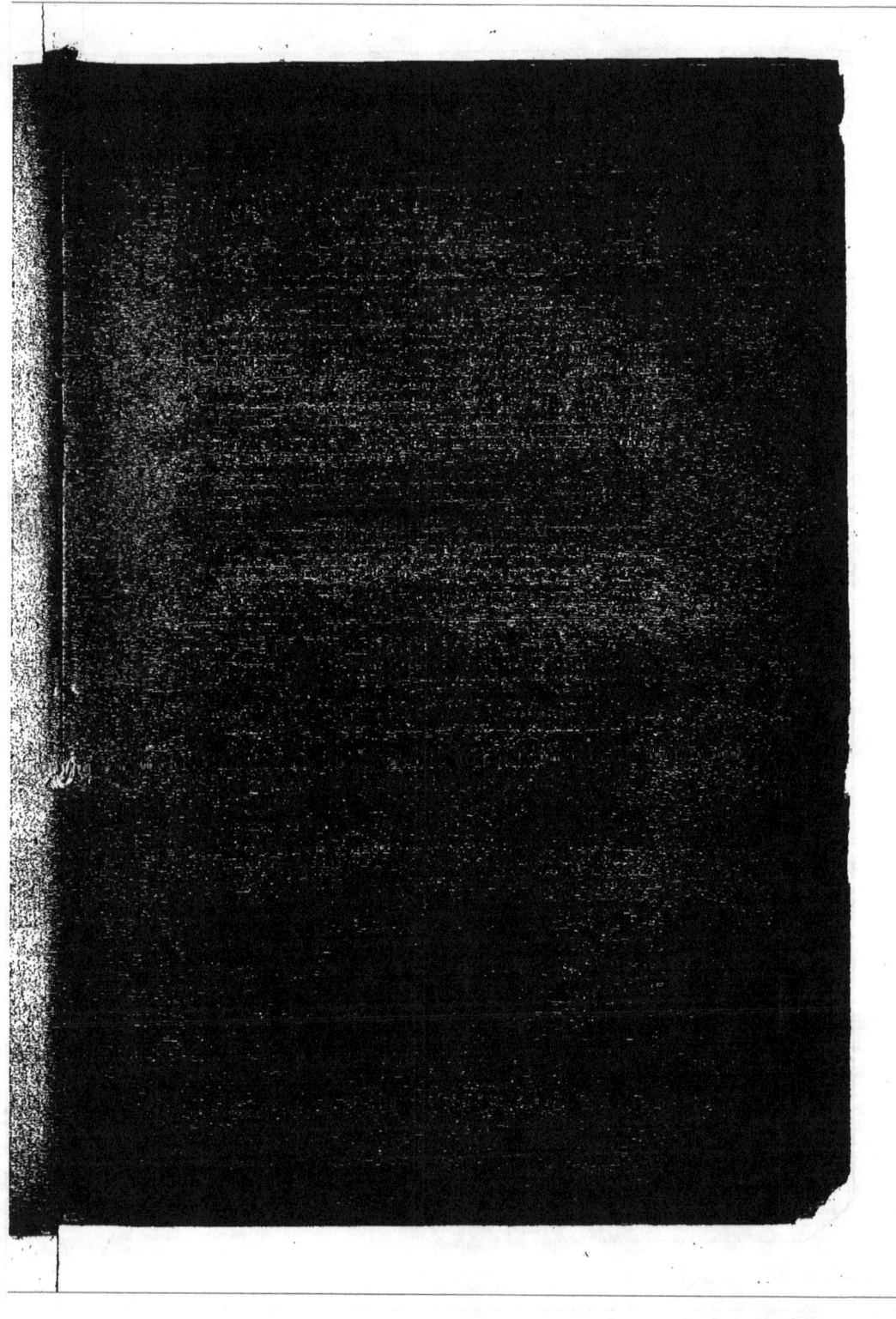

BIBLIOTHÈQUE D'HISTOIRE CONTEMPORAINE

Volumes in-16 brochés à 2 fr. 50 et 3 fr. 50. — Volumes in-8 brochés de divers prix.

Volumes parus en 1911, 1912 et 1913 :

ALBIN (P.). **Les grands Traités politiques.** *Recueil des principaux textes diplomatiques depuis 1815 jusqu'à nos jours.* Avec des commentaires et des notes. Préface de M. Herbette. 2e édition, revue et mise au courant. 1912. 1 vol. in-8 ... 10 fr.

— **Le « Coup » d'Agadir.** *La querelle franco-allemande.* 1912. 1 vol. in-16 ... 3 fr. 50

AUGIER (Ch.), inspecteur principal des douanes à Nice, et MARVAUD (A.), docteur en droit. **La Politique douanière de la France dans ses rapports avec celle des autres états.** Préface de L.-L. Klotz, ministre des finances. 1911. 1 vol. in-8 ... 7 fr.

BERNARD (Augustin), professeur à la Faculté des lettres d'Alger, chargé de cours à la Sorbonne. **Le Maroc.** 1913. 1 vol. in-8 avec cartes ... 5 fr.

CAHEN (L.) et GUYOT (R.), docteurs ès lettres, agrégés d'histoire. **L'œuvre législative de la Révolution.** 1913. 1 vol. in-8 ... 7 fr.

CARLYLE (Th.). **Histoire de la Révolution française.** Trad. de l'anglais. Nouvelle édition, précédée d'un avertissement par A. Aulard, prof. à la Sorbonne. 1912. 3 vol. in-16. 10 fr. 50

DRIAULT (E.), agrégé d'histoire. ***Austerlitz. La fin du Saint-Empire** (1804-1806). (*Napoléon et l'Europe*, II). 1912. 1 vol. in-8 ... 7 fr.

GUYOT (R.), docteur ès lettres, prof. au lycée Charlemagne. ***Le Directoire et la paix de l'Europe** *des traités de Bâle à la deuxième coalition (1795-1799).* 1911. 1 vol. in-8. 15 fr.

HUBERT (L.), sénateur. ***L'Effort allemand.** *L'Allemagne et la France au point de vue économique.* 1911. 1 vol. in-16 ... 3 fr. 50

LEGER (L.), de l'Institut, professeur au Collège de France. **La Renaissance tchèque au dix-neuvième siècle.** 1911. 1 vol. in-16 ... 3 fr. 50

LEMONON (Ernest). ***L'Italie économique et sociale** (1861-1912). 1913. 1 vol. in-8. 7 fr.

MARCHAND (R.), correspondant du *Figaro* à Saint-Pétersbourg. **Les grands problèmes de la politique intérieure russe.** 1912. 1 vol. in-16 ... 3 fr. 50

MARVAUD (A.). **Le Portugal et ses colonies.** 1912. 1 vol. in-8 ... 5 fr.

MAURY (F.). **Nos hommes d'état et l'œuvre de réforme.** *Gambetta, Alexandre Ribot, Raymond Poincaré, Aristide Briand, Paul Deschanel, Joseph Caillaux. Les retraites ouvrières et paysannes. Le syndicalisme. L'éducation nationale.* 1912. 1 vol. in-16. 3 fr. 50

MOYSSET (H.). ***L'Esprit public en Allemagne vingt ans après Bismarck.** 1911. 1 vol. in-8. (*Couronné par l'Académie française.*) ... 5 fr.

NOVICOW (J.). **L'Alsace-Lorraine obstacle à l'expansion allemande.** Préface de M. le Professeur Ch. Richet. 1913. 1 vol. in-16, avec portrait hors texte ... 3 fr. 50

Questions actuelles de politique étrangère en Europe, par MM. [illegible], A. Leroy-Beaulieu, R. Millet, A. Ribot, A. Vandal, R. de Caix, R. Henry, G. Louis-Jaray, R. Pinon, A. Tardieu. Nouv. éd., refondue et mise à jour. 1911. 1 vol. in-16 av. cartes. 3 fr. 50

Questions actuelles de politique étrangère dans l'Amérique du Nord, par A. Siegfried, P. de Rousiers, de Périgny, F. Roz, A. Tardieu. 1911. 1 vol. in-16, avec 5 cartes hors texte ... 3 fr. 50

RUVILLE (A. de), professeur à l'Université de Halle. ***La restauration de l'empire allemand.** *Le rôle de la Bavière.* Traduit de l'allemand par P. Albin, avec une introduction par J. Reinach, député. 1911. 1 vol. in-8 ... 7 fr.

***La Vie politique dans les Deux Mondes.** Publiée sous la direction de A. Viallate, et M. Caudel, professeur à l'École libre des Sciences politiques, avec la collaboration de professeurs et d'anciens élèves de l'École. 6e *année* (1911-1912). 1 fort vol. in-8. 10 fr.

WEILL (G.), professeur à l'Univ. de Caen. **La France sous la monarchie constitutionnelle** (1814-1848). Nouvelle édition, revue et corrigée. 1912. 1 vol. in-16 ... 3 fr. 50

WELSCHINGER (H.), de l'Institut. **Bismarck** (1815-1898). 2e édit. 1 v. in-8 avec portr. 1912. 5 fr.

Précédemment publiés

EUROPE

DEBIDOUR (A.), professeur à la Sorbonne. ***Histoire diplomatique de l'Europe, de 1814 à 1878.** 2 vol. in-8. (*Ouvrage couronné par l'Institut.*) ... 18 fr.

DRIAULT (E.), agrégé d'histoire. ***Vue générale de l'histoire de la civilisation.** I. (*Les origines.* II. *Les temps modernes.* 3e édition, revue, 1910. 2 vol. in-16 avec 218 gravures et 34 cartes. (*Récompensés par l'Institut.*) ... 7 fr.

LEMONON (E.). **L'Europe et la politique britannique** (1882-1911). 2e édition, revue. Préface de M. Paul Deschanel, de l'Acad. fr. 1912. 1 vol. in-8. (*Récompensé par l'Institut.*) 10 fr.

SYBEL (H. de). ***Histoire de l'Europe pendant la Révolution française**, traduit de l'allemand par Mlle Dosquet. Ouvrage complet en 6 vol. in-8 ... 42 fr.

TARDIEU (A.), secrétaire honoraire d'ambassade. **La Conférence d'Algésiras.** *Histoire diplomatique de la crise marocaine* (15 janvier-7 avril 1906). 3e édit., revue et augmentée d'un appendice sur *Le Maroc après la Conférence (1906-1909).* 1 vol. in-8. 1909 ... 10 fr.

— ***Questions diplomatiques de l'année 1904.** 1 vol. in-16. (*Ouvrage couronné par l'Académie française.*) 1905 ... 3 fr. 50

FRANCE

Révolution et Empire.

AULARD (A.), professeur à la Sorbonne. * **Le Culte de la Raison et le Culte de l'Être suprême**, *étude historique (1793-1794)*. 3e édit. 1 vol. in-16 .... 3 fr. 50
— * **Études et leçons sur la Révolution française**. 6 vol. in-16. Chacun .... 3 fr. 50
BOITEAU (P.). **État de la France en 1789**. 2e édition. 1 vol. in-8 .... 10 fr.
BORNAREL (E.), doct. ès lettres. * **Cambon et la Révolution française**. 1906. In-8 .... 7 fr.
CAHEN (L.), docteur ès lettres, professeur au lycée Condorcet. * **Condorcet et la Révolution française**. 1 vol. in-8. (*Récompensé par l'Institut.*) .... 10 fr.
CARNOT (H.), sénateur. * **La Révolution française**, résumé historique. 1 vol. in-16 .... 3 fr. 50
CONARD (P.), docteur ès lettres. **Napoléon et la Catalogne (1808-1814)**. Tome I. *La captivité de Barcelone*. 1910. 1 vol. in-8 avec 1 carte. (Prix Peyrat, 1910.) .... 10 fr.
DEBIDOUR (A.), professeur à la Sorbonne. * **Histoire des rapports de l'Église et de l'État (1789-1870)**. 1 fort vol. in-8. (*Couronné par l'Institut.*) .... 12 fr.
DRIAULT (E.), agrégé d'histoire. **La Politique orientale de Napoléon**. SEBASTIANI et GARDANE (1806-1808). 1902. 1 vol. in-8. (*Récompensé par l'Institut.*) .... 7 fr.
— * **Napoléon en Italie (1800-1812)**. 1 vol. in-8. 1906 .... 10 fr.
— **La Politique extérieure du Premier Consul (1800-1803)**. (*Napoléon et l'Europe*, I.) 1909. 1 vol. in-8. (*Couronné par l'Académie française.*) .... 7 fr.
DUMOULIN (Maurice). * **Figures du temps passé**. 1906. 1 vol. in-16 .... 3 fr. 50
GOMEL (G.). **Les Causes financières de la Révolution française**. *Les ministères de Turgot et de Necker*. 1 vol. in-8. 8 fr. *Les derniers Contrôleurs généraux*. 1 vol. in-8 .... 8 fr.
— **Histoire financière de l'Assemblée Constituante (1789-1791)**. 2 vol. in-8. 16 fr. — Tome I : (1789). 8 fr. Tome II : (1790-1791) .... 8 fr.
— **Histoire financière de la Législative et de la Convention**. 2 vol. in-8. 15 fr. — Tome I : (1792-1793). 7 fr. 50. Tome II : (1793-1795) .... 7 fr. 50
HARTMANN (Lieut.-Colonel). **Les officiers de l'armée royale et la Révolution**. 1909. 1 vol. in-8. (*Récompensé par l'Institut.*) .... 10 fr.
LEBEGUE (E.), docteur ès lettres, professeur au lycée Lakanal. * **Thouret (1746-1794)**. *La vie et l'œuvre d'un constituant*. 1910. 1 vol. in-8 .... 7 fr.
MATHIEZ (A.), professeur à l'Université de Besançon. * **La Théophilanthropie et le culte décadaire (1796-1801)**. 1903. 1 vol. in-8 .... 12 fr.
— * **Contributions à l'histoire religieuse de la Révolution française**. 1906. In-16 .... 3 fr. 50
MARCELLIN PELLET, ancien député. **Variétés révolutionnaires**. 3 vol. in-16, précédés d'une préface de A. Ranc. Chaque vol. séparément .... 3 fr. 50
MOLLIEN (Cte). **Mémoires d'un ministre du trésor public (1780-1815)**, publiés par M. Ch. Gomel. 3 vol. in-8 .... 15 fr.
SILVESTRE. **De Waterloo à Sainte-Hélène**. 1 vol. in-16 .... 3 fr. 50
SPULLER (Eug.). **Hommes et choses de la Révolution**. 1 vol. in-18 .... 3 fr. 50
STOURM (R.), de l'Institut. **Les finances du Consulat**. 1 vol. in-8 .... 7 fr. 50
— **Les Finances de l'ancien régime et de la Révolution**. 2 vol. in-8 .... 15 fr.
THÉNARD (L.) et GUYOT (R.). * **Le Conventionnel Goujon (1766-1793)**. 1 vol. in-8. (*Récompensé par l'Institut.*) 1908 .... 5 fr.
VALLAUX (C.). * **Les Campagnes des armées françaises (1792-1815)**. In-16 .... 3 fr. 50

Époque contemporaine.

BLANC (Louis). * **Histoire de Dix ans (1830-1840)**. [illegible] .... 25 fr.
BUSSON (H.), FÈVRE (J.) et HAUSER (H.). * **Notre empire colonial**. 1910. 1 vol. in-8 avec 108 grav. et cartes dans le texte .... 5 fr.
CHALLAYE (F.). **Le Congo Français**. *La question internationale du Congo*. 1909. In-8 .... 5 fr.
DEBIDOUR, professeur à la Sorbonne. * **Histoire des rapports de l'Église et de l'État en France (1789-1870)**. 2e édit. 1 fort vol. in-8. (*Couronné par l'Institut.*) .... 12 fr.
— * **L'Église catholique et l'État en France sous la troisième République (1870-1906)**. — I. (1870-1889), 1 vol. in-8. 1906. 7 fr. — II. (1889-1906). 1 vol. in-8. 1909 .... 10 fr.
DELORD (Taxile). * **Histoire du Second Empire (1848-1870)**. 6 vol. in-8 .... 42 fr.
FÈVRE (J.), professeur à l'École normale de Melun, et HAUSER (H.), professeur à l'Université de Dijon. * **Régions et pays de France**. 1909. 1 vol. in-8, avec 147 gravures et cartes dans le texte. (*Récompensé par l'Institut.*) .... 7 fr.
GAFFAREL (P.), professeur à l'Université d'Aix-Marseille. * **La politique coloniale en France (1789-1830)**. 1907. 1 vol. in-8 .... 7 fr.
— * **Les Colonies françaises**. 1 vol. in-8. 6e édition, revue et augmentée .... 5 fr.
GAISMAN (A.). * **L'Œuvre de la France au Tonkin**. Préface de J.-L. de Lanessan. 1 vol. in-16 avec 4 cartes en couleurs. 1906 .... 3 fr. 50
HUBERT (L.), sénateur. * **L'Éveil d'un monde**. *L'œuvre de la France en Afrique Occidentale*. 1 vol. in-16. 1909 .... 3 fr. 50
LANESSAN (J.-L. de), député, ancien ministre. * **L'Indo-Chine française**. *Étude économique, politique et administrative*. 1 vol. in-8, avec 5 cartes en couleurs hors texte .... 15 fr.
— * **L'État et les Églises en France**. *Histoire de leurs rapports*. 1906. 1 vol. in-16. 3 fr. 50
— * **Les Missions et leur protectorat**. 1907. 1 vol. in-16 .... 3 fr. 50
LAPIE (P.), recteur de l'Académie de Toulouse. **Les Civilisations tunisiennes** (*Musulmans, Israélites, Européens*). 1898. 1 vol. in-16. (*Couronné par l'Académie française.*) 3 fr. 50
LEBLOND (Marius-Ary). **La Société française sous la troisième République**. In-8. 5 fr.
NOËL (O.). **Histoire du commerce extérieur de la France depuis la Révolution**. In-8. 6 fr.
PIOLET (J.-B.). **La France hors de France**, *notre émigration, sa nécessité, ses conditions*. 1900. 1 vol. in-8. (*Couronné par l'Institut.*) .... 10 fr.

SCHEFER (Ch.), professeur à l'École des sciences politiques. **La France moderne et le problème colonial (1815-1830).** 1 vol. in-8 .... 7 fr.

SPULLER (E.), ancien ministre de l'Instruction publique. * **Figures disparues,** *portraits contemporains, littéraires et politiques.* 3 vol. in-16. Chacun .... 3 fr. 50

TARDIEU (A.), secrétaire honoraire d'ambassade. * **La France et les Alliances.** *La lutte pour l'équilibre.* 3e édition. 1910. 1 vol. in-16. (*Récompensé par l'Institut.*) .... 3 fr. 50

TCHERNOFF (J.). **Associations et Sociétés secrètes sous la deuxième République (1848-1851).** 1 vol. in-8. 1905 .... 7 fr.

VIGNON (L.), professeur à l'École coloniale. **La France dans l'Afrique du nord.** 2e édition. 1 vol. in-8. (*Récompensé par l'Institut.*) .... 7 fr.

— **L'Expansion de la France.** 1 vol. in-18. 3 fr. 50. — Le même. Edition in-8 .... 7 fr.

WAHL, inspecteur général de l'Instruction publique, et A. BERNARD, professeur à la Faculté des lettres d'Alger. * **L'Algérie.** 1 vol. in-8. 5e édit. 1908. (*Cour. par l'Institut.*) .... 5 fr.

WEILL (G.), professeur à l'Université de Caen. **Histoire du Parti républicain en France de 1814 à 1870.** 1900. 1 vol. in-8. (*Récompensé par l'Institut.*) .... 10 fr.

— * **Histoire du mouvement social en France (1852-1910).** 2e édition. 1 vol. in-8 .... 10 fr.

— **L'École saint-simonienne,** *son histoire, son influence jusqu'à nos jours.* 1896. In-16. 3 fr. 50

— **Histoire du catholicisme libéral en France (1828-1908).** 1 vol. in-16 .... 3 fr. 50

ZEVORT (E.), recteur de l'Académie de Caen. **Histoire de la troisième République :**
Tome I. * *La Présidence de M. Thiers.* 1 vol. in-8. 3e édit. 7 fr. — Tome II. * *La Présidence du Maréchal.* (*Épuisé*). — Tome III. * *La Présidence de Jules Grévy.* 1 vol. in-8. 2e édit. 7 fr. — Tome IV. *La Présidence de Sadi Carnot.* 1 vol. in-8. 7 fr.

ANGLETERRE

GOURCELLE (M.). — * **Disraëli.** 1 vol. in-16 .... 2 fr. 50

MANTOUX (P.), docteur ès lettres, professeur au Collège Chaptal. **A travers l'Angleterre contemporaine.** Préface de M. G. MONOD, de l'Institut. 1909. 1 vol. in-16 .... 3 fr. 50

VIALLATE (A.). — **Chamberlain.** Préface de E. BOUTMY. 1 vol. in-16 .... 2 fr. 50

ALLEMAGNE

ANDLER (Ch.), prof. à la Sorbonne. * **Les Origines du socialisme d'État en Allemagne.** 2e édition, revue. 1911. 1 vol. in-8 .... 7 fr.

GUILLAND (A.), professeur d'histoire à l'École polytechnique suisse. * **L'Allemagne nouvelle et ses historiens.** *Niebuhr. Ranke. Mommsen. Sybel. Treitschke.* 1899. In-8. 5 fr.

MATTER (P.), conseiller d'État, directeur au Ministère de la Guerre. * **La Prusse et la Révolution de 1848.** 1903. 1 vol. in-16 .... 3 fr. 50

— * **Bismarck et son temps** (*Couronné par l'Institut.*). I. *La préparation* (1815-1863). 1 vol. in-8. 1905. 10 fr. ; — II. *L'action* (1863-1870). 1 vol. in-8. 1906. 10 fr. ; — III. *Triomphe, splendeur et déclin* (1870-1898). 1 vol. in-8. 1908 .... 10 fr.

MILHAUD (E.), professeur à l'Université de Genève. * **La Démocratie socialiste allemande.** 1903. 1 vol. in-8 .... 10 fr.

SCHMIDT (Ch.), docteur ès lettres. **Le Grand-Duché de Berg (1806-1813).** 1905. 1 vol. in-8. 10 fr.

VERON (Eug.). * **Histoire de la Prusse,** *depuis la mort de Frédéric II.* 6e édit. In-16. 3 fr. 50

AUTRICHE-HONGRIE, POLOGNE

BOURLIER (J.). * **Les Tchèques et la Bohême contemporaine.** 1 vol. in-16 .... 3 fr. 50

HANDELSMAN (M.). **Napoléon et la Pologne (1806-1807).** 1 vol. in-8 .... 15 fr.

JARAY (G.-Louis), auditeur au Conseil d'État. **La Question sociale et le socialisme en Hongrie.** 1 vol. in-8, avec 5 cartes hors texte. 1909. (*Récompensé par l'Institut.*) .... 7 fr.

MAILATH (Cte J. de). **La Hongrie rurale, sociale et politique.** 1909. 1 vol. in-8 .... 5 fr.

RECOULY (R.). * **Le Pays magyar.** 1903. 1 vol. in-16 .... 3 fr. 50

ITALIE, ESPAGNE

BOLTON KING (M. A.). * **Histoire de l'unité italienne.** 2 vol. in-8 .... 15 fr.

COMBES DE LESTRADE (Vte). **La Sicile sous la maison de Savoie.** 1 vol. in-16 .... 3 fr. 50

DOELLINGER (I. DE). **La Papauté,** *ses origines au moyen âge, son influence jusqu'en 1870.* Traduit par A. Giraud-Teulon. 1904. 1 vol. in-8 .... 7 fr.

GAFFAREL (P.), professeur à l'Université d'Aix-Marseille. * **Bonaparte et les Républiques italiennes (1796-1799).** 1895. 1 vol. in-8 .... 5 fr.

LEONARDON (H.). — * **Prim.** 1 vol. in-16 .... 2 fr. 50

MARVAUD (A.). **La Question sociale en Espagne.** 1910. 1 vol. in-8 .... 7 fr.

PERNOT (M.). **La Politique de Pie X (1906-1910).** 1910. 1 vol. in-16 .... 3 fr. 50

REYNALD (H.). * **Histoire de l'Espagne,** *depuis la mort de Charles III.* 1 vol. in-16. 3 fr. 50

ROUMANIE, SUÈDE, SUISSE

DAENDLIKER. * **Histoire du peuple suisse.** Introduction par Jules Favre. 1 vol. in-8. 5 fr.

DAMÉ (Fr.). * **Histoire de la Roumanie contemporaine.** 1900. 1 vol. in-8 .... 7 fr.

SCHEFER (C.). * **Bernadotte roi (1810-1818-1844).** 1899. 1 vol. in-8 .... 5 fr.

GRÈCE, TURQUIE, ÉGYPTE

BÉRARD (V.), docteur ès lettres. **La Turquie et l'Hellénisme contemporain.** (*Ouvrage couronné par l'Académie française.*) 6e édit. 1911. 1 vol. in-16. . . . . 3 fr. 50
DRIAULT (E.), agrégé d'histoire. * **La Question d'Orient,** *depuis ses origines jusqu'à nos jours.* Préface de G. Monod, de l'Institut. 1 vol. in-8. 5e édit. 1912 (*Récomp. par l'Institut.*). 7 fr.
METIN (Albert), député, professeur à l'École coloniale. * **La Transformation de l'Égypte.** 1903. 1 vol. in-16. (*Cour. par la Soc. de géogr. commerciale.*) . . . . 3 fr. 50
RODOCANACHI (E.). * **Bonaparte et les îles Ioniennes.** 1 vol. in-8. . . . . 5 fr.

INDE, CHINE, JAPON

ALLIER (R.). **Le Protestantisme au Japon** (1859-1907). 1908. 1 vol. in-16. . . . . 3 fr. 50
CORDIER (H.), de l'Institut, professeur à l'École des langues orientales. * **Histoire des relations de la Chine avec les puissances occidentales** (1860-1902). 3 vol. in-8, avec cartes. Chacun séparément. . . . . 10 fr.
— * **L'Expédition de Chine de 1857-58.** *Histoire diplomatique.* 1905. 1 vol. in-8. . . 7 fr.
— * **L'Expédition de Chine de 1860.** *Histoire diplomatique.* 1906. 1 vol. in-8. . . . . 7 fr.
COURANT (M.), maître de conférences à l'Université de Lyon. **En Chine.** 1 vol. in-16. 3 fr. 50
— **Okoubo,** *ministre japonais.* 1 vol. in-16, avec un portrait. . . . . 2 fr. 50
DRIAULT (E.), agrégé d'histoire. * **La Question d'Extrême-Orient.** 1907. 1 vol. in-8. 7 fr.
PIRIOU (E.), agrégé de l'Université. * **L'Inde contemporaine et le mouvement national.** 1 vol. in-16. 1905. . . . . 3 fr. 50
Questions actuelles de politique étrangère en Asie, par MM. le baron DE COURCEL, P. DESCHANEL, P. DOUMER, E. ETIENNE, le général LEBON, VICTOR BÉRARD, R. DE CAIX, M. REVON, JEAN RODES, Dr ROUIRE. 1910. 1 vol. in-16, avec 4 cartes hors texte. . . 3 fr. 50
RODES (Jean). **La Chine nouvelle.** 1909. 1 vol. in-16. . . . . 3 fr. 50

AMÉRIQUE

DEBERLE (Alf.). * **Histoire de l'Amérique du Sud.** 3e éd. 1 vol. in-16. . . . . 3 fr. 50
STEVENS. **Les Sources de la Constitution des États-Unis.** 1 vol. in-8. . . . . 7 fr. 50
VIALLATE (A.). **L'Industrie américaine.** 1908. 1 vol. in-8. . . . . 10 fr.

QUESTIONS POLITIQUES ET SOCIALES

BARNI (Jules). * **Histoire des Idées morales et politiques en France au XVIIIe siècle.** 2 vol. in-16. Chaque volume . . . . 3 fr. 50
— * **Les Moralistes français au XVIIIe siècle.** 1 vol. in-16. . . . . 3 fr. 50
LOUIS BLANC. **Discours politiques** (1848-1881). 1 vol. in-8. . . . . 7 fr. 50
BONET-MAURY. **La Liberté de conscience en France** (1598-1905). 2e édit. 1 vol. in-8. 5 fr.
D'EICHTHAL (Eug.), de l'Institut. **Souveraineté du Peuple et Gouvernement.** 1895. 1 vol. in-16. . . . . 3 fr. 50
DRIAULT (E.), agrégé d'histoire. * **Problèmes politiques et sociaux.** 2e éd. 1906. in-8. 7 fr.
— * **Le Monde actuel.** *Tableau politique et économique.* 1909. 1 vol. in-8. . . . . 7 fr.
— et MONOD (G.). **Histoire politique et sociale** (1815-1911). 2e éd. 1 vol. in-16, avec grav. et cartes . . . . 5 fr.
GUYOT (Yves). **Sophismes socialistes et faits économiques.** 1908. 1 vol. in-16. . . . 3 fr. 50
LICHTENBERGER (A.). * **Le Socialisme utopique.** 1898. 1 vol. in-16. . . . . 3 fr. 50
— * **Le Socialisme et la Révolution française.** 1898. 1 vol. in-8. . . . . 5 fr.
MATTER (P.). **La Dissolution des Assemblées parlementaires.** 1898. 1 vol. in-8. . . . 5 fr.
PAUL LOUIS. **Le Syndicalisme contre l'État.** 1910. 1 vol. in-16. . . . . 3 fr. 50
— **L'Ouvrier devant l'État.** *La législation ouvrière dans les deux mondes.* 1904. in-8. [illegible] fr.
— **Histoire du Mouvement syndical en France** (1789-1910). 2e éd. 1911. 1 vol. in-16. 3 fr. 50
PIERRE-MARCEL (R.). **Essai politique sur Alexis de Tocqueville,** avec un grand nombre de documents inédits. 1910. 1 vol. in-8. (*Couronné par l'Académie française.*) . . . . 7 fr.
REINACH (Joseph), député. **Pages républicaines.** 1 vol. in-16. . . . . 3 fr. 50
— * **La France et l'Italie devant l'Histoire.** 1 vol. in-8. . . . . 5 fr.
Le Socialisme à l'étranger, par MM. J. BARDOUX, G. GIDEL, KINZO-GORAI, G. ISAMBERT, G. LOUIS-JARAY, A. MARVAUD, DA MOTTA DE SAN MIGUEL, P. QUENTIN-BAUCHART, M. REVON, A. TARDIEU. Préface de A. LEROY-BEAULIEU, de l'Institut. Conclusion de J. BOURDEAU. 1 vol. in-16. . . . . 3 fr. 50
SPULLER (E.). * **L'Éducation de la Démocratie.** 1892. 1 vol. in-16. . . . . 3 fr. 50
— **L'Évolution politique et sociale de l'Église.** 1893. 1 vol. in-12. . . . . 3 fr. 50
* **La Vie politique dans les Deux Mondes.** Publiée sous la direction de A. VIALLATE et M. CAUDEL, professeurs à l'École des Sciences politiques, avec la collaboration de professeurs et d'anciens élèves de l'École des Sciences politiques.
1re année, 1906-1907, à 5e année, 1910-1911, chacune 1 fort vol. in-8. . . . . 10 fr.

PUBLICATIONS HISTORIQUES ILLUSTRÉES

* **DE SAINT-LOUIS A TRIPOLI, PAR LE LAC TCHAD,** par le lieutenant-colonel MONTEIL. 1 beau vol. in-8 colombier, précédé d'une préface de M. de Vogüé, de l'Académie française, illustrations de Riou. 1895. (*Ouvrage couronné par l'Académie française. Prix Monthyon*), broché, 20 fr. — Relié amateur. . . . . 28 fr.
* **HISTOIRE ILLUSTRÉE DU SECOND EMPIRE,** par Taxile DELORD. 6 vol. in-8, avec 500 gravures. Chaque vol. broché. . . . . 8 fr.
MODESTOV (B.). * **Introduction à l'Histoire romaine.** *L'ethnologie préhistorique, les influences civilisatrices à l'époque préromaine et les commencements de Rome,* traduit du russe par Michel DELINES. Avant-propos de M. Salomon Reinach, de l'Institut. 1 vol. in-8, avec 39 planches hors texte et 27 figures dans le texte. 1907. . . . . 15 fr.

PUBLICATIONS DIPLOMATIQUES

RECUEIL DES INSTRUCTIONS

DONNÉES AUX AMBASSADEURS ET MINISTRES DE FRANCE

Depuis les Traités de Westphalie jusqu'à la Révolution française.

Publié sous les auspices de la Commission des archives diplomatiques au Ministère des Affaires étrangères.

Beaux vol. in-8 raisin, imprimés sur papier de Hollande, avec Introduction et notes.

I. — **AUTRICHE**, par M. Albert SOREL, de l'Académie française. 1 vol. .... *Épuisé.*
II. — **SUÈDE**, par M. A. GEFFROY, de l'Institut. 1 vol. .... 20 fr.
III. — **PORTUGAL**, par le Vicomte de CAIX DE SAINT-AYMOUR. 1 vol. .... 20 fr.
IV et V. — **POLOGNE**, par M. Louis FARGES, chef de bureau aux Archives du Ministère des affaires étrangères. 2 vol. .... 30 fr.
VI. — **ROME** (1648-1687) (tome I), par G. HANOTAUX, de l'Académie française. 1 vol. 20 fr.
VII. — **BAVIÈRE, PALATINAT ET DEUX-PONTS**, par M. André LEBON. 1 vol. .... 25 fr.
VIII et IX. — **RUSSIE**, par M. Alfred RAMBAUD, de l'Institut. 2 vol. Le 1er volume. 20 fr.
Le second volume .... 25 fr.
X. — **NAPLES ET PARME**, par M. Joseph REINACH, député. 1 vol. .... 20 fr.
XI. — **ESPAGNE** (1649-1750) (tome I), par MM. MOREL-FATIO, professeur au Collège de France, et LÉONARDON. 1 vol. .... 20 fr.
XII et XII *bis*. — **ESPAGNE** (1750-1789) (tomes II et III), par les mêmes. 2 vol. .... 40 fr.
XIII. — **DANEMARK**, par A. GEFFROY, de l'Institut. 1 vol. .... 14 fr.
XIV et XV. — **SAVOIE-SARDAIGNE-MANTOUE**, par HORRIC DE BEAUCAIRE, ministre plénipotentiaire. 2 vol. .... 40 fr.
XVI. — **PRUSSE**, par M. A. WADDINGTON, professeur à l'Université de Lyon. 1 vol. (*Couronné par l'Institut.*) .... 28 fr.
XVII. — **ROME** (1688-1723) (tome II), par G. HANOTAUX, de l'Académie française, avec une introduction et des notes par J. HANOTEAU. 1 vol. 1911 .... 25 fr.
XVIII. — **DIÈTE GERMANIQUE**, par B. AUERBACH, professeur à l'Université de Nancy. 1 vol. 1911 .... 20 fr.
XIX. — **FLORENCE, MODÈNE, GÊNES**, par ED. DRIAULT. 1 vol. 1912 .... 20 fr.

INVENTAIRE ANALYTIQUE

DES ARCHIVES DU MINISTÈRE DES AFFAIRES ÉTRANGÈRES

Publié sous les auspices de la Commission des Archives diplomatiques.

Correspondance politique de MM. de CASTILLON et de MARILLAC, ambassadeurs de France en Angleterre (1527-1542), par M. Jean KAULEK, avec la collaboration de MM. Louis Farges et Germain Lefèvre-Pontalis. 1 vol. in-8 raisin .... 15 fr.
Papiers de BARTHÉLEMY, ambassadeur de France en Suisse, de 1792 à 1797, 6 volumes in-8 raisin. I. Année 1792. 15 fr. — II. Janvier-août 1793. 15 fr. — III. Septembre 1793 à mars 1794. 18 fr. — IV. Avril 1794 à février 1795. 20 fr. — V. Septembre 1794 à septembre 1796, par M. Jean KAULEK. 20 fr. — Tome VI et dernier, Novembre 1794 à Février 1796, par M. Alexandre TAUSSERAT-RADEL .... 12 fr.
Correspondance politique d'ODET DE SELVE, ambassadeur de France en Angleterre (1546-1549), par G. LEFÈVRE-PONTALIS. 1 vol. in-8 raisin .... 15 fr.
Correspondance politique de GUILLAUME PELLICIER, ambassadeur de France à Venise (1540-1542), par M. Alexandre TAUSSERAT-RADEL. 1 fort vol. in-8 raisin .... 40 fr.

Correspondance des Deys d'Alger avec la Cour de France (1759-1833), recueillie par Eug. PLANTET. 2 vol. in-8 raisin .... 30 fr.
Correspondance des Beys de Tunis et des Consuls de France avec la Cour (1577-1830), recueillie par Eugène PLANTET. 3 vol. in-8. Tome I (1577-1700). *Épuisé.* — Tome II (1700-1770). 20 fr. — Tome III (1770-1830) .... 20 fr.

Les Introducteurs des Ambassadeurs (1589-1900). 1 vol. in-4, avec figures dans le texte et planches hors texte .... 20 fr.

Histoire de la représentation diplomatique de la France auprès des cantons suisses, de leurs alliés et de leurs confédérés, publiée sous les auspices des archives fédérales suisses par E. ROTT. Tome I (1430-1559), 1 vol. gr. in-8. 12 fr. — Tome II (1559-1610), 1 vol. gr. in-8. 15 fr. — Tome III (1610-1626). *L'affaire de la Valteline* (1re partie) (1620-1626). 1 vol. gr. in-8. 20 fr. — Tome IV (1626-1635) (1re partie). *L'affaire de la Valteline* (2e partie) (1626-1633). 1 vol. gr. in-8. 15 fr. — Tome IV (2e partie). *L'affaire de la Valteline* (3e partie) (1633-1635). 1 vol. gr. in-8 .... 8 fr.

HISTOIRE DIPLOMATIQUE

Voir *Bibliothèque d'histoire contemporaine*, p. 18 à 21 du présent Catalogue.

BIBLIOTHÈQUE DE LA FACULTÉ DES LETTRES DE L'UNIVERSITÉ DE PARIS

HISTOIRE ET LITTÉRATURE ANCIENNES

* **De l'Authenticité des Épigrammes de Simonide**, par M. le Professeur H. HAUVETTE. 1 vol. in-8 . . . . 5 fr.

De la Flexion dans Lucrèce, par M. le Professeur CARTAULT. 1 vol. in-8 . . . . 4 fr.

* **La Main-d'Œuvre industrielle dans l'ancienne Grèce**, par M. le Professeur P. GUIRAUD, de l'Institut. 1 vol. in-8 . . . . 7 fr.

* **Recherches sur le Discours aux Grecs de Tatien**, suivies d'une *traduction française du discours* avec notes, par A. PUECH, professeur adjoint à la Sorbonne. 1 vol. in-8 . . . 6 fr.

* **Les « Métamorphoses » d'Ovide et leurs modèles grecs**, par A. LAFAYE, professeur adjoint à la Sorbonne. 1 vol. in-8 . . . . 8 fr. 50

* **Mélanges d'histoire ancienne**, par MM. le professeur G. BLOCH, J. CARCOPINO et L. GERNET. 1 vol. in-8 . . . . 12 fr. 50

Le Distique élégiaque chez Tibulle, Sulpicia, Lygdamus, par M. le professeur A. CARTAULT. 1 vol. in-8 . . . . 11 fr.

HISTOIRE ET LITTÉRATURE DU MOYEN AGE

* **Premiers Mélanges d'Histoire du Moyen Age**, par MM. le Professeur A. LUCHAIRE, de l'Institut, DUPONT-FERRIER et POUPARDIN. 1 vol. in-8 . . . . 3 fr. 50

Deuxièmes Mélanges d'Histoire du Moyen Age, par MM. le Professeur LUCHAIRE, HALPHEN et HUCKEL. 1 vol. in-8 . . . . 6 fr.

Troisièmes Mélanges d'Histoire du Moyen Age, par MM. le Prof. LUCHAIRE, BEYSSIER, HALPHEN et CORDEY. 1 vol. in-8 . . . . 8 fr. 50

Quatrièmes Mélanges d'Histoire du Moyen Age, par MM. JACQUEMIN, FARAL, BEYSSIER. 1 vol. in-8 . . . . 7 fr. 50

Cinquièmes Mélanges d'Histoire du Moyen Age, publiés sous la dir. de M. le Professeur A. LUCHAIRE, par MM. AUBERT, CARRU, DULONG, GUÉBIN, HUCKEL, LOIRETTE, LYON, MAX FAZY, et Mlle MACHKEWITCH. 1 vol. in-8 . . . . 5 fr.

* **Essai de Restitution des plus anciens Mémoriaux de la Chambre des Comptes de Paris**, par MM. J. PETIT, GAVRILOVITCH, MAURY et TEODORU, préface de M. le Professeur CH.-V. LANGLOIS. 1 vol. in-8 . . . . 9 fr.

Constantin V, empereur des Romains (740-775). *Étude d'histoire byzantine*, par A. LOMBARD, licencié ès lettres. Préf. de M. le Professeur CH. DIEHL. 1 vol. in-8 . . . . 6 fr.

Étude sur quelques Manuscrits de Rome et de Paris, par M. le Professeur A. LUCHAIRE. 1 vol. in-8 . . . . 6 fr.

Les Archives de la Cour des Comptes, Aides et Finances de Montpellier, par L. MARTIN-CHABOT, archiviste-paléographe. 1 vol. in-8 . . . . 8 fr.

Le Latin de Saint-Avit, évêque de Vienne (450?-526?), par M. le Professeur H. GOELZER avec la collaboration de A. MEY. 1 vol. in-8 . . . . 25 fr.

HISTOIRE ET LITTÉRATURE MODERNES ET CONTEMPORAINES

* **Le treize Vendémiaire an IV**, par HENRY ZIVY, agrégé d'histoire. 1 vol. in-8 . . . . 4 fr.

* **Mélanges d'histoire littéraire**, par MM. FREMINET, DUPIN et DES COGNETS. Préface de M. le Professeur LANSON. 1 vol. in-8 . . . . 6 fr. 50

Le mouvement de 1314 et les chartes provinciales de 1315, par A. ARTONNE, archiviste-paléographe. 1 vol. gr. in-8 . . . . 7 fr. 50

PHILOLOGIE ET LINGUISTIQUE

Le Dialecte alaman de Colmar (Haute-Alsace) en 1870, grammaire et lexique, par M. le Professeur VICTOR HENRY. 1 vol. in-8 . . . . 8 fr.

* **Études linguistiques sur la Basse-Auvergne, phonétique historique du patois de Vinzelles (Puy-de-Dôme)**, par ALBERT DAUZAT. Préface de M. le Professeur A. THOMAS. 1 vol. in-8 . . . . 5 fr.

* **Antinomies linguistiques**, par M. le Professeur VICTOR HENRY. 1 vol. in-8 . . . . 2 fr.

Mélanges d'Étymologie française, par M. le Professeur A. THOMAS. 1 vol. in-8 . . . . 7 fr.

* **A propos du Corpus Tibullianum.** *Un siècle de philologie latine classique*, par M. le Professeur A. CARTAULT. 1 vol. in-8 . . . . 18 fr.

Studies on Lydgate's syntax in the temple of glas, par A. COURMONT. 1 vol. in-8. 5 fr.

L'isochronisme dans le vers français, par P. VERRIER, chargé de cours à la Sorbonne. 1 vol. gr. in-8 . . . . 3 fr.

PHILOSOPHIE

L'Imagination et les Mathématiques selon Descartes, par P. BOUTROUX, prof. à l'Université de Nancy. 1 vol. in-8 . . . . 2 fr.

GÉOGRAPHIE

La Rivière Vincent-Pinson. *Étude sur la cartographie de la Guyane*, par M. le Professeur VIDAL DE LA BLACHE, de l'Institut. 1 vol. in-8 . . . . 6 fr.

NOUVELLE COLLECTION

ART ET ESTHÉTIQUE

Études publiées sous la direction de
M. PIERRE MARCEL, professeur d'histoire de l'art à l'École des Beaux-Arts.

Volumes in-8 écu, chacun avec 24 reproductions hors texte, à **3 fr. 50**.

Volumes parus :

TITIEN, par Henry CARO-DELVAILLE. 1913.
GREUZE, par Louis HAUTECŒUR. 1913.
VELAZQUEZ, par AMAN-JEAN. 1913.

En préparation :

Philippe de Champaigne, par ED. PIRON. — **Pisanello**, par ED. GUIFFREY. — **Hokousaï**, par ED. FOCILLON. — **David**, par A. FRIBOURG. — **Claus Sluter**, par J. CHANTAVOINE. — **Holbein**, par L. FOUGERAY. — **Greuze**, par L. HAUTECŒUR, etc.

PUBLICATIONS PÉRIODIQUES

REVUE PHILOSOPHIQUE

DE LA FRANCE ET DE L'ÉTRANGER

Dirigée par **TH. RIBOT**, membre de l'Institut, professeur honoraire au Collège de France.

(38e année, 1913). — Paraît tous les mois.

ABONNEMENT (du 1er janvier). Un an : Paris, **30 fr.** — Départements et étranger, **33 fr.**
La livraison, **3 fr.**

REVUE DU MOIS

DIRECTEUR : **Émile BOREL**, professeur à la Sorbonne.

SECRÉTAIRE DE LA RÉDACTION A. BIANCONI, agrégé de l'Université.

(8e année, 1913.)

ABONNEMENT (du 1er de chaque mois).

Un an : Paris, **20 fr.** — Départements, **22 fr.** — Étranger, **25 fr.**
Six mois — **10 fr.** — — **11 fr.** — — **12 fr. 50**
La livraison, **2 fr. 25**.

JOURNAL DE PSYCHOLOGIE NORMALE ET PATHOLOGIQUE

DIRIGÉ PAR LES DOCTEURS

Pierre JANET, Professeur au Collège de France, et **Georges DUMAS**, Professeur à la Sorbonne.

(10e année, 1913). — Paraît tous les deux mois.

ABONNEMENT (du 1er janvier). Un an : France et Étranger, **14 fr.** — La livr., **2 fr. 60**

Le prix d'abonnement est de 12 fr. pour les abonnés de la Revue Philosophique.

(*Suite des publications périodiques.*)

REVUE HISTORIQUE

Fondée par **G. MONOD.**

(38e année, 1913.) — Paraît tous les deux mois.

PUBLIÉE SOUS LA DIRECTION DE

CH. BÉMONT, Archiviste paléographe, ET **CHR. PFISTER** Professeur à la Sorbonne.

ABONNEMENT (du 1er janvier), Un an : Paris, **30** fr. — Départ. et étranger, **33** fr.
La livraison, **6** fr.

REVUE DES ÉTUDES NAPOLÉONIENNES

Publiée sous la direction de M. **Ed. DRIAULT.**

(2e année, 1913). — Paraît tous les deux mois.

ABONNEMENT (du 1er janvier). Un an : France, **20** fr. — Étranger, **22** fr.
La livraison, **4** fr.

REVUE DES SCIENCES POLITIQUES

Suite des ANNALES DES SCIENCES POLITIQUES.

(28e année, 1913). — Paraît tous les deux mois.

Rédacteur en chef : **M. ESCOFFIER,** professeur à l'École des Sciences politiques.

ABONNEMENT (du 1er janvier). Un an : Paris, **18** fr. ; Départ. et Étranger, **19** fr.
La livraison, **3** fr. **50.**

JOURNAL DES ÉCONOMISTES

Revue mensuelle de la science économique et de la statistique.

(72e année, 1913). — Paraît tous les mois.

Rédacteur en chef : **YVES GUYOT,**
ancien ministre, vice-président de la Société d'économie politique.

ABONNEMENT (du 1er de chaque trimestre) : Un an : France, **36** fr. — Étranger, **38** fr.
— — Six mois : — **19** fr. — — **20** fr.
La livraison, **3** fr. **50.**

BULLETIN DE LA STATISTIQUE GÉNÉRALE DE LA FRANCE

(2e année, 1912-1913). — Paraît tous les trois mois.

ABONNEMENT (du 1er octobre), Un an : France et Étranger, **14** fr.
La livraison, **4** fr.

REVUE ANTHROPOLOGIQUE

Suite de la REVUE DE L'ÉCOLE D'ANTHROPOLOGIE DE PARIS.

Recueil mensuel publié par les professeurs (23e année, 1913).

ABONNEMENT (du 1er janvier), Un an : France et Étranger, **10** fr. — La livraison, **1** fr.

SCIENTIA

Revue internationale de synthèse scientifique.

(7e année, 1913.) 6 livraisons par an, de 150 à 200 pages chacune; publie un supplément contenant la traduction française des articles publiés en langues étrangères.

ABONNEMENT (du 1er janvier), Un an : France et Étranger, **30** francs.

REVUE ÉCONOMIQUE INTERNATIONALE

(10e année, 1913.) — Paraît tous les mois.

ABONNEMENT (du 1er janvier), Un an : France et Belgique, **50** fr. Autres pays, **56** fr.

BULLETIN DE LA SOCIÉTÉ LIBRE POUR L'ÉTUDE PSYCHOLOGIQUE DE L'ENFANT

10 numéros par an. — ABONNEMENT (du 1er octobre) : France, **3** fr. ; Étranger, **5** fr.

GROSSE (E.). * **Les Débuts de l'art.** 1 vol. in-8, avec gravures . . . 6 fr.

GUIGNET et GARNIER. * **La Céramique ancienne et moderne.** In-8, avec grav. 6 fr.

HUXLEY. * **L'Écrevisse.** *Introduction à la Zoologie.* 2e édit. 1 vol. in-8, avec figures. 6 fr.

JACCARD, professeur à l'Académie de Neuchâtel (Suisse). * **Le Pétrole, le Bitume et l'Asphalte** *au point de vue géologique.* 1 vol. in-8, avec figures . . . 6 fr.

JAVAL (E.), de l'Académie de médecine. * **Physiologie de la lecture et de l'écriture.** 2e édition. 1 vol. in-8, avec 96 gravures . . . 6 fr.

LAGRANGE (F.). * **Physiologie des exercices du corps.** 11e édition. 1 vol. in-8 . . . 6 fr.

LALOY (L.). * **Parasitisme et mutualisme dans la nature.** Préface du professeur A. GIARD, de l'Institut. 1 vol. in-8, avec 82 gravures . . . 6 fr.

LANESSAN (Dr). * **Principes de colonisation.** 1 vol. in-8 . . . 6 fr.

LE DANTEC, chargé de cours à la Sorbonne. * **Théorie nouvelle de la vie.** 5e édit. 1 vol. in-8, avec figures . . . 6 fr.

— **Évolution individuelle et hérédité.** *Théorie de la variation quantitative.* 2e édit., revue et augmentée d'une préface nouvelle. 1 vol. in-8 . . . 6 fr.

— **Les Lois naturelles.** 1 vol. in-8, avec gravures . . . 6 fr.

— **La Stabilité de la vie.** *Étude énergétique de l'évolution des espèces.* 1 vol. in-8. 6 fr.

LOEB, professeur à l'Université Berkeley. * **La dynamique des phénomènes de la vie.** Traduit par MM. DAUDIN et SCHAEFFER. Préface de M. le professeur A. GIARD, de l'Institut. 1 vol. in-8, avec fig. . . . 9 fr.

LUBBOCK (Sir John). * **Les Sens et l'instinct chez les animaux,** *principalement chez les insectes.* 1 vol. in-8, avec 150 figures . . . 6 fr.

MALMÉJAC (F.). **L'Eau dans l'alimentation.** 1 vol. in-8, avec fig. . . . 6 fr.

MEUNIER (Stan.), professeur au Muséum. * **La Géologie comparée.** 2e édit. in-8, avec grav. 6 fr.

— * **La Géologie générale.** 2e édit. 1 vol. in-8, avec gravures . . . 6 fr.

— * **La Géologie expérimentale.** 2e édit. 1 vol. in-8, avec gravures . . . 6 fr.

MEYER (Dr). * **Les Organes de la parole** *et leur emploi pour la formation des sons du langage.* 1 vol. in-8, avec 51 gravures . . . 6 fr.

MORTILLET (G. Dr). * **Formation de la Nation française.** 2e édit. 1 vol. in-8, avec 150 gravures et 18 cartes . . . 6 fr.

NIEWENGLOWSKI (H.). * **La Photographie et la photochimie.** 1 vol. in-8, avec gravures et une planche hors texte . . . 6 fr.

NORMAN LOCKYER. * **L'Évolution inorganique.** 1 vol. in-8, avec gravures . . . 6 fr.

PERRIER (Edm.), de l'Institut. **La Philosophie zoologique avant Darwin.** 3e édition. 1 vol. in-8 . . . 6 fr.

PETTIGREW. * **La Locomotion chez les animaux,** *marche, natation et vol.* 2e édition. 1 vol. in-8, avec figures . . . 6 fr.

QUATREFAGES (Dr), de l'Institut. * **L'Espèce humaine.** 15e édit. 1 vol. in-8 . . . 6 fr.

— * **Darwin et ses précurseurs français.** 2e édit., refondue. 1 vol. in-8 . . . 6 fr.

— * **Les Émules de Darwin.** 2 vol. in-8, avec préfaces de MM. Ed. PERRIER et HAMY. 12 fr.

RICHET (Ch.), professeur à la Faculté de médecine de Paris. * **La Chaleur animale.** 1 vol. in-8, avec figures . . . 6 fr.

ROCHE (G.). * **La Culture des Mers** *(piscifacture, pisciculture, ostréiculture).* 1 vol. in-8, avec 81 gravures . . . 6 fr.

ROUBINOVITCH (Dr J.), médecin en chef de l'hospice de Bicêtre. * **Aliénés et anormaux.** 1 vol. in-8, avec 63 gravures. *(Couronné par l'Académie de médecine.)* . . . 6 fr.

SCHMIDT (O.). * **Les Mammifères dans leurs rapports avec leurs ancêtres géologiques.** 1 vol. in-8, avec 51 figures . . . 6 fr.

SCHUTZENBERGER, de l'Institut. * **Les Fermentations.** 6e édition. 1 vol. in-8 . . . 6 fr.

SECCHI (le Père). * **Les Étoiles.** 3e édition. 2 vol. in-8, avec fig. et pl. . . . 12 fr.

SPENCER (Herbert). * **Les Bases de la morale évolutionniste.** 6e édit. 1 vol. in-8 . . . 6 fr.

— * **Introduction à la Science sociale.** 14e édition. 1 vol. in-8 . . . 6 fr.

STALLO. * **La Matière et la Physique moderne.** 1 vol. in-8. 3e édition . . . 6 fr.

STARCKE. * **La Famille primitive.** 1 vol. in-8 . . . 6 fr.

THURSTON (R.). * **Histoire de la machine à vapeur.** 3e édition. 2 vol. in-8, avec 140 figures et 16 planches hors texte . . . 12 fr.

TOPINARD. **L'Homme dans la Nature.** 1 vol. in-8, avec figures . . . 6 fr.

VAN BENEDEN. * **Les Commensaux et les Parasites dans le règne animal.** 4e édition. 1 vol. in-8, avec figures . . . 6 fr.

VRIES (Hugo de). **Espèces et Variétés,** traduit de l'allemand par L. BLARINGHEM, chargé d'un cours à la Sorbonne, avec préface. 1 vol. in-8 . . . 12 fr.

WURTZ, de l'Institut. * **La Théorie atomique.** 10e édition. 1 vol. in-8 . . . 6 fr.

NOUVELLE

COLLECTION SCIENTIFIQUE

Directeur : ÉMILE BOREL

Sous-directeur de l'École normale supérieure, Professeur à la Sorbonne.

VOLUMES IN-16 A 3 FR. 50

Volumes publiés en 1911, 1912 et 1913 :

PAINLEVÉ (Paul), de l'Institut, BOREL (Émile) et MAURAIN, directeur de l'Institut aérotechnique de l'Université de Paris. **L'Aviation.** 6e édition, revue et augmentée. Avec gravures. 1913.

MARCHIS. **Le froid industriel.** Avec figures. 1913.

SAGERET (J.). **Le système du monde.** *Genèse de la théorie héliocentrique par le développement des sciences exactes.* Avec figures. 1913.

LEROY-BEAULIEU (Paul), membre de l'Institut, professeur au Collège de France. **La question de la population.** 1913.

PERRIN (Jean), professeur de chimie physique à la Sorbonne. **Les atomes.** Avec 13 figures. 1913.

GENTIL (L.), professeur adjoint à la Sorbonne. **Le Maroc physique.** Avec cartes. 1912.

TANNERY (J.), de l'Institut. * **Science et philosophie**, avec une notice par É. BOREL. 1912.

RABAUD (E.), maître de conférences à la Sorbonne. * **Le Transformisme et l'expérience.** Avec gravures. 1911.

BUAT (E.), chef d'escadrons au 25e régiment d'artillerie de campagne. **L'Artillerie de campagne.** *Son histoire, son évolution, son état actuel.* Avec 75 grav. 1911.

MEUNIER (Stanislas), professeur de géologie au Muséum d'histoire naturelle. **L'Évolution des Théories géologiques.** Avec gravures. 1911.

NIEDERLE (Lubor), professeur à l'Université de Prague. **La Race slave.** *Statistique, démographie, anthropologie.* Traduit du tchèque et précédé d'une préface par L. LEGER, de l'Institut. Avec carte en couleurs hors texte. 1911.

Précédemment parus.

DUCLAUX (Jacques), préparateur à l'Institut Pasteur. **La Chimie de la Matière vivante.** 3e édition.

MAURAIN (Ch.), professeur à la Faculté des sciences de Caen. **Les États physiques de la Matière.** 2e éd. Avec gravures.

BONNIER (Dr P.), laryngologiste de la clinique médicale de l'Hôtel-Dieu. **La Voix.** *Sa culture physiologique. Théorie nouvelle de la phonation.* 4e édition. Avec gravures.

* **De la Méthode dans les Sciences** : (*1re série*).

1. *Avant-propos*, par M. P.-F. THOMAS, docteur ès lettres, professeur de philosophie au lycée Hoche. — 2. *De la Science*, par M. ÉMILE PICARD, de l'Institut. — 3. *Mathématiques pures*, par M. J. TANNERY, de l'Institut. — 4. *Mathématiques appliquées*, par M. PAINLEVÉ, de l'Institut. — 5. *Physique générale*, par M. BOUASSE, professeur à la Faculté des Sciences de Toulouse. — 6. *Chimie*, par M. JOB, professeur au Conservatoire des Arts et Métiers. — 7. *Morphologie générale*, par M. A. GIARD, de l'Institut. — 8. *Physiologie*, par M. LE DANTEC, chargé de cours à la Sorbonne. — 9. *Sciences médicales*, par M. PIERRE DELBET, professeur à la Faculté de médecine de Paris. — 10. *Psychologie*, par M. TH. RIBOT, de l'Institut. — 11. *Sciences sociales*, par M. DURKHEIM, professeur à la Sorbonne. — 12. *Morale*, par M. LÉVY-BRUHL, professeur à la Sorbonne. — 13. *Histoire*, par M. G. MONOD, de l'Institut. 2e édition.

* **De la Méthode dans les sciences** : (*2e série*).

Avant-propos, par ÉMILE BOREL. — *Astronomie, jusqu'au milieu du XVIIIe siècle*, par B. BAILLAUD, de l'Institut, directeur de l'Observatoire de Paris. — *Chimie physique*, par JEAN PERRIN, professeur à la Sorbonne. — *Géologie*, par LÉON BERTRAND, professeur adjoint à la Sorbonne. — *Paléobotanique*, par R. ZEILLER, de l'Institut, professeur à l'École des Mines. — *Botanique*, par LOUIS BLARINGHEM, chargé de cours à la Sorbonne. — *Archéologie*, par SALOMON REINACH, de l'Institut. — *Histoire littéraire*, par GUSTAVE LANSON, professeur à la Sorbonne. — *Statistique*, par LUCIEN MARCH, directeur de la statistique générale de la France. — *Linguistique*, par A. MEILLET, professeur au Collège de France. 2e édition.

THOMAS (P.-F.), professeur au lycée Hoche. **L'Éducation dans la Famille.** *Les péchés des parents.* 4e édition (*Couronné par l'Institut.*).

LE DANTEC (F.), chargé du cours de biologie générale à la Sorbonne. **Éléments de Philosophie biologique.** 3e édition.

— **La Crise du Transformisme.** 2e édition.

OSTWALD (W), professeur à l'Université de Leipzig. * **L'Évolution de l'Électrochimie.** Traduit de l'allemand par E. PHILIPPI, licencié ès sciences.

— **L'Énergie**, traduit de l'allemand par E. PHILIPPI, 3e édition.

Bibliothèque Utile

Volumes in-32, de 192 pages ; chaque volume broché, 60 cent.

AGRICULTURE

Acloque. Insectes nuis.
Berget. Viticulture.
— Pratique des vins.
— Les Vins de France.
Larbalétrier. L'agricul- ture française.
— Plantes d'appartem.
Petit. Économie rurale.
Vaillant. Petite chimie de l'agriculteur.

TECHNOLOGIE

Bellet. Grands ports ma- ritimes.
Brothier. Hist. de la terre.
Dufour. Dict. des falsif.
Bastinean. Génie et science.
Genevoix. Matières pre- mières.
— Procédés industriels.
Maigne. Mines de France.
Mayer. Les chem. de fer.

HYGIÈNE — MÉDECINE

Cruveilhier. Hygiène.
Laumonier. Hygiène de la cuisine.
Merklen. La tubercu- lose.
Monin. Les maladies épidémiques.
Sérieux et Mathieu. L'al- cool et l'alcoolisme.
Turck. Médecine popu- laire.

PHYSIQUE — CHIMIE

Bonnant. Hist. de l'eau.
— Princ. faits de la chi- mie.
Huxley. Premières no- tions sur les sciences.
Albert Lévy. Hist. de l'air.
Zurcher. L'atmosphère.

SCIENCES NATURELLES

Coupin. Vie dans les mers.
Eisenmenger. Tremble- ments de terre.
Geikie. Géologie.
Gérardin. Botanique.
Jouan. La chasse et la pê- che des anim. marins.
Zaborowski. L'homme préhistorique.
— Migrations des anim.
— Les grands singes.
— Les mondes disparus.
Zurcher et Margollé. Té- lescope et microscope.

ÉCONOMIE POLITIQUE ET SOCIALE

Coste. Richesse et bonh.
— Alcoolisme ou Épar- gne.
Guyot (Yves). Préjugés économiques.
Jevons. Économie polit.
Larrivé. L'assistance publique.
Leneveux. Le travail manuel.
Mongredien. Libre- échange en Angleterre.
Paul Louis. Lois ouvr.

ENSEIGNEMENT BEAUX-ARTS

Collier. Les beaux-arts.
Jourdy. Le patriotisme à l'école.
G. Meunier. Hist. de l'art.
— Hist. de la littérature française.
Pichat. L'art et les artist.
H. Spencer. De l'éducat.

PHILOSOPHIE — DROIT

Enfantin. La vie éter- nelle.
Ferrière. Darwinisme.
Jourdan. Justice crimin.
Morin. La loi civile.
Eug. Noël. Voltaire et Rousseau.
F. Paulhan. La physio- logie de l'esprit.
Renard. L'homme est-il libre?
Robinet. Philos. posit.
Zaborowski. L'origine du langage.

HISTOIRE

Antiquité.

Combes. La Grèce.
Creighton. Histoire rom.
Mahaffy. L'ant. grecque.
Ott. L'Asie et l'Égypte.

France.

Bastide. La Réforme.
Bère. L'armée française.
Buchez. Mérovingiens.
— Carlovingiens.
Carnot. La Révolution française. 2 vol.

Debidour. Rapports de l'Église et de l'État (1789-1871).
Doneaud. La marine française.
Faque. L'Indo-Chine française.
Larrivière. Origines de la guerre de 1870.
Fréd. Lock. Jeanne d'Arc.
— La Restauration.
Quesnel. Conquête de l'Algérie.
Zevort. Louis-Philippe.

Pays étrangers.

Bondois. L'Europe cont.
Collas et Driault. L'Em- pire ottoman.
Eug. Despois. Les révo- lutions d'Angleterre.
Doneaud. La Prusse.
Henneguy. L'Italie.
E. Raymond. L'Espagne.
Regnard. L'Angleterre.
Ch. Rolland. L'Autriche.

GÉOGRAPHIE COSMOGRAPHIE

Amigues. A travers le ciel.
Blerzy. Colon. anglaises.
Brothier. Histoire de la terre.
Catalan. Astronomie.
Gaffarel. Frontières fran- çaises.
Girard de Rialle. Peuples de l'Asie et de l'Europe.
Grove. Continents, Océ- ans.
Jouan. Îles du Pacifique.
Zurcher et Margollé. Les phénomènes célestes.

HISTOIRE UNIVERSELLE DU TRAVAIL

Publiée sous la direction de **G. RENARD**, professeur au Collège de France.

Sera publiée en 12 volumes.

Chaque volume in-8, avec gravures . . . . 5 fr.

Volumes parus.

PAUL LOUIS. Le travail dans le monde romain. 1 vol. avec 31 gravures. 1912.
RENARD (G.) et DULAC (A.). L'évolution industrielle et agricole depuis cent cinquante ans. 1 vol. avec 34 gravures. 1912.

Pour paraître :

Le travail dans la préhistoire, par M. Capitan.
Le travail dans l'Orient ancien, par M. Moret.
Le travail dans la Grèce antique, par M. Glotz.
Le travail dans l'Europe du moyen âge, par MM. Boissonade et Huvelin.
Le travail dans les pays musulmans, M. A. Le Chatelier.
Le travail en Amérique, avant et après Colomb, par MM. Capitan et Lorin.
Le travail en Extrême-Orient, par M. Cordier.
Le travail dans l'Europe moderne (XVe-XVIIIe siècles), par MM. G. Renard et G. Weulersse.
L'évolution des transports, du commerce et du crédit depuis cent cinquante ans, par MM. B. Nogaro et Oualid.
La condition des travailleurs depuis cent cinquante ans, par MM. F. Simiand et Al. Goineau.

PUBLICATIONS
HISTORIQUES, PHILOSOPHIQUES ET SCIENTIFIQUES
qui ne se trouvent pas dans les collections précédentes.

Volumes parus en 1911, 1912 et 1913.

AMICUS. **Pensées libres.** *Questions internationales, religieuses, bio-sociologiques, historiques, philosophiques. Les Femmes.* 1911. 1 vol. in-8 .... 5 fr.

Annales de l'Institut supérieur de philosophie de Louvain. Tome I. 1912, par MM. N. BALTHASAR, C. JACQUART, J. LEMAIRE, J. LOTTIN, A. MANSION, A. MICHOTTE, P. NÈVE, C. RANSY. 1 vol. gr. in-8 .... 10 fr.

Année musicale (L'), publiée par MM. MICHEL BRENET, J. CHANTAVOINE, L. LALOY, L. DE LA LAURENCIE. 1re *année, 1911.* 1 vol. gr. in-8 .... 10 fr.
— 2e *année, 1912.* 1 vol. grand in-8 .... 10 fr.

ARRÉAT. **Réflexions et Maximes.** 1911. 1 vol. in-16 .... 2 fr. 50. (V. p. 2, 7, et 31.)

Athena. Revue publiée par l'Ecole des Hautes-Etudes sociales. Années 1911 et 1912, chacune 1 vol. in-8 .... 15 fr.

BASTIDE (Ch.), docteur ès lettres, professeur agrégé au lycée Charlemagne. **Anglais et Français du XVIIe siècle.** 1912. 1 fort. vol. in-16 .... 4 fr.

BRENET (M.). * **Musique et musiciens de la vieille France.** *Les musiciens de Philippe le Hardi. Ockeghem. Mauduit. Origines de la musique descriptive.* 1911. 1 vol. in-16. 3 fr. 50

BRUNHES (J.), professeur au Collège de France. * **La Géographie humaine.** *Essai de classification positive. Principes et exemples.* 2e édition, revue et augmentée. 1 vol. grand in-8, avec 272 grav. et cartes dans le texte et hors texte. (*Couronné par l'Académie française et Médaille d'or de la Société de Géographie.*) .... 20 fr.

CAHEN (G.), chargé de mission en Russie, doct. ès lettres. **Histoire des relations de la Russie avec la Chine sous Pierre-le-Grand** (1689-1730). 1 vol. gr. in-8. 1912 .... 10 fr.

Catalogue des publications de l'Institut Nobel norvégien. I. *Littérature pacifiste.* 1912. 1 vol. grand in-8 .... 12 fr. 50

Ce qu'on a fait de l'Eglise. *Étude d'histoire religieuse.* 6e édit., 1912. 1 vol. in-16. 3 fr. 50

CHANTAVOINE (J.). **Musiciens et poètes.** 1912. 1 vol. in-16 .... 3 fr. 50

CHABRIER (Dr). **Les Émotions et états organiques.** 1911. 1 vol. in-16 .... 2 fr. 50

COHEN (B.), professeur à l'Université de Marburg. **Le Judaïsme et le progrès religieux de l'humanité.** Traduit de l'allemand. 1911. Broch. in-8 .... 0 fr. 50

COUBERTIN (P. de). **L'Éducation des adolescents au XXe siècle.** II. ÉDUCATION INTELLECTUELLE : *L'analyse universelle.* 1911. 1 vol. in-16 .... 2 fr. 50 (V. p. 32.)

CREMER (Th.). **Le Problème religieux dans la philosophie de l'action** (*MM. Blondel et le P. Laberthonnière*). Préface de V. DELBOS, de l'Institut. 1912. 1 vol. gr. in-8. 3 fr.

DELVAILLE (J.). doct. ès lettres. ***La Chalotais éducateur.** 1911. 1 vol. in-8. 5 fr. (V. p. 8 et 14.)

DEPLOIGE (S.), professeur à l'Université catholique de Louvain. **Le Conflit de la morale et de la sociologie.** 2e édit. 1913. 1 vol. gr. in-8 .... 7 fr. 50

DUPUY (P.). **Le Positivisme d'Auguste Comte.** 1911. 1 vol. in-8 .... 5 fr. (V. p. 32.)

DUSSAUZE (H.), docteur ès lettres. **Les règles esthétiques et les lois du sentiment.** 1912. 1 vol. in-8 .... 10 fr.

Education morale (Mémoires sur l') présentés au *Deuxième Congrès international d'éducation morale* à La Haye, publiés par la Secrétaire générale, Mlle Alice DYSERINCK. 1912. 1 fort vol. gr. in-8 .... 12 fr. 50

Femme (La). *Sa situation réelle, sa situation idéale,* par M. J. ARTHUR THOMSON, Mme THOMSON, Miss L. I. LUMSDEN, Mme LENDRUM, Miss PHOEBE THERVYN M. T. S. CLOUSTON, Miss FRANCE MELVILLE, Miss EDITH PEARSON, M. RICHARD LODGE. Préface de Sir Olivier LODGE. Traduit de l'anglais par Mlle A. Terrier. 1912. 1 vol. in-16 .. 2 fr. 50

GOMER (A. DE). **L'obligation morale raisonnée.** *Ses conditions.* 1913. 1 vol. in-16. 3 fr. 50

HENNEBICQ (Léon). *L'impérialisme occidental.* **Genèse de l'impérialisme anglais.** 1913. 1 vol. in-8 .... 6 fr.

JOURET (G.), prof. à l'école normale de Mons. **Les Humanités primaires.** 1911. 1 vol. in-16 .... 5 fr.

KIPIANI (Varia). **Ambidextrie.** *Etude expérimentale et critique,* lauréate de l'Académie de médecine de Paris. Suivie d'une note de I. IOTEYKO. 1 vol. in-8 des *Travaux de la Faculté internationale de pédologie,* avec 28 figures dans le texte .... 3 fr. 50

LABROUE (H.), prof. agrégé d'histoire au lycée de Bordeaux. ***L'Esprit public en Dordogne pendant la Révolution.** Préface de G. MONOD, de l'Institut. 1912. 1 vol. in-8. 4 fr. (V. p. 33.)

LACAZE-DUTHIERS (G. de). **La liberté de penser.** 1913. 1 fort vol. in-8 .... 10 fr.

LA GRASSERIE (R. DE). **Études de psychosociologie.** I. *De l'Instinct cryptologique et de l'instinct phanérique.* 1911. In-8. 2 fr. — II. *De l'hybridité mentale et sociale.* 1911. In-8. 2 fr. — III. *Parasitisme, Paradynamisme et paramorphisme sociologique.* 1911. In-8.. 2 fr. (V. p. 9.)

LANESSAN (DE), ancien ministre de la Marine. **Nos Forces navales.** *Organisation, répartition.* 1911. 1 vol. in-16 .... 3 fr. 50 (V. p. 10, 16, 17, 19, 27 et 32.)

LATOUR (M.). **Premiers principes d'une théorie générale des émotions.** 1912. 1 vol. in-8 .... 3 fr. 50

LISZT (Fr.). **Pages romantiques.** Publiées avec introduction et notes par J. CHANTAVOINE. 1912. 1 vol. in-16 .... 3 fr. 50

LOCKE (John). **Lettres inédites** *à ses amis Nicolas Thoinard, Philippe Van Limborch et Edward Clark.* Publiées avec une introduction et des notes explicatives par M. Henri OLLION, docteur ès lettres, professeur à la Faculté libre des lettres de Lyon, avec la collaboration de M. le professeur Dr T. J. DE BOER, de l'Université d'Amsterdam. 1913. 1 vol. gr. in-8 .... 15 fr.

LORIA (A.). **Les bases économiques de la justice internationale**. Tome III, fascicule 1 des *Publications de l'Institut Nobel norvégien*. 1913. 1 vol. in-8 . . . . 5 fr.
MARTIN (F.), sénateur. **La morale républicaine**. 1912. 1 vol. in-8 . . . . 7 fr. 50
MAXWELL (J.). **Psychologie sociale contemporaine**. 1911. 1 vol. in-8. . . 6 fr. (V. p. 10.)
Mélanges littéraires, publiés à l'occasion du Centenaire de la Faculté des lettres de Clermont-Ferrand (1810-1910). 1 vol. gr. in-8, avec planches . . . . 10 fr.
MIRABAUD (R.). **L'un-multiple**. *Esquisse d'une métaphysique*. 1912. 1 vol. in-16. . . 2 fr.
PÉRÈS (J.). **L'individualité et la destinée**. 1911. Brochure in-16 . . . . 1 fr. (V. p. 11.)
PIAT (G.), professeur honoraire à l'Institut catholique de Paris. **Insuffisance des philosophies de l'intuition**. 1 vol. in-8. . . . . 5 fr.
POCHHAMMER (A.). **L'Anneau de Nibelung de Richard Wagner**. *Analyse dramatique et musicale*, traduit de l'allemand par J. CHANTAVOINE. 1911. 1 vol. in-16. . . . 2 fr. 50
PUEY (A.). **L'Anarchie mondiale**. *La psychologie morbide*. 1912. 1 vol. in-16. 3 fr. 50 (V. p. 34.)
ROBIQUET (P.). **Le cœur d'une reine**. *Anne d'Autriche, Louis XIII et Mazarin*. 1912. 1 vol. in-8, avec 1 pl. hors texte. . . . . 4 fr.
ROZET (G.). * **La défense et illustration de la race française**. 1911. 1 vol. in-16. 3 fr. 50
SERMYN (Dr W. C.). **Contribution à l'étude de certaines facultés cérébrales méconnues**. *Philosophie scientifique*. 1911. 1 vol. in-8 . . . . 7 fr. 50
SERVIÈRES (G.). **Emmanuel Chabrier (1841-1894)**. 1912. 1 vol. in-16. . . . 2 fr. 50
TERRAILLON (E.), docteur ès lettres, professeur au lycée de Carcassonne. **La morale de Geulincx dans ses rapports avec la philosophie de Descartes**. 1912. 1 vol. in-8. 3 fr. 75
URTIN (H.), docteur ès lettres. **Le Fondement de la responsabilité pénale**. 1911. in-8. . . . . 2 fr. 50 (V. p. 7.)
VAN BIERVLIET (J.-J.), professeur à l'Université de Gand. **Premiers Éléments de pédagogie expérimentale**. *Les Bases*. Préface de G. COMPAYRÉ, de l'Institut. 1911. 1 vol. in-8. 7 fr.
— **Esquisse d'une éducation de l'attention**. 1912. 1 vol. in-16 . . . . 2 fr. 50
WAUTHIER (M.), professeur à l'Université de Bruxelles. **Essais de philosophie sociale**. 1912. 1 vol. gr. in-8 . . . . 7 fr. 50
WEILL (J.). **Zadoc Kahn (1839-1905)**. 1912. 1 vol. in-16, avec 2 portraits . . . 3 fr. 50
WINDSTOSSER (M.), docteur ès lettres. **Étude sur la « Théologie germanique »**, suivie d'une traduction faite sur les éditions orig. de 1516 et de 1518. 1 vol. gr. in-8. 1912. . . 5 fr.
WULFF (M. DE), professeur à l'Université de Louvain. **Histoire de la philosophie en Belgique**. 1910. 1 vol. gr. in-8. . . . . 7 fr. 50 (V. p. 11.)

Précédemment parus

AMIABLE (Louis). **Une Loge maçonnique d'avant 1789**. 1 vol. in-8 . . . . 6 fr.
ANDRÉ (L.), docteur ès lettres. **Michel Le Tellier et l'organisation de l'armée monarchique**. 1906. 1 vol. in-8. (*Couronné par l'Institut.*) . . . . 14 fr.
— **Deux Mémoires inédits de Claude Le Pelletier**. 1906. 1 vol. in-8. . . . 3 fr. 50
ARDASCHEFF (P.), professeur d'histoire à l'Université de Kiew. * **Les Intendants de province sous Louis XVI**. Traduit du russe par L. JOUSSERANDOT, sous-bibliothécaire à l'Université de Lille. 1 vol. grand in-8. (*Cour. par l'Acad. Impér. de St-Pétersbourg.*) 10 fr.
ARMINJON (P.), professeur à l'École Khédiviale de Droit du Caire. **L'Enseignement, la doctrine et la vie dans les universités musulmanes d'Égypte**. 1907. 1 vol. in-8 . . 6 fr. 50
ARRÉAT. **Une Éducation intellectuelle**. 1 vol. in-18 . . . . 2 fr. 50
— **Journal d'un philosophe**. 1 vol. in-18. . . . . 3 fr. 50
* **Autour du monde**, par les BOURSIERS DE VOYAGE DE L'UNIVERSITÉ DE PARIS. (*Fondation Albert Kahn.*) 1904. 1 vol. gr. in-8. . . . . 10 fr.
ASLAN (G.). **La Morale selon Guyau**. 1906. 1 vol. in-16. . . . . 2 fr.
— **Le Jugement chez Aristote**. 1908. Br. in-18 . . . . 1 fr. (Voir p. 2.)
BACHA (E.). **Le Génie de Tacite**. 1 vol. in-18. . . . [illegible]
BELLANGER (A.), docteur ès lettres. **Les Concepts de cause et l'activité intentionnelle de l'esprit**. 1905. 1 vol. in-8. . . . . 5 fr.
BÉMONT (Ch.) et MONOD (G.). — **Histoire de l'Europe au Moyen Âge (395-1270)**. Nouvelle édit. 1 vol. in-18, avec grav. et cartes en couleurs . . . 5 fr. (Voir p. 21 et 24.)
BENOIST-HANAPPIER (L.), professeur adjoint à l'Université de Nancy. **Le drame naturaliste en Allemagne**. 1905. 1 v. in-8. (*Couronné par l'Académie française.*) . . 7 fr. 50
BESANÇON (A.), docteur ès lettres. **Les Adversaires de l'hellénisme à Rome pendant la période républicaine**. 1910. 1 vol. gr. in-8. (*Couronné par l'Institut.*) . . . 10 fr.
BLUM (E.), professeur au lycée de Lyon. **La Déclaration des droits de l'homme et du citoyen**. Préface de G. COMPAYRÉ, de l'Institut. 4e édit. 1909. 1 vol. in-8. (*Récompensé par l'Institut.*) . . . . 3 fr. 75
BOURDEAU (Louis). **Théorie des sciences**. 2 vol. in-8 . . . . 20 fr.
— **La Conquête du monde animal**. 1 vol. in-8. . . . . 5 fr.
— **La Conquête du monde végétal**. 1893. 1 vol. in-8. . . . . 5 fr.
— **L'Histoire et les historiens**. 1 vol. in-8 . . . . 7 fr. 50
— * **Histoire de l'alimentation**. 1894. 1 vol. in-8 . . . 5 fr. (Voir p. 7 et 26.)
BOURDIN. **Le Vivarais**, *essai de géographie régionale*. 1 vol. in-8. (Ann. de l'Univ. de Lyon). 6 fr.
BOURGEOIS (E.). **Lettres intimes de J.-M. Alberoni adressées au comte J. Rocca**. 1 vol. in-8. (Annales de l'Université de Lyon.) . . . . 10 fr.
BOURGEOIS (Léon), ancien ministre. **Solidarité**. 7e éd., revue et augmentée. 1913. 1 vol. in-16. . . . . 3 fr. 50
BOUTROUX (Em.), de l'Académie française. * **De l'idée de la loi naturelle**. In-8 . 2 fr. 50 (Voir p. 3 et 7.)
BRANDON-SALVADOR (Mme). **À travers les moissons**. *Ancien Testament. Talmud. Apocryphes. Poètes et moralistes juifs du moyen âge*. 1903. 1 vol. in-16. . . . [illegible]
BRASSEUR. **Psychologie de la force**. 1907. 1 vol. in-8 . . . . 3 fr. 50
BUDÉ (E. DE). **Les Bonaparte en Suisse**. 1905. 1 vol. in-12. . . . . 3 fr. 50
CANTON (G.). **Napoléon antimilitariste**. 1902. 1 vol. in-16. . . . . 3 fr. 50

CARDON (G.), docteur ès lettres. * **La Fondation de l'Université de Douai.** 1 vol. in-8. 10 fr.

CAUDRILLIER (G.), docteur ès lettres, inspecteur d'Académie. **La Trahison de Pichegru et les intrigues royalistes dans l'Est avant fructidor.** 1908. 1 vol. gr. in-8. 7 fr. 50

CHARRIAUT (H.). **Après la Séparation.** *L'avenir des églises.* 1905. 1 vol. in-12. 3 fr. 50

CLAMAGERAN. **La Lutte contre le mal.** 1897. 1 vol. in-18. 3 fr. 50

— **Philosophie religieuse.** *Art et voyages.* 1904. 1 vol. in-12. 3 fr. 50

— **Correspondance (1849-1902).** 1905. 1 vol. gr. in-8. 10 fr.

COLLIGNON (A.). **Diderot.** *Sa vie, ses œuvres.* 2e édit. 1907. 1 vol. in-12. 3 fr. 50

IVe Congrès international de Psychologie, Paris 1900. 1 vol. in-8. 20 fr.

COTTIN (Cte P.), ancien député. **Positivisme et anarchie.** 1908. 1 vol. in-16. 2 fr.

COUBERTIN (P. DE). **L'Éducation des adolescents au XXe siècle.** I. ÉDUCATION PHYSIQUE. *La gymnastique utilitaire.* 3e édit. 1905. 1 vol. in-16. 2 fr. 50

DANTU (G.), docteur ès lettres. **Opinions et critiques d'Aristophane sur le mouvement politique et intellectuel à Athènes.** 1907. 1 vol. gr. in-8. 3 fr.

— **L'éducation d'après Platon.** 1907. 1 vol. gr. in-8. 6 fr.

DARBON (A.), docteur ès lettres. **Le Concept du hasard dans la philosophie de Cournot.** 1910. Brochure in-8. 2 fr. (V. p. 8.)

DAURIAC. **Croyance et réalité.** 1889. 1 vol. in-18. 3 fr. 50 (V. p. 3 et 7.)

DAVILLE (L.), docteur ès lettres. **Les Prétentions de Charles III, duc de Lorraine, à la couronne de France.** 1909. 1 vol. grand in-8. 6 fr. 50 (Voir p. 13.)

DERAISMES (Mlle Maria). **Œuvres complètes.** 4 vol. in-8. Chacun. 3 fr. 50

DEROCQUIGNY (J.). **Charles Lamb.** *Sa vie et ses œuvres.* In-8. (Trav. de l'Univ. de Lille). 12 fr.

DESCHAMPS. **Principes de morale sociale.** 1903. 1 vol. in-8. 3 fr. 50

DUBUC (P.), doct. ès lettres, * **Essai sur la méthode de la métaphysique.** 1 vol. in-8. 5 fr.

DUGAS (L.), docteur ès lettres. * **L'Amitié antique.** 1 vol. in-8. 7 fr. 50 (V. p. 2, 3, 6 et 8.)

DUNAN. * **Sur les Formes a priori de la sensibilité.** 1 vol. in-8. 5 fr. (Voir p. 3.)

DUPUY (Paul). **Les Fondements de la morale.** 1900. 1 vol. in-8. 5 fr.

— **Méthodes et concepts.** 1903. 1 vol. in-8. 5 fr.

* **Entre Camarades**, par les anciens élèves de l'Université de Paris. *Histoire, littérature, philologie, philosophie.* 1901. 1 vol. in-8. 10 fr.

FABRE (P.). **Le Polyptique du chanoine Benoît.** In-8. (Trav. de l'Univ. de Lille.) 3 fr. 50

FERRERE (F.). **La situation religieuse de l'Afrique romaine depuis la fin du IVe siècle jusqu'à l'invasion des Vandales.** 1898. 1 vol. in-8. 7 fr. 50

Fondation universitaire de Belleville (La), par Ch. GIDE et J. BARDOUX. 1 vol. in-16. 1 fr. 50

FOUCHER DE CAREIL (Cte). **Descartes**, *la Princesse Élisabeth et la Reine Christine*, d'après des lettres inédites. Nouvelle édit. 1909. 1 vol. in-8. 4 fr.

GASTE (M. DE). **Réalités imaginatives.... Réalités positives.** *Essai d'un code moral basé sur la science.* Préface de F. LE DANTEC. 1910. 1 vol. in-8. 7 fr. 50

GELEY (G.). **Les Preuves du transformisme.** 1901. 1 vol. in-8. 6 fr. (Voir p. 3.)

GILLET (M.). **Fondement intellectuel de la morale.** 1 vol. in-8. 3 fr. 75

GIRAUD-TEULON. **Les Origines de la papauté.** 1905. 1 vol. in-12. 2 fr.

GOURD, professeur à l'Univ. de Genève. **Le Phénomène.** 1 vol. in-8. 7 fr. 50 (Voir p. 9.)

GRIVEAU (M.). **Les Éléments du beau.** 1 vol. in-18. 4 fr. 50

— **La Sphère de beauté.** 1901. 1 vol. in-8. 10 fr.

GUEX (F.), professeur à l'Université de Lausanne. **Histoire de l'Instruction et de l'Éducation.** 2e édit. 1913. 1 vol. in-8 avec gravures. 6 fr.

GUYAU. **Vers d'un philosophe.** 7e édit. 1911. 1 vol. in-18. 3 fr. 50 (Voir p. 3, 9 et 13.)

HALLEUX (J.). **L'Évolutionnisme en morale** (*H. Spencer*). 1 vol. in-12. 3 fr. 50

HARTENBERG (Dr P.). **Sensations païennes.** 1 vol. in-16. 1907. 3 fr. (Voir p. 9.)

HOCHREUTINER (B.-P.-G.), docteur ès sciences. **La Philosophie d'un naturaliste.** *Essai de synthèse du monisme mécaniste et de l'idéalisme solipsiste.* 1910. 1 vol. in-8. 7 fr. 50

HOCQUART (E.). **L'Art de juger le caractère des hommes par leur écriture**, préface de J. Crépieux-Jamin. 1898. Br. in-8. 1 fr.

HOFFDING (H.), prof. à l'Université de Copenhague. * **Morale.** *Essais sur les principes théoriques et leur application aux circonstances particulières de la vie.* Trad. par L. POITEVIN, professeur au collège de Nantua. 2e édit. 1 vol. in-8. 1907. 10 fr. (Voir p. 2, 6 et 9.)

ICARD. **Paradoxes ou vérités.** 1895. 1 vol. in-12. 3 fr. 50

JAELL (Mme Marie). **Un nouvel État de conscience.** *La coloration des sensations tactiles.* 1910. 1 vol. in-8 avec 33 planches. 4 fr. (V. p. 4.)

JAMES (William). **L'Expérience religieuse**, traduit par F. ABAUZIT, agrégé de philosophie. 2e édit. 1908. (*Couronné par l'Académie française.*). 1 vol. in-8. 10 fr.

— * **Causeries pédagogiques.** Trad. par L. PIDOUX, préface de M. Payot, recteur de l'Académie d'Aix. 3e édition, augmentée. 1912. 1 vol. in-16. 2 fr. 50 (Voir p. 4.)

JANET (Pierre), professeur au Collège de France. **L'État mental des hystériques.** *Les stigmates mentaux des hystériques, les accidents mentaux des hystériques, études sur divers symptomes hystériques. Le traitement psychologique de l'hystérie.* 2e édition. 1911. 1 vol. grand in-8, avec gravures. 18 fr. (Voir p. 9 et 24.)

— et RAYMOND (F.), professeur de la clinique des maladies nerveuses à la Salpêtrière. **Névroses et idées fixes.** I. *Études expérimentales sur les troubles de la volonté, de l'attention, de la mémoire, sur les émotions, les idées obsédantes et leur traitement.* 2e édition 1904. 1 vol. grand in-8, avec 97 fig. 12 fr.
II. *Névroses, maladies produites par les émotions, les idées obsédantes et leur traitement.* 2e édition 1908. 1 vol. gr. in-8, avec 68 grav. 14 fr.
(*Ouvrage couronné par l'Académie des sciences et par l'Académie de médecine.*)

— et RAYMOND. **Les obsessions et la psychasthénie.** I. *Études cliniques et expérimentales sur les idées obsédantes, les impulsions, les manies mentales, la folie du doute, les tics, les agitations, les phobies, les délires du contact, les angoisses, les sentiments d'incomplétude, la neurasthénie, les modifications des sentiments du réel, leur pathogénie et leur traitement.* 2e édition. 1908. 1 vol. grand in-8, avec 32 gravures. 18 fr.

II. *États neurasthéniques, aboulies, incomplétude, agitations et angoisses diffuses, algies, phobies, délires du contact, tics, manies mentales, folies du doute, idées obsédantes, impulsions.* 2e édit. 1911. 1 vol. grand in-8 avec 32 gravures. . . . . 14 fr.

JANSSENS (E.). **Le Néo-criticisme de Ch. Renouvier.** 1904. 1 vol. in-16. . . . 3 fr. 50
— **La Philosophie et l'apologétique de Pascal.** 1 vol. in-16. . . . . 4 fr.
JOURDY (Général). **L'Instruction de l'armée française, de 1815 à 1902.** 1903. 1 vol. in-16. 3 fr. 50
JOYAU. **Essai sur la liberté morale.** 1 vol. in-18. . . . . . . 3 fr. 50 (Voir p. 15.)
KARPPE (S.), docteur ès lettres. **Les Origines et la nature du Zohar,** précédé d'une *Étude sur l'histoire de la Kabbale.* 1901. 1 vol. in-8. . . . . . . 7 fr. 50 (Voir p. 9.)
KAUFMANN. **La cause finale et son importance.** 1 vol. in-12. . . . . . . 2 fr. 50
KEIM (A.). **Notes de la main d'Helvétius.** 1907. 1 vol. in-8. . . . . 3 fr. (Voir p. 9.)
KINGSFORD (A.) et MAITLAND (E.). **La Voie parfaite ou le Christ ésotérique,** précédé d'une préface d'Édouard Schuré. 1892. 1 vol. in-8. . . . . 6 fr.
KOSTYLEFF (N.). **Évolution dans l'histoire de la philosophie.** 1 vol. in-16. . . . 2 fr. 50
— **Les Substituts de l'âme dans la psychologie moderne.** 1 vol. in-8. 4 fr. (Voir p. 4.)
LABROUE (H.), prof. au lycée de Bordeaux. **Le Conventionnel Pinet.** 1907. Broch. in-8. 3 fr.
— **Le Club Jacobin de Toulon (1793-1796).** 1907. Broch. gr. in-8. . . . . . . 2 fr.
LACAZE-DUTHIERS (G. de). **Le Culte de l'idéal ou l'aristocratie.** 1909. in-8. . . 7 fr. 50
LALANDE (A.), professeur adjoint à la Sorbonne. * **Précis raisonné de morale pratique par questions et réponses.** 1909. 1 vol. in-16. 2e édit. . . . . . 1 fr. (Voir p. 10.)
LANESSAN (de), ancien ministre de la Marine. **Le Programme maritime de 1900-1906.** 1 vol. in-12. 2e édit. 1903. . . . . 3 fr. 50
— * **L'éducation de la femme moderne.** 1 vol. in-16. 1907. . . . . 3 fr. 50
— **Le Bilan de notre marine.** 1909. 1 vol. in-16. . . . . 3 fr. 50
LASSERRE (A.). **La Participation collective des femmes à la Révolution française.** 1905. 1 vol. in-8. . . . . 5 fr.
LASSERRE (E.). **Les Délinquants passionnels et le criminaliste Impallomeni.** 1908. 1 vol. in-16. . . . . 2 fr.
LAVELEYE (Em. de). **De l'Avenir des peuples catholiques.** Br. in-8. . 0 fr. 25 (V. p. 10.)
LECLÈRE (A.), professeur à l'Université de Berne. * **La Morale rationnelle dans ses relations avec la philosophie générale.** 1908. 1 vol. in-8. . . . . 7 fr. 50 (Voir p. 10.)
LEFÈVRE (G.). * **Les Variations de Guillaume de Champeaux et la Question des Universaux.** 1898. 1 vol. in-8. (Trav. de l'Univ. de Lille). . . . . . . 3 fr.
LEMAIRE (P.). **Le Cartésianisme chez les Bénédictins.** 1 vol. in-8. . . . . . 6 fr. 50
LÉON (A.), docteur ès lettres. **Les Éléments cartésiens de la doctrine spinoziste sur les rapports de la pensée et de son objet.** 1909. 1 vol. grand in-8. . . . . . 6 fr.
LEVY (L.-G.), docteur ès lettres. **La Famille dans l'antiquité israélite.** 1 vol. in-8. 1905 (*Couronné par l'Académie française.*) . . . . 5 fr. (V. p. 15.)
LEVY-SCHNEIDER (L.), professeur à l'Université de Lyon. **Le Conventionnel Jean-Bon Saint-André (1749-1813).** 1901. 2 vol. in-8. . . . . 15 fr.
LUQUET (G.-H.), agrégé de philosophie. **Éléments de logique formelle.** Br. in-8. 1 fr. 50
MABILLEAU (L.). **Histoire de la philosophie atomistique.** 1895. 1 vol. in-8. . . . 12 fr.
MAINDRON (Ernest). * **L'Académie des Sciences.** 1 vol. in-8 cavalier, avec 53 grav., portraits, plans, 8 pl. hors texte et 2 autographes. . . . . 6 fr.
MARIETAN (J.). **La Classification des sciences, d'Aristote à saint Thomas.** 1901. 1 vol. in-8. . . . . 3 fr.
MARTIN (W.). **La Situation du catholicisme à Genève (1815-1907).** In-16. 1909. 3 fr. 50
MATAGRIN. **L'Esthétique de Lotze.** 1900. 1 vol. in-12. . . . . 2 fr.
MAUGÉ (F.), docteur ès lettres. **Le Rationalisme comme hypothèse méthodologique.** 1909. 1 vol. grand in-8. . . . . 10 fr.
MERCIER (le Cardinal). **Les Origines de la psychologie contemporaine.** 2e édit. 1908. 1 vol. in-18. . . . . 3 fr. 50
MILHAUD (G.), professeur à la Sorbonne. * **Le Positivisme et le progrès de l'esprit.** 1902. 1 vol. in-16. . . . . 2 fr. 50 (Voir p. 4 et 13.)
MONNIER (Marcel). * **Le Drame chinois** (*juillet-août* 1900). 1900. 1 vol. in-16. . . 2 fr. 50
MORIN (Jean), archéologue. **Archéologie de la Gaule et des pays circonvoisins** *depuis les origines jusqu'à Charlemagne.* 1 vol. in-8 avec 74 fig. dans le texte et 26 pl. h. texte. 6 fr.
NODET (V.). **Les Agnoscies, la cécité psychique.** 1899. 1 vol. in-8. . . . . . 4 fr.
NORMAND (Ch.). * **La Bourgeoisie française au XVIIe siècle.** *La vie publique. Les idées et les actions politiques. (1604-1661.)* 1907. 1 vol. gr. in-8, avec 8 pl. hors texte. 12 fr.
NYS. Voy. Mercier, ci-dessus.
PALHORIÈS (F.), docteur ès lettres. **La Théorie idéologique de Galuppi dans ses rapports avec la philosophie de Kant.** 1909. 1 vol. in-8. . . . . . . 4 fr. (Voir p. 15.)
PARISET (G.). **La Revue germanique de Dollfus et Nefftzer.** 1906. Br. in-8. . . 2 fr.
PAULHAN (Fr.). **Le Nouveau Mysticisme.** 1 vol. in-18. . 2 fr. 50 (Voir p. 4, 8, 11 et 29.)
PELLETAN (Eugène). * **La Naissance d'une ville (Royan).** 1 vol. in-18. . . . . 2 fr.
— * **Jarousseau, le pasteur du désert.** nouv. édit. 1907. 1 vol. in-18. . . . . . 2 fr.
— * **Un Roi philosophe.** *Frédéric le Grand.* 1 vol. in-18. . . . . 3 fr. 50
— **Droits de l'homme.** 1 vol. in-16. . . . . 3 fr. 50
PENJON (A.). **Pensée et Réalité,** de A. Spir, trad. de l'allem. in-8. (Trav. de l'Univ. de Lille.) . . . . 10 fr.
— **L'Énigme sociale.** 1902. 1 vol. in-8. (Travaux de l'Université de Lille.) . . . 2 fr. 50
PEREZ (Bernard). **Mes deux Chats.** 2e édition. 1 vol. in-12. . . . . 1 fr. 50
— **Jacotot et sa Méthode d'émancipation intellectuelle.** 1 vol. in-18. . . . . . 3 fr.
— **Dictionnaire abrégé de philosophie.** 1893. 1 vol. in-18. . . . . 1 fr. 50 (V. p. 11.)
PETIT (Édouard), inspecteur général de l'instruction publique. **De l'École à la cité.** *Études sur l'éducation populaire.* 1910. 1 vol. in-16. . . . . 3 fr. 50
PHILBERT (Louis). **Le Rire.** 1 vol. in-8. (*Couronné par l'Académie française.*) . 7 fr. 50
PHILIPPE (J.). **Lucrèce dans la théologie chrétienne.** 1 vol. in-8. . . . 2 fr. 50 (V. p. 4.)

PIAT (C.), prof. honoraire à l'Institut catholique de Paris. L'Intellect actif. 1 vol. in-8. 4 fr.
— L'Idée ou critique du Kantisme. 2e édition. 1901. 1 vol. in-8 6 fr.
— De la Croyance en Dieu. 1909. 1 vol. in-18. 2e édit. 3 fr. 50 (Voir p. 11, 14 et 15.)
PICARD (Ch.). Sémites et Aryens. 1893. 1 vol. in-18 1 fr. 50
PICTET (Raoul). Étude critique du matérialisme et du spiritualisme par la physique expérimentale. 1 vol. gr. in-8 10 fr.
PILASTRE (E.). Vie et caractère de Mme de Maintenon. 1907. 1 vol. in-8, ill. 5 fr.
— La Religion au temps du duc de Saint-Simon. 1909. 1 vol. in-8 6 fr.
PINLOCHE (A.), professeur honoraire de l'Université de Lille. * Pestalozzi et l'éducation populaire moderne. 1902. 1 vol. in-16. (*Cour. par l'Institut.*) 2 fr. 50
— * Principales Œuvres de Herbart. 1 vol. in-8. (Trav. de l'Univ. de Lille) 7 fr. 50
PITOLLET (C.), agrégé d'espagnol. La Querelle caldéronienne de Johan Nikolas Böhl von Faber et José Joaquin de Mora. 1909. 1 vol. in-8 15 fr.
— Contributions à l'étude de l'hispanisme de G.-E. Lessing. 1909. 1 vol. in-8 15 fr.
POEY. Littré et Auguste Comte. 1 vol. in-18 3 fr. 50
— Le Positivisme. 1876. 1 vol. in-18 4 fr. 50
PRADINES (M.), professeur à l'Université d'Aix. Critique des conditions de l'action. (*Récompensé par l'Institut.*)
TOME I. *L'Erreur morale établie par l'histoire et l'évolution des systèmes.* 1909. 1 vol. in-8 10 fr.
TOME II. *Principes de toute philosophie de l'action.* 1909. 1 vol. in-8 5 fr.
REGNAUD (P.). Origine des idées et science du langage. 1 vol. in-12. 1 fr. 50 (V. p. 5.)
REMACLE. La Philosophie de S. S. Laurie. 1910. 1 vol. in-8 7 fr. 50
RENOUVIER, de l'Institut. Uchronie. 2e éd. 1901. 1 vol. in-8 7 fr. 50 (Voir page 11.)
Revue Germanique (*Allemagne, Angleterre, États-Unis, Pays Scandinaves*) 5 années — 1905 à 1909, chaque année, 1 fort volume grand in-8 14 fr.
REYMOND (A.). Logique et mathématiques. *Essai historique et critique sur le nombre infini.* 1909. 1 vol. in-8 5 fr.
ROBERTY (J.-E.). Auguste Bouvier, *pasteur et théologien protestant. 1826-1893.* 1901. 1 fort vol. in-12 3 fr. 50
ROISEL. Chronologie des temps préhistoriques. 1900. In-12 1 fr. (Voir page 5.)
ROSSIER (E.). Profils de Reines. *Isabelle de Castille, Catherine de Médicis, Elisabeth d'Angleterre, Anne d'Autriche, Marie-Thérèse, Catherine II, Louise de Prusse, Victoria.* Préface de G. Monod, de l'Institut. 1909. 1 vol. in-16 3 fr. 50
SABATIER (C.). Le Duplicisme humain. 1906. 1 vol. in-18 2 fr. 50
SECRÉTAN (H.). La Société et la morale. 1897. 1 vol. in-12 3 fr. 50
SEIPPEL (P.), professeur à l'École polytechnique de Zurich. Les deux Frances et leurs origines historiques. 1906. 1 vol. in-8 7 fr. 50
SOREL (Albert), de l'Académie française. Traité de Paris de 1815. 1 vol. in-8 4 fr. 50
TARDE (G.), de l'Institut. Fragment d'histoire future. 1 vol. in-8. 5 fr. (Voir p. 5, 12 et 16.)
VAN BIERVLIET (J.-J.). Éléments de psychologie humaine. 1 vol. in-8 6 fr.
— La Mémoire. 1893. Br. in-8 2 fr.
— Études de psychologie. (*Homme droit. — Homme gauche.*) 1901. 1 vol. in-8 4 fr.
— Causeries psychologiques. 2 vol. in-8. Chacun 3 fr.
— Esquisse d'une éducation de la mémoire. 1904. 1 vol. in-16 2 fr.
— La Psychologie quantitative. 1907. 1 vol. in-8 4 fr.
VAN BRABANT (W.). Psychologie du vice infantile. 1910. 1 vol. gr. in-8 3 fr. 50
VAN OVERBERGH. La Réforme de l'enseignement. 1906. 2 vol. in-4 10 fr.
VERMALE (F.) et ROCHET (A.). Registre des délibérations du Comité révolutionnaire d'Aix-les-Bains (*Documents pour l'Histoire de la Révolution en Savoie*). 1 vol. in-8. 4 fr.
VITALIS. Correspondance politique de Dominique de Gabre. 1 vol. in-8 12 fr. 50
WULF (M. de). Voy. MERCIER (p. 33).
WYLM (Dr). La Morale sexuelle. 1907. 1 vol. in-8 5 fr.
ZAPLETAL. Le Récit de la création dans la Genèse. 1 vol. in-8 3 fr. 50

***Envoi franco*, contre demande, des autres Catalogues**

DE LA LIBRAIRIE FÉLIX ALCAN

BIBLIOTHÈQUE DE PHILOSOPHIE CONTEMPORAINE, par ordre de matières.

LIVRES DE FONDS, SCIENCES ET MÉDECINE (ancienn[t] Germer Baillière et Cie).

LIVRES DE FONDS, ÉCONOMIE POLITIQUE, SCIENCE FINANCIÈRE (ancienn[t] Guillaumin et Cie).

LIVRES CLASSIQUES, ENSEIGNEMENT SECONDAIRE.

LIVRES CLASSIQUES, ENSEIGNEMENT PRIMAIRE SUPÉRIEUR ET POPULAIRE.

CATALOGUE COMPLET PAR ORDRE ALPHABÉTIQUE DE NOMS D'AUTEURS.

TABLE DES AUTEURS ÉTUDIÉS

TABLE ALPHABÉTIQUE DES AUTEURS

1277-13. — Coulommiers. Imp. PAUL BRODARD. — P4-13.

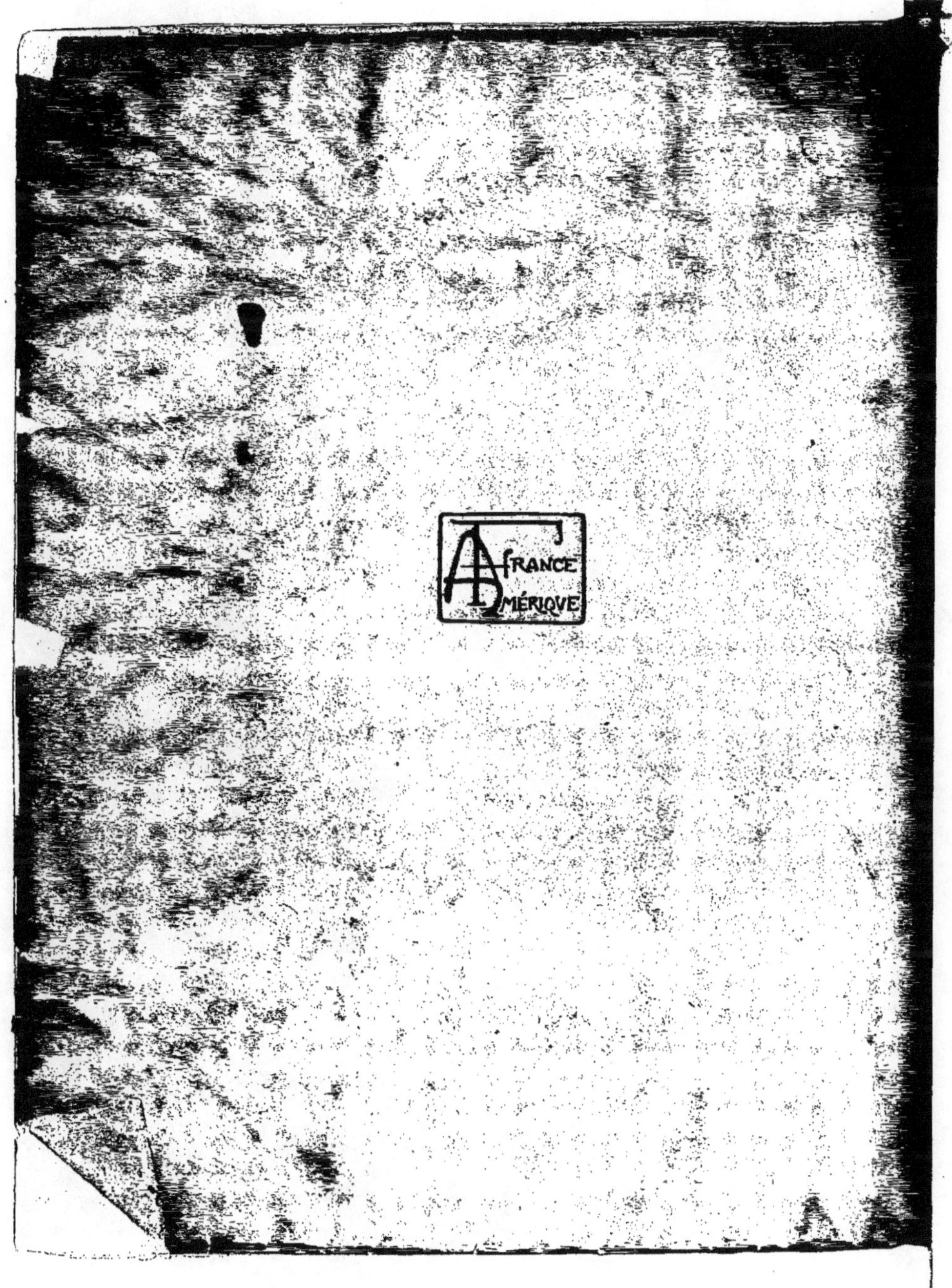
FRANCE
MÉRIQUE

www.ingramcontent.com/pod-product-compliance
Lightning Source LLC
Chambersburg PA
CBHW070825170426
43200CB00007B/900

* 9 7 8 2 0 1 3 5 1 6 9 0 7 *